文化传统与当下

庞朴题

身边的传统

特邀顾问/庞　朴

主编/李秀珍　王　慧

山东人民出版社

国家一级出版社　全国百佳图书出版单位

编委会

蓝　海　孙应琢　吕　鹏
冯建国　郭海涛　丁　莉

序

这些年来，我与山东的《齐鲁晚报》有些接触和联络，他们开设了“文化传统与当下”这样的专题栏目，采访了很多在传统文化领域卓有建树的专家学者。各位专家学者面向大众，谈节日，说民俗，话传统，聊孝心，从不同的角度、不同的层面阐述了各自对于传统文化与当代生活的观点。近来他们要把这些文章结集出版，会是一件有意义的事。

百余年来，中华传统文化面对近代化、现代化、全球化，曾经表现得很不堪，人们有过失落也有过绝望，以致出现了“五四”狂飙突进式的对中华传统文化的全面否定。正是这种否定，推动了中国社会的变革，使中国与现代国际社会的接轨成为可能。革命之后的中国，面对的是一个加速发展的全球化过程。作为一个中国人，我们每个人身上不管自觉不自觉，愿意不愿意，都传承着中华传统文化的因子。这是我们确定自己文化身份的根本，是建立民族自信、文化自信的基础。充分了解我们的传统文化，学习传统文化的智慧，汲取传统文化的养分，不是要回到过去，而是为了更好地面对当下和未来，也更有利于我们参与到这个不可逆转的全球化进程中去。也因此，我们发掘传统文化，学习传统文化，不能忘记邓小平同志提出来的“要面向现代化，面向世界，面向未来”，只有这样，我们才不会在学习与弘扬传统文化的过程中迷失自己、迷失方向，而是真正做到取其精华，去其糟粕。

我相信大众报业集团齐鲁晚报这次出版的丛书对我们正确地学习传统文化会有所助益。

2012年9月于北京

目　录

谈仁说义篇

孝如和风篇

修身养性篇

传统节日篇

谈仁说义篇

借东西 还东西

周东升

阴历十一月十五,是儿子的生日,家里来了七八位小客人。开饭时发觉还差几条凳子,便吩咐儿子到对门邻居家去借。他却不情愿,我只好敲开邻居家的门。对门的嫂子非常爽快,忙不迭地帮着我搬来三把椅子。

小客人们走后,我对儿子说:“邻里之间借用点东西非常正常,有什么可难为情的,你看,对门的阿姨多热情。况且,自古以来就有‘远亲不如近邻,近邻不如对门’这种说法,讲的就是邻居之间要互帮互助、团结和睦这个简单道理。以前在咱们老家,街坊邻居间串串门、互相借用点啥东西,是非常自然的事情。”

可不是吗?三十多年前,乡村里的家家户户不可能吃喝拉撒、耕耙戗扬样样俱全,居家过日子,说不定哪天就用到自家没有的东西。但缺什么,就到东邻西舍家借什么。印象中,从油盐醋酱、锅碗瓢盆这些生活用品,到锄镰镢锨、杈把扫帚这样的生产工具,几乎什么东西都可以借。那时,我们家里穷,母亲没少拿着葫芦瓢子四处借米借面,或者手里攥着一个断了把的茶碗借油借盐。

借东西的过程，本就是街坊邻居间加深感情、增进了解的机会。谁家有什么高兴事、烦心事，趁此机会都可以互通有无，信息共享。借用完人家的东西要是长时间不还，等到主人家需用时找上门来，就显得很不合适了。因此，“好借好还，再借不难”就成了老百姓的口头禅。而如果借来的东西用坏了，要抓紧买个新的赶紧还给人家，还要当面赔个不是；油盐米面，借来半碗半瓢，还的时候要盛满冒尖。只有这样，以后再借的时候，才好意思开口。

虽然说是好借好还，但有些东西还起来就有忌讳。比如说锅吧，那时一般家庭只有一大一小两口锅，大的用来烧稀饭蒸干粮，小的用来炒菜烙饼。根本不像现在，什么电饭锅、电炒锅、高压锅之类的，几乎各家样样俱全。但要是谁家赶上婚丧嫁娶这样的大事，两口锅就难以应付，借锅就不可避免。然而，还的时候，就有些讲究，必须要在腊月二十三之前，或者正月之后。腊月二十三灶君老爷上天，要祭灶，如果灶上没有锅，还祭什么灶呢？而正月里是一年的初始，人人期盼开年大吉，这时到人家里还锅有“背黑锅”之嫌，主人家会不高兴。

还锅有忌讳，而还熬中药的沙锅更有说法。“药锅没有娘，啥苦都能尝；这家转那家，用完随处放。”这是一首用来描述药锅的用途及只能借不能还这一习俗的最生动的民谣。药锅在村里很少见，除非那些有老病根的人家才专门买来熬药，全村不过三两只。谁家偶尔有病有灾要熬药，就去借。病情不同，药剂有别，因此说，药锅百苦遍尝。但用完后，绝对不能送还，只有等主人家上门要或者其他需用的病号再来借。你想，人家现在健健康康的，你却端着个药锅给人家送去了，人家能不生气吗？正因如此，有的药锅甚至能在外面转悠多半年，但药锅的主人家却一点也不用担心，到用的时候，只要找到最先借用的人家，一准能够打听到下落。

如今，人们的物质生活极大丰富，借东西已经成了非常难得一见的事情，甚至连串门这样的举步之劳也日益减少。同一楼道里的邻居，碰面点头打个招呼已是礼貌，至于对方姓什么、做什么都很少知道。儿子不愿出门借东西，也难怪！

散金台上说"两疏"

王 军

枣庄市箩藤乡的箩藤村与城前村之间，有一处高约三米、长宽达一百多米的台形遗址，名二疏城，又名散金台。据《峄县志》记载："二疏城，县东四十里，地名箩藤，汉疏广、疏受归老于此。"台上原有一寺庙，明弘治五年(1492 年)，按察司副使赵鹤龄在寺前建二疏祠，嘉靖十年(1531 年)，峄县县令李乃曦将祠移至寺后重修，并塑二疏像。

二疏即西汉中期名臣疏广、疏受叔侄，疏广曾为太子太傅，疏受曾为太子少傅，叔侄同为太子刘奭(后为汉元帝)的师傅。

在两位高师的教导下，刘奭柔仁好儒，敏而有辞，并且多才多艺，能写一手漂亮的篆书，至于弹琴鼓瑟、吹箫度曲、辨音协律等等，无不穷极其妙，令人叹为观止。但刘奭并不是当皇帝的料，他性格拘谨，优柔寡断，以至于父皇汉宣帝训斥他："汉家自有制度，本以霸王道杂之，奈何纯任德教，用周政乎！"并叹道："乱我家者，太子也！"

果然，刘奭即位后，信用宦官，再加上土地兼并盛行，社会危机日深，昭宣中兴从此开始衰败。

由此看来，作为培养皇帝的老师，两疏虽然学问渊博，但其教育方法有很大问题。

回头再说二疏。元康四年（公元前62年）的一天，疏广对疏受说："吾闻知足不辱，知止不殆；功遂身退，天之道也。今仕官至二千石，宦成名立，如此不去，惧有后悔。岂如父子相随出关，归老故乡，以寿命终，不亦善乎！"疏受点头称是。于是，叔侄俩向朝廷上书称年迈多病，恳切要求告老还乡，"上以其年笃老，皆许之。加赐黄金二十斤，皇太子赠以五十斤"。

荣归故里的叔侄俩，既没有把黄金分给子孙，也没有置办田产，而是每日在家中设宴，"请族人故旧宾客与相娱乐"，并将大部分黄金送给了贫苦乡邻。族人对疏广说："你的子孙如今已到成家立业的年龄，你应该节省点，为子孙们购置点田地房产才是，千万别坐吃山空呀。"疏广答道："家中已有的田地和房屋，只要子孙足够勤劳，不至于挨饿受冻，过上常人的生活没有问题。如果增加了，只能让子孙更加懈怠和懒惰。贤而多财，则损其志；愚而多财，则益其过。何况，过于富贵，还会招来众人的眼红和怨恨。"他仍旧天天宴乐，朝朝散金。

疏广的做法看似不近情理，但他的功成身退使他得以颐养天年，后代虽没见有什么大作为，但都平安度过了一生。

可是，古来有多少人参不破这个道理啊。不管是达官贵人还是平民百姓，许多人一辈子兢兢业业，克勤克俭，甚至有的人走歪门邪道，贪污纳贿，广积田产，目的就是想给子孙多留下点东西，让他们不仅衣食无忧，而且还要享尽荣华，而结果如何呢？

想到一个故事：清朝末年，封疆大吏左宗棠告老还乡，在长沙大兴土木，建造亭台楼阁，要为子孙后代留下一些房产。他担心工匠们偷工减料，每天都要到工地转一转。有位老工匠对他说："大人，请您放一百个宽心，我做了几十年工匠，造过无数高宅豪第，从没有倒塌过。但是，屋主易人可是常有的事情。"左宗棠闻听此言，一脸惭愧而去。

今章丘博平村的一条古官道旁，一个个古老的大宅门气派异常，令人啧啧称赏。想当年，一个个腰缠万贯的富商大贾，从这里出出进进，何等显赫。然而，如今的后代们守着已显破旧、屋顶长满蒿草的老宅子，不仅没钱翻盖，甚至房屋坍塌了都无力修葺，彼时的“笏满床”、“歌舞场”，眨眼间变成了陋室空堂，衰草枯杨。

如今，许多家庭都是独生子女，父母对子女的关心超过了历朝历代，“再苦不能苦孩子”这句话好像成了许多做父母的共识，然而，自古至今，多少人正是从小吃苦历经磨难才锻炼成才的。而娇生惯养，从小养尊处优不但鲜有出类拔萃者，甚至有许多人走向反面，财富不但没给他们带来好处，反而成了套在他们身上的枷锁。

林则徐也说过：“子孙若我，要钱干什么？贤而多财，财损其志；子孙不若我，要钱做什么？愚而多财，益增其过。”他的话和二疏的做法如出一辙。直到今天，一些有识之士也在用散金的方式，回报社会，而不愿让财富成为后代们的负担。这就是散金台给为人父母者的启迪。

从两位老人身上看自由与道德

徐勤玲

西方人崇尚自由，西方文化中有许多关于自由的论述。然而面对各种各样的自由理论，我却对什么是自由、如何才能实现人生的自由，始终没有一个清晰的概念。儒家文化很少专门论述自由，但是从我家的两位老人身上，我分明读懂了儒家文化中隐含的自由。

我小时候生长在农村，伯父独身一人，与我们生活在一起。后来，我们随父亲迁到城里生活，伯父一人留在了农村老家。那时伯父身体还很健壮，农活、家务样样能干。父亲每年回家数次，买很多吃的用的探望伯父。十多年前，已是八十多岁高龄的伯父患了重病，父亲把他接到城里的大医院看病，生活上精心照顾。为了让伯父得到更好的治疗和生活得更舒适，父亲提议让伯父留在城里与我们一起生活。但是习惯了农村生活的伯父坚决不同意，执意要回农村老家。于是父亲只身一人陪伯父回到农村，照顾伯父，直至他安然离世。

现在回想起来，已是多年没在农村生活的父亲，当时承受了多大的辛苦啊！

他要独自一人承担伯父的病痛给他带来的精神煎熬，又要克服生活上的种种不便，况且那时他自己也已是六十多岁的老人了。

公公有与我父亲相似的经历。老公也有一位伯父，独身一人且身体残疾，生活上需要人照顾。一开始，已在县城定居的公公，每半个月回农村老家一趟，与他人轮流照顾伯父的生活。一年前，由于种种原因，照顾伯父的任务落在公公一人身上。已经年近七十的公公，毅然独自一人从县城搬回农村老家居住，照顾年近八十的伯父的生活。

我的父亲和公公都是很普通很平凡的人，但他们是我最敬重的人。面对相似的情况，他们做出了同样的选择。我常常想，是什么促使他们做出这样的选择呢？没有人要求他们这样做，也没有人规定他们非这样做不可，而且在别人看来，他们这样做要失掉许多自由：由于随时需要照顾亲人，他们的身体被束缚了，行动被限制了。可是我知道，他们是自由的。

孟子说，由仁义行，非行仁义。在孟子看来，从本性中具有的仁义之心出发的行为，是自觉自主的行为，因而是合乎道德的；如果行为的出发点是社会规定的仁与义，即使这种行为是好的，但由于缺乏道德的内在自觉性，这种行为也不能算是道德。由仁义行，是从本心出发而行动，由我做主，因而是自由的；行仁义，是依从社会的规定而行动，不由自己的内心做主，因而是不自由的。

我的父亲和公公之所以做出同样的选择，是因为他们认为非那样做不可，而不是去考虑外在的规定或别人的评价。他们完全是从善良的本性出发，根据内心的道德原则去行动，因而他们的心灵是自由的。

《三字经》何以影响到今天

苗得雨

六岁上私塾时，念的第一本启蒙读本是《三字经》。这是本世事百科，从自然知识、社会知识到古今历史，三字一句，还求押韵，内容丰富，文字简洁。读时倒背如流，尽管不完全理解，后来却久久怀念，存得一本，时而翻翻。另几本启蒙读本，是《百家姓》、《千字文》——常称的“三、百、千”。《千字文》也是世事百科，1280字，无重字，还押韵，文字也漂亮。《日用杂字》，是酌情读。而后便是“四书”、“五经”——《论语》、《大学》、《中庸》、《孟子》，《诗经》、《书》（《尚书》）、《易经》（《周易》）、《春秋》、《礼记》。

六岁时读的书，何以多年还怀念？这《三字经》，实际上是一个久久的积累，非一代、一人所作。它最早的作者，是宋代王应麟；明、清陆续有人补充；1928年，民国时期的章炳麟（浙江人）重新修订，此人活到1936年。后来我们先后弄过几次新的《三字经》，却都没有传开与传下来，值得深思。

凡历史的东西，时代烙印总会有，但这是本传诵知识的文学，准确、客观还是它的基本特色。里边写到的有的事例，经不起推敲，如“如囊萤，如映雪”，萤火虫夜里在山野间飞，尾部发光，你若捉住，它就不发光了，也不可能放到袋子里，让它照着读书；在雪的映照下读书，也有些不容易。多数事例是好的，如“昔孟母，择邻处，子不学，断机杼”，“窦燕山，有义方，教五子，名俱扬”，“香九龄，能温席”，“融四岁，能让梨”，“苏老泉，二十七，始发愤，读书籍。彼既老，犹悔迟，尔小生，宜早思。若梁灏，八十二，对大廷，魁多士。彼既成，众称异，尔小生，宜立志”，“莹八岁，能咏诗，泌七岁，能赋棋。彼颖悟，人称奇，尔幼学，当效之”，“蔡文姬，能辨琴，谢道韫，能咏吟。彼女子，且聪敏，尔男子，当自警”。上边的“囊萤”、“映雪”，是“家虽贫，学不辍”，这精神也可嘉。

似乎最不大好接受的，是开头的“人之初，性本善”。《千字文》开头“天地玄黄”，好接受；《日用杂字》的开头“人生天地间，庄农最为先”，也好接受，联系今天看，农业是基础，有农则稳，觉得那“最为先”的强调，很对。而这个“性本善”，我经久久思考，觉得还是对的。善，包括善良、纯洁、美好、友爱等义，我观察过我的娃娃和娃娃们的娃娃，真善美，与生俱来。还如常说的“一张白纸，可以写最好最美的文字”。人的一些毛病，是受到社会影响以后才有的。所以，抓教育，这件事，多么重要。《三字经》讲了“人之初，性本善，性相近，习相远”之后，入题就是讲教育。“苟不教，性乃迁，教之道，贵以专”，这个“贵以专”的教育宗旨，现在看，也很对。“养不教，父之过，教不严，师之惰”，母亲呢？前面已有“昔孟母”，这里就不再重复。“子不学，非所宜，幼不学，老何为？玉不琢，不成器，人不学，不知义”，都已是千古名言。

讲自然知识方面，“三才者，天地人，三光者，日月星”，“曰春夏，曰秋冬，此四时，运不穷”，“曰南北，曰西东，此四方，应乎中”，“曰水火，木金土，此五行，本乎数”，“稻粱菽，麦黍稷，此六谷，人所食”，“马牛羊，鸡犬豕，此六畜，人所饲”，“曰喜怒，曰哀惧，爱恶欲，七情具”……

讲社会知识方面，“高曾祖，父而身，身而子，子而孙。自子孙，至玄曾，乃九族，人之伦。"父之子为子,子之子为孙,孙之子为曾孙,曾孙之子为玄孙,再往下还有来孙、晜孙、仍孙、云孙、耳孙等。

要读的书,列举了从"训诂"到"四书五经","论语者,二十篇","孟子者,七篇止","作中庸,乃孔伋","作大学,乃曾子","诗书易,礼春秋",然后还有其他"子"与"诸史"。

历史方面,"自羲农,至黄帝",一直讲到民国。"五霸强,七雄出","嬴秦氏,始兼并,传二世,楚汉争",几句就几个朝代。"通古今,若亲目。口而诵,心而惟,朝于斯,夕于斯。"

接着又列了一些古人肯用功致学的事例,从"昔仲尼(孔子)",到一些贫苦的普通人。

全书总的精神,是劝学,学而知,学而明:"犬守夜,鸡司晨(已是千古名句),苟不学,曷为人(何以为人)。蚕吐丝,蜂酿蜜(也已是千古名言),人不学,不如物。幼而学,壮而行(学以致用,要行动),上致君,下泽民。"至于"扬名声,显父母",一个人有了好的名声,当父母的脸上也有光彩,从这个意义上说,也没有什么不对。药家鑫年纪轻轻就那样作恶,与当父母的教养能没有关系吗?他父亲感到"现在还在受刑",这不是一般的反思。

"人遗子,金满籝,我教子,唯一经;勤有功,戏无益(胡闹腾没好处),戒之哉,宜勉力。"念到这里,同学小伙伴们常加一句:"师傅放学,吃饭去!"当然不能让老师听见。

仓廪实一定知礼节吗?

安立志

管仲，名夷吾，史称管子，春秋时齐国人，齐文化的代表人物之一。管仲之任政相齐，协助桓公，“九合诸侯，一匡天下”，是有史可征的。在《史记》中，管仲是一个出色的政治家和军事家，在孙中山先生眼里，他又是中国古典经济学的创始人。管仲的治国方略和经济思想，不见于太史公以“论其轶事”为宗旨的《管晏列传》，主要见于《史记》开列的那些书目中，如《牧民》、《山高》、《乘马》、《轻重》、《九府》等等。在这里，仅就管仲的一个著名论断略作评述。

管仲曾指出:“仓廪实而知礼节，衣食足而知荣辱。”对于这一论断，过去我一向钦佩有加，笃信无疑。“仓廪实”和“衣食足”，相当于社会的经济基础，而“知礼节”和“知荣辱”，则相当于社会的意识形态。管仲先生所论述的不正是我们耳熟能详的“社会存在决定社会意识”、“物质变精神”么？由此看来，管仲先生几乎可视为中国古典唯物论的开山之祖。管仲这句话出自《管子·牧民》，今人当然可以批评管子的“牧民”思想。

然而,如果考虑到作者生活的时代,我们不得不承认这位古代贤哲的思想光芒,透过两千多年的历史尘雾,直至今日仍在熠熠生辉。

然而,从哲学上说,管仲这一论断的正确性,仅仅在于看到了物质对精神、存在对意识的决定作用。由存在到意识,由物质到精神,毕竟是一个颇为复杂的反映过程。

先说第一层。“仓廪实”何以见得一定“知礼节”?“衣食足”何以见得一定“知荣辱”?如果不是抬杠,“饱暖思淫欲,贫寒起盗心”,不也是一种“存在决定意识”或曰“物质变精神”么?

再说第二层。2010年,我国已成为全球第二大经济体,毋庸置疑,人民群众的生活水平得到了较大提升。在“小悦悦事件”中,所有的当事者,包括肇事司机与冷漠路人,就他们的经济地位而言,“仓廪实”可能不好说,但至少不低于“衣食足”的水平,然而,他们却并没有必然地“知礼节”和“知荣辱”。反之,为小悦悦伸出援手的陈贤妹,一位经济地位相对较低的拾荒阿姨,反倒体现出了较之前者更高的道德水准。由此看来,在管仲的学说中似乎缺少了什么,以致损害了这一论断的完整性,并进而否定了从物质到精神、从存在到意识的相关性与决定性。在哲学史上,作为唯物论的认识论,一向就有机械论与反映论的分野。存在决定意识,物质决定精神,既不会正比效应,一一对等,也不会吹糠见米、立竿见影,这里有一个“从物到感觉到思想”(恩格斯语)的复杂过程。管仲这一论断之缺憾,即在于他未能明确地指出这个不可绕过的反映过程。

孟子,名轲,战国时期的思想家与教育家,鲁文化的代表人物之一。在“物质决定论”或“存在决定论”上,似乎与管仲殊途而同归。他在阐述治国之策时指出:“民之为道也,有恒产者有恒心,无恒产者无恒心。”(《孟子·滕文公上》)孟轲晚于管仲三百多年,尽管他们有着齐文化和鲁文化的不同背景,但在哲学上,似乎又一脉相承。在管、孟二人的理论里,所谓“有恒产”,大抵与“仓廪实”和“衣食足”不分轩轾,而所谓“有恒心”,似乎与“知礼节”和“知荣辱”不相伯仲。孟轲在《梁惠王上》中论述道:“五亩之宅,树之以桑，五十者可以衣帛矣；鸡豚狗彘之畜，无失其时，七十者可以食肉矣；百亩之田，勿夺其时，数口之家可以无饥矣。”由此可见，孟轲和管仲一样，也意识到了经济基础的重要性。

但是，孟轲的见识，如果仅仅停止于斯，那他与管仲也不过平分秋色、半斤八两而已。那么，他与管仲的不同之处体现在何处呢？

“谨庠序之教，申之以孝悌之义”，用这样一个要求作为“七十者衣帛食肉，黎民不饥不寒”的重要补充，由此而达至其一向推崇的以“王道”为标识的政治理想，才能具有可靠的社会保证（“然而不王者，未之有也”）。在孟轲这段话里，“谨庠序之教”大抵属于“硬件”；而“申之以考悌之义”，似乎应算作“软件”。如果把孟轲的“孝悌”二字理解为一般意义上的思想观念、伦理道德、国民素质，而把他的“庠序”二字理解为扩大了外延的教育、文化设施等方面的基本建设，那么，作为这种“软件”与“硬件”的总和，孟轲无疑对管仲的论点作出了一个重大补充，即在“仓廪实”与“知礼节”，“衣食足”与“知荣辱”之间，提供了一个由此岸到达彼岸的重要桥梁。

在今人看来，孟轲的见解，似乎并无新奇之处，然而，对照当今一些人存在的GDP崇拜、忽视教育文化建设的种种倾向，即可知某些今人岂止不如两千多年前的古人，实在是差之远甚！

龙年话“龙马精神”

鲍震培

今年是农历壬辰生肖龙年，过年期间，朋友同事之间发新春祝福短信，经常提到“龙马精神”。何谓“龙马精神”？首先这是一个成语，在《现代汉语词典》中列举了唐代李郢的《上裴晋公》诗：“四朝忧国鬓如丝，龙马精神海鹤姿。”意思是说老臣们人老而精神依然健旺，后来用来比喻旺盛奋发的精神。

龙马为历代诗人们歌颂，李白《白马篇》诗中云：“龙马花雪毛，金鞍五陵豪。”人们不禁要问这种动物——龙马，究竟是龙还是马？在中国文化中有什么特别的意义呢？

原来在中国古代，龙和马的关系非常密切。龙马是一种似龙似马的动物，而中国龙本身就是一种凭借想象力虚拟出来的动物，有“九不像”或“龙有九似”之说，集合了马、蛇、鱼、鹿、鹰、牛、狗、虾、虎等九种动物的特征。其龙首像马，龙身的一部分也取自马体。古人认为，龙和马是可以互变的。《周礼》上说：“马八尺以上为龙。”这种形状像龙的骏马最早出于黄河，传说中有龙马负图的故事。《礼记·礼运》：“河出马图。”孔颖达疏引《尚书中候·握河纪》:“伏羲氏有天下,龙马负图出于河。”中国现存最早的史书《尚书》载:“伏羲王天下,龙马出河,遂则其文以画八卦,谓之河图。”传说中华民族的始祖三皇之一的伏羲氏在这里降服龙马,依其背负的图纹画出河图八卦,创立了最早的文字。这匹非凡的神骏龙马,开启了中华民族五千年文明史的肇端。

龙在中国文化中浓墨重彩,蔚为大观,有人把龙说成是中华民族的图腾,这个说法缺乏有力证据,尚不能证实,但是说明了中华民族崇龙的历史非常古远。有关龙的最早考古发现是辽宁兴隆洼文化查海石块“堆塑龙”,属“前红山文化”遗存,距今约八千年的历史。龙作为神异的动物,具有喜水、好飞、通天、善变、灵异、征瑞、威严等多重神性,建构了中国龙的“百变”形象——实用性强的“民间龙”、具政治内涵的“帝王龙”和观念寄托的“君子龙”。

民间龙,汉代有鱼龙百戏,后来民间有舞龙、龙舟、龙灯等娱乐活动。龙的习性能屈能伸,称王称霸,特别契合于渴望建功立业的英雄的想法,如《三国演义》中“青梅煮酒论英雄”一回中,曹操曰:“龙能大能小,能升能隐;大则兴云吐雾,小则隐介藏形;升则飞腾于宇宙之间,隐则潜伏于波涛之内。方今春深,龙乘时变化,犹人得志而纵横四海。龙之为物,可比世之英雄……”这种以龙来喻人的说法符合中国人天人合一观念的思维习惯。

如今“帝王龙”的政治意味随着封建制度的推翻在现代的意义日趋淡化甚而彻底消失,龙作为吉祥物的喜庆色彩越来越浓厚。鉴于中国龙形象完全不同于西方的凶恶毒龙的形象,简单地翻译为 dragon 则容易引起西方国家的误解,因此近年来语言翻译界关于把龙译为“long”的呼声高涨,并逐渐推广。在当下全球学汉语热潮中,国内留学生教育和海外几百家孔子学院的汉语教师们也必将把龙文化推向世界,龙马精神无疑是中国龙文化的积极进取精神的又一体现。

龙马精神是君子龙的体现,在《周易》中龙马均属“乾”,是天之纯阳,代表着刚健、明亮、热烈、高昂、升腾、饱满、昌盛、发达。因为龙行于天，天马行空，故有龙马驰骋于天下，“天行健，故君子自强不息”。

天道运行刚劲雄健，君子应自觉奋发向上，龙马精神正是中国传统文化理想人格通过修身实现自我完善的激励意象。龙年颂龙马，在不断行走中凝聚力量，看春回大地，神州处处龙马自奋蹄，人人励志展宏图。

赊卖鸡苗说诚信

梁开文

记得小时候，我们农村每户都会养上几只老母鸡，这些老母鸡一天下一个蛋就会给家里省下买鸡蛋的费用，而省下的钱男人可以买包烟，女人可以买棵菜，孩子可以交学费。每当村口响起"小鸡苗，卖小鸡"的叫卖声时，乡亲们总会围上去凑热闹。卖鸡苗的大伯推着自行车，后面笼子里的小鸡"唧唧喳喳"叫个不停，仿佛在努力地推销自己。

遇到买鸡苗的乡亲，大伯便把鸡笼卸下来，经过一连串貌似专业的鉴定，我妈和众邻居都挑好了鸡苗，但是并不付钱。卖鸡苗的大伯只是将交易记录在一个笔记本上，然后骑着自行车离开。

小鸡苗随着时间和期待慢慢长大，三两个月之后，卖鸡苗的大伯重新来到我们村，不过这次他没带鸡苗，只带着那个笔记本。笔记本上或许写着"郑庄，小文，十只，东头，家后有一池塘"。意思便是"郑庄村梁开文家买了十只鸡苗，家在村东头，屋子后面有一个池塘做记号。”

大伯走到我家门外大声喊:“家里有人吗？收账的来了。”

“有人”,大多数时候,我会和我妈一起出来,“收鸡苗账的是吧?”

“是啊,你家鸡苗成了几只母鸡?”

“买了十只,最后成了六只母鸡。”

“哦,三六一十八,你给我十八块钱就行了。”

“嗯,给你钱。”

不到二十元的生意,历经几个月后以如此简单的形式终于完成,当我写下这些东西时,自己也不相信是否真的存在过这种交易方式。后来问起我妈,她说:以前赊卖鸡苗的很多,现在没有了,现在邻居间都不轻易往外借东西了,谁还敢把鸡苗卖给陌生人啊。

之所以买十只鸡却只付六只母鸡的钱,是因为乡亲只想养母鸡用来攒鸡蛋,而不想养公鸡打鸣或吃肉,因为在农村比公鸡起得早的人很多,而鸡肉在我小时候比鸡蛋奢侈百倍根本吃不起。卖鸡苗的大伯没有火眼金睛,他也看不出哪只小鸡苗会长成大母鸡,不可能给买主提供所需要的母鸡苗,于是账就这么算了。而即便鸡苗夭折,大伯也一般不予追究。

这种交易的关键是建立在彼此绝对信任的基础上,而在充满怀疑的今天,你可能和我一样,都会怀疑这种交易曾经存在过。此文的目的就是希望大家多一点彼此信任,这样才有利于将以前人心的淳朴和现在经济的繁荣结合起来,实现全面发展,促进社会和谐。

既精明也厚道的商贩

韩运民

曾经在我赁房而居的不远处，是一个市场。因为这里是人口稠密的居住区，而正规市场又离得较远，所以有精明的商贩常来贩卖一些生活必需的商品。久而久之，倒演变成一处规模颇大的流动市场。每到下午五点左右，商贩沿街适地在两旁摆满商品，兜售之声聒噪于耳。

那天临近黄昏时，我照例走出家门，信步游逛于商贩之间的街道上。转过一个弯儿，在那家服装店门前台阶的右下角处，果然又看到了那个老乡。老乡的普通话说得不够地道，张口就是浓重的山东味儿。这一次，我看到他的地摊前，新增了一堆状似花生但要比花生大许多的黑褐色新鲜货物。我随口笑道："这么大的花生哟！"老乡露出一脸的憨笑和白生生的牙齿，他解释："花生是俩豆儿，这大多是仨儿；花生是香的，它是酸的。"说完随手剥开一个要我尝尝。我正色婉辞。他又说："这叫人参果，长在树上的。"我思忖它既为人参果，价钱一定不低，就问多少钱一斤。老乡诡秘一笑，又执意要我尝尝。正自推让间,有一个衣着非常体面的人立在地摊前,指着问这是什么东西,怎么卖。老乡敛容正色道:“这是人参果,树上结的。长在云南,富含多种天然营养素。据说,吃了它,可以延年益寿呢!”那人颇为好奇,随手拿起一个来,细细地端详;剥开,慢慢地嚼。老乡又借机进言道:“这个人参果,在大商场里卖八十多块钱一斤呢!所以一般老百姓吃不起。”那人随即点点头,回味不尽似的说:“嗯,不错,味道还真不错!多少钱一斤?来两斤!”后来钱货相交的时候,老乡收了他一百二十块钱。那人走后,老乡又拿出那两张百元钞票来,迎着太阳举在眼前照照,脸上洋溢着颇为得意的笑。

有一对年轻恋人从地摊前走过去,那女孩忽然“咦”了一声,挽着男孩的胳膊又踅回来。她蹲下身子,理理鬓角的长发,好奇地拿起一枚人参果,仔细地端详研究。这一对年轻恋人十分素洁,像是刚刚走出校门或正在攻读的学生。老乡说:“您先尝尝。这是人参果,有美容养颜的功效呢!”女孩探询的目光投向男孩。男孩怂恿道:“尝尝吧!”女孩果然咬了一点儿,然后连连点头,接着就问价钱。老乡犹豫道:“三十块钱一斤!”女孩闻言,忙笑着道歉,说:“哦,对不起!”起身推着男孩要走。男孩窥知女孩是真的喜欢,颇为大方地说:“买半斤吧!”就拿钱夹。女孩一手把钱夹捂回去,说:“咱不要咱不要!”竟像是被人参果咬了一口般。两人正在为买与不买争执时,老乡爽快地说道:“半斤给我十块钱吧!”

一桩生意又成交了。女孩满心欢喜地剥开一枚人参果,幸福地送到男孩唇前,竟是把恋人恩爱的光景一览无余地摊进我们眼帘。老乡看着看着,脸上渐渐洋溢出阳光般的笑容。后来我问老乡为什么要这样做。老乡说,这是一对穷人,至少现在是。而穷人是最需要帮助的。要您说,倘若这次因为穷而舍不得买人参果,会不会成为他俩现在或今后生活中的一种遗憾呢?

老乡的话,让我重新去审视、认识他。有句话说,想要别人怎样去对你,你就要怎样去对别人。这是说待人的态度。都说无商不奸，而这个农家出来的青年，身处利益场，他的这份营生，更可谓是一分一厘当为生意计，而他却能跳身其外，不计小利，成人之美，皆大欢喜，精明之余不失厚道，这也是我们民族乐善好施之传统美德的另一种传承吧！

赁牛风波

泰山友

时至今日，我都不知道这件事是否称得上“风波”。但在内心里，却时常泛起一圈儿圈儿的涟漪。

虽然现在很多地方都实现了农田耕种机械化，但在俺那个小山村里，仍有成片成片的田地，因为处在山坡上、沟崖边而无法用上机械。原先牲畜少的时候，大都是靠人工，镢刨锨剜，效率低下不说，人还受了不少罪。后来耕牛从大田里解脱出来，于是就有农户专门饲养耕牛，租赁给用户耕田，双方都落个满意。常常是牛的主人牵着牛，带着耕地的农具赶到租赁户家，不论耕多少地，一天30元工钱，管三顿饭。也是乡里人纯朴，如果租赁者手里有现钱，可以当天结算清，如果当时手头紧，那就先欠着，出租者绝无二话。

我在村子北头有块地，因为处在一面斜坡上，拖拉机开不上去，年年都得租牛耕地。今年秋天，眼看别人家都种上了小麦，而我，却因为村里的牛少租户多，一时无牛可赁。正当我急头怪脑地焦躁时，西邻大嫂给我说，下河沿的陈大叔明天给前街的三哥耕地。我一听有门！三哥是谁？三哥因为有个多病的老娘拖累，穷得几乎吃不上饭，肯定给不起现钱。那我岂不就……

陈大叔家住下河沿，和俺爹是好伙计。晚上我走进他家时，陈大叔刚给人耕地回来，正在院子里拴牛。待进到他屋，我说："大叔，你看别人家都种上麦子咧，我还没耕地。要不你明天去给俺忙一天？"大叔点上烟说："你来得不巧。明天给你三哥家耕去。"我掏出钱放在桌子上："大叔，三哥的地能不能晚一天耕，他又没钱给你。这样吧，别人一天给你30元，我给你100，行了吧！"哪料想，平日看着挺温顺的大叔，见状竟勃然大怒，一拍桌子站了起来："你这是说的人话吗？没钱？没钱就不耕地咧？答应人家的事儿，说什么也不能改！别以为你有几个破钱儿，就可以改规矩。是，你三哥是没钱，可俺先答应了他，干什么也得有个先来后到吧？俺给你说，别看现在干什么都认钱，可还有不认钱的哩，那就是说话算话，不能诓人。别说你给俺一百块，你就是给一百万，俺也不能先给你耕！"

我羞愧地收起钱来，连声给他赔不是："大叔，你别生气，怪俺不会说话。"回到家一说，还挨了媳妇一顿训："你这个人，咱就是不耕也不能这么办事啊。记住了吗？"

记住了，哪能记不住呢！不论社会发展到什么地步，人，永远都要讲信用，也就是那句老话，不能见利忘义。陈大叔，你给我上了很好的一课。

丢了钥匙

纪慎言

最初对钥匙的概念就像那个钥匙本身一样简单。我们全家就一把锁屋门的铁皮锁，是锁身与锁栓可以分开的那种最简单的锁。那时候的钥匙很少会丢，因为它很少会被人带在身上。

记得家里的人都要出门的时候，最后走的人锁了门后，那钥匙就放在大家都知道的伸手就能够拿到的门框上面的砖缝里，或者放在旁边窗台的旮旯里。母亲常说，这锁是挡君子不挡小人的。当然，上面说的这些都是几十年前我孩提时代的事了，而且还是在那曾经贫穷落后的农村。如今，城里每个人的屁股后面或者衣服兜里、手提包里都有一串沉甸甸的钥匙，个个都像仓库保管员一样。

尽管人们与钥匙须臾不离，但是由于种种原因，丢钥匙的情况还是时有发生。

丢了钥匙是很晦气的事情。开不了车，进不了门，是首当其冲的难题。这个难题如果家里或单位还有别人的话倒也最终可以解决，但是属于自己专用的那些钥匙丢了可就非常难办了。有钥匙样子的可以找工匠再配一把，没有样子的就得请开锁公司的人来开锁，然后换锁或再配钥匙。所以很麻烦！如果仅仅是麻烦也就罢了，关键是还很危险。你知道你的钥匙是自己弄丢了还是被人偷了?！如果是自己弄丢的，而没有人捡到或者有人捡到并不知道是你丢的，这样还相对安全一些，但如果不是这样呢?因此，现在的大多数人如果丢了钥匙，他们绝对不会像以前有的人那样四处打听问谁捡到了他的钥匙，更不会写个“寻物启事”来把他丢了钥匙的事情广而告之。一旦丢了钥匙，人们首先想到的不是想法把钥匙找回来，而是尽快更换所有与之相关的锁具。

有次与朋友喝酒胡侃，说起了有关丢了钥匙的事情来。他说，有一回他妻子的那串钥匙丢了，他们只在自己家里找了个天翻地覆慨而慷，而对外没敢做一点声张。怕的就是让别人都知道是他家把钥匙丢了，而更怕捡到钥匙的人又很凑巧是他们的对门、邻居或者什么熟人！

之前还看过一篇小文，说的是一个人一时疏忽，把自己屋门的钥匙忘在了锁孔里没有拔下来，对门邻居一片热心，发现后拔下来交给了他。而这个热心的对门邻居第二天发现，那个忘了拔钥匙的人居然在换新锁！文章看后我心里五味杂陈，但是我却相信这故事绝不是胡编乱造。

哦，我们的锁越来越多，但是窃以为我们好像都丢了一把相同的又是非常重要的钥匙！

一个有关诚信的故事

朱 旭

20世纪七八十年代，一跨入春天的门槛，卖鸡鸭鹅雏的就渐渐多起来，清脆嘹亮的叫卖声响彻在乡村的上空，不绝于耳，陆陆续续引来了许多购买者。那时人们普遍都不富裕，大都囊中羞涩，所以都有赊账的习惯。卖方也都慷慨大方，敢赊给他们，还不用让买方打欠条。卖方也都准备了一本小簿子，记上买方的村名、姓名和购买的数量就完事了。等到了秋天，卖方才走家串户地上门要钱。买方也都挺讲信用，一个也没有赖账的。甚至猪崽也可以赊，不过大都在集市上进行交易。因为猪崽形体较大，比较值钱，买卖双方要找一个彼此都熟悉的人做担保。买方把猪崽带回家去，看看比较健康，能吃食，就放心了。过一两个集后，就会把钱带到集市上，付给卖主。

我父亲也有一次赊猪崽的经历，至今还记忆犹新，常常津津有味地向我提起。有一年，我家把大猪卖了，父母合计着再买一头猪崽。费县大集到了，父亲在后车座上绑上一只篓筐，骑着自行车就去赶集了。他来到集市，看到猪崽没剩下几只了，也都没相中，正心灰意冷地要离开，这时，一位中年男子忙过来搭讪："老弟，没看到中意的吧？俺家母猪下了窝猪崽，这集卖了几只，还剩下四只，都怪强，俺带你上俺家看看去？"父亲不假思索地应了一声，就跟他去了。

这人的家在平邑县天宝，是个比较偏僻的山庄，离费县城有五十多里。去他家的路净些羊肠小道，蜿蜒崎岖，很是难走。父亲一路颠簸，七转八拐，累得满头大汗。到他家时，已晌午多了。那人说："老弟，饿坏了吧？孩他娘，抓紧时间炒两个菜，俺跟这位老弟喝一气。"父亲说："老哥，让你破费俺于心不忍，还是回家吃吧。"那人又说："不就一顿饭吗，就是走道的饿了让俺管饭俺也会管的，何况你还买俺的猪崽。"其实父亲早已饥肠辘辘，那人说的话正中下怀。他想：从这里到家得有七十多里路，如不吃饭，驮着猪崽到家可不就饿惨了？不一会儿，几盘热气腾腾的菜肴就端上了桌。这哥俩有说有笑，推杯换盏，吃了一个来小时，父亲赚了个酒足饭饱。

看时间已不早了，父亲忙让那人带着去了他的猪圈。父亲发现一头猪崽浑身油光发亮，二目有神，架步也大，走起路来非常稳健，就对那人说："就要它了。"他们用细绳缚住猪崽的四肢，过完秤，放进篓筐里。父亲对那人说："这猪崽看起来还行，不知是不是好喂？"那人痛快地说："这事好办，你先喂一集，觉得好喂再付钱，不好喂算俺的。下个费县大集咱们在桥西头见。"父亲向那家人告了别，就急匆匆地往家里赶。

到家时，天已大黑了，母亲跟我已在村口等候多时。母亲问父亲："你干什么去了，这么晚才回来？"父亲答道："俺去平邑天宝逮猪崽了。那卖主也忒大胆了，没找保人，也没问俺家住哪里，姓啥名谁，就赊给俺了，还管了俺一顿饭。如果咱不给他送钱，他还真找不着咱。"母亲说："咱不能昧良心，再说人家喂个猪崽也不容易，得把钱还给他。"父亲说："俺不是那个意思，只想说这人实在、心眼好罢了。"费县集又到了，父亲早早来到集市的桥西头，等着那人来取钱。过了老长时间，那人才来，父亲把钱一分不差地递给他。作为回敬，父亲约他来到羊肉汤锅前，要了两碗羊肉、两杯小酒，两人又喝了起来……

这件事情在我幼小的心灵里种下了一枚诚信的种子，并已生根发芽，让我知道为人做事一定要讲诚信、守承诺。

关于儒学因子进入制度的几点思考

吕　鹏

儒学思想当代价值的实现问题，是现代人讨论的一个热点。牟宗三先生提出良知自我坎陷就可以转到知性而开出民主和科学的新外王，是一个代表性的观点，很多学者有不同看法，认为老内圣开不出新外王；许多学者认为儒学的当代价值主要体现在“人伦日用”或是“日用伦常”；等等。余英时先生观察得很准确，他认为新儒家是把内圣作为儒家的根本，接着宋明理学从形而上的角度来探讨开出新外王的问题。笔者学力不逮，本文仅从形而下的实践角度来简要讨论儒家思想当代价值的实现问题。我赞成杜维明先生的一个说法：“儒学的长久之道，必须扎根学术，深入民间。”我的想法是：经过当代实践检验的更生的儒学思想的积极因子，是有可能而且是有必要进入制度（法律、法规、政策等）层面的。进入制度，才有力量，而且可以促进“扎根学术，深入民间”。

一、在实践中,有新加坡的成功案例的支持。

新加坡在国家建设中采用了西方的市场经济制度和严格的法制,创造了经济腾飞的奇迹,同时在李光耀的支持下,政府有意识地吸纳了部分儒学因子进入制度,以对治个人主义、享乐主义流行,道德下降,吸毒、色情、暴力等现代化之病,使新加坡成为世界上少有的精神文明物质文明共同繁荣、多种族多宗教和谐共处、社会安定有序的发达国家之一。

陈来先生谈到儒学当代价值时提出四条:核心价值,伦理秩序,人格德性,意义共识。新加坡政府从 20 世纪 80 年代开始大力倡导儒家思想为基础的亚洲价值观或东方价值观,恰恰是扣在这几个方面。核心价值建设方面,开始是倡导李光耀亲自总结的忠孝仁爱礼义廉耻“八德”,后来演化为 1991 年政府提出的五条共同价值观,其中四条有儒学思想的色彩:一是国家至上,社会为先(国家和集体利益高于个体利益);二是家庭为根,社会为本(家庭本位);四是协商共识,避免冲突(和为贵);五是种族和谐,宗教宽容(和谐、道并行而不悖、万物并育而不相害)。第三条是社会关怀,尊重个人,体现了西方的个体权利的思想。人格德性形成方面,小学开设《好公民》课程,中学开设《儒家伦理》(因宗教种族原因于 20 世纪 90 年代初取消)。伦理秩序方面,面向全民倡导礼貌运动、敬老运动、睦邻运动等,鼓励宗亲活动,在组屋分配等政策上鼓励三代同堂和孝养老人,等等。

在落实这些价值的过程中,除了宣传的软手段外,新加坡政府也采用了硬手段(也是更有效的手段),在制定法律法规和政策中,“援儒入法”,与时代和国情相衔接的更生的儒学因子,如家庭本位、孝、选贤与能(精英治国)、俭则固等儒学思想得到体现。李光耀极为重视三代同堂的大家庭在价值传承、人格形成、社会稳定等方面的重要作用,在组屋政策中比较集中地体现了家庭本位和孝的价值观。上文提到的在学校开设道德教育课程也是进入制度的安排。儒家一贯重俭抑奢,新加坡政府制定政策控制奢侈品进口，实行公积金制度保持世界上最高的储蓄率。一个有意思的现象是儒家文化圈的国家和地区储蓄率都偏高，新教伦理也视节俭为美德，但新教有重要影响的美国却是世界上负债最高的国家，看来韦伯没有把政策制定这一环节考虑进去。

二、在理论上，钱穆等学者对儒学因子进入制度层面持肯定态度。

余英时先生在《钱穆与新儒家》一文中描述："他（钱穆）早年为三民主义的设计所吸引，晚年甚至对中国社会主义的提法也发生过兴趣，都是因为他希望看到某些传统的价值能够通过现代化而落实在政治社会制度之中。"就儒学因子进入制度问题我曾当面请教过庞朴先生，先生讲："不进入制度，就没有力量。"这算是两位儒学大家理论上的支持吧。

哪些儒学因子可以进入制度呢？杜维明先生对儒学有个划分：政治意识形态的儒学，学术的儒学，伦理道德修养的儒学。他认为政治儒学应该彻底清算，伦理道德儒学应该更生弘扬。新加坡进入制度的儒学因子都是伦理修养的东西，这也是中国应该借鉴的好经验。我们的制度恰恰是保留了许多政治儒学的东西，像政治高于经济、官本位、官僚体制压抑创新、裙带关系、人身依附、不讲原则的和谐导致对恶的容忍，等等。

三、从国家层面的文化建设角度考虑，政府应该对建设有传统特色的文化认同有高度自觉。

庞朴先生把文化分为器物、制度和心理（价值观念、道德规范、宗教信仰、思维方式、审美趣味等）三个层面，制度安排可以巩固价值观，可以对建设有传统特色的文化认同发挥重要作用。

在全球化浪潮中，中国传统文化一方面要吸收外来文化的因子，同时要保护和更新传统文化，从而建立新的文化认同。这个新的文化系统，应该是以儒释道，尤其是儒家文化为特色的，舍此，则不再是中国文化。说到底，凝聚全球华人心灵，要靠儒释道；统一台湾海峡两岸人心，也要靠儒释道。为什么上百年来日本、美国这么大的力量拿不走台湾？为什么我们都相信台湾将来一定会回来？除了经济、军事因素外，最重要的还是儒释道这个根连着台湾。因此，在中国扎根最深的儒家思想的积极因素应该保留下来。有保留价值的儒学因子，如果不进入制度，处于余英时先生讲的游魂的状态，没有力量，难起妙用。就拿见义勇为来说，上下都在讲，百姓也认同这一价值观，可是没有制度保障，有的勇为者连治疗费都落实不了，所以出现了很多见义不为的事件。子贡赎回在异国的鲁国奴隶，鲁国政府给他奖励他不要，孔子担心以后没人再做这样的好事了，也是出于这一考虑。

四、深厚的群众基础使儒学因子进入制度具备可操作性。

儒家思想的一些价值系统，在经历了“五四”和新中国成立后的历次运动后，仍然在大众中有深厚的根基，比如孝，比如师道，等等。在中国，如果说某人不孝，朋友都不屑与他来往。其他的伦理宗教系统也有孝的伦理要求，但只有儒学把孝做成了一个文化系统并进入制度。曾经请教庞朴先生，假如学习新加坡，把体现孝的有关法律政策搬到中国来（比如组屋的分配政策），会不会有人反对？庞公回答：“估计没有人敢反对。”在唐律中，不孝被列入“十逆”，不可赦免，连媳妇骂公婆这样的细节都有详尽的惩罚规定（当然很多规定在今天看起来已不合时宜）。在今天的农村，不养老、媳妇打婆婆的事屡见不鲜。在司法实践中，在孝这个概念上似乎也走到了另一个极端：杀父杀母可以轻判，其法理依据是家庭内部矛盾未造成社会危害，显然这是受到西方“少杀不杀”思想影响的结果。（这类案例不少，仅举一例：2007 年 11 月，被告人宋某与其兄在母亲家喝酒时，因家庭琐事发生争执，宋遂残忍地杀死母亲和哥哥。宋最后判死缓，理由是家庭矛盾引发案件，未造成更大的社会危害，被害人近亲属请求对宋从轻处罚，故判死缓。亲手杀死亲母亲兄的人该怎么判，让百姓们议一议，恐怕不一定是这个结果。）如果我的判断没有错误，这样的司法实践可能是违背多数人关于孝的基本价值观的，它抽掉了儒家思想里一块最重要的基石。需要再次申明的是，今天我们不是要“父命不得不从”的愚孝，而是要符合人情伦理的健康的孝。不可想象，如果没有了孝这一价值观，未来中国的文化认同还是不是中国人的文化。

五、儒学因子进入制度，不必“全面安排人生秩序(余英时语)”，亦不必重建儒学为官方意识形态，其进入制度的程度以实用适中符合国情为妥。

儒家提倡以德治国，在实践中其实一直是礼法合治，法律儒家化，可以说礼法合治是一个传统。汉宣帝曾告诫他儿子：“吾家本杂王霸道而用之。”孔夫子一向温良恭俭让，可上任七天就杀掉少正卯，就是礼法合治的一个典型案例。庞朴先生说：“儒家有两面：一是风和日丽，一是金刚怒目。”也是此意。儒学思想有很强的实用和实践倾向，汉武帝独尊儒术后，儒家思想不断进入法律制度层面，在被法学界公认为历史上最好的法律范本之一的唐律中，儒家思想得到了充分的体现。“唐律一准乎礼，以为出入得古今之平。”我们人可不必梦回唐朝，“一准乎儒”(也不可能)，但是反映今天中国人基本价值观的儒学因子，还是有必要进入制度层面的。据说犯罪嫌疑人的直系亲属没有义务出庭作证的提案有望近期立法通过，这即是对父子相隐保护亲情的儒学思想的一个回归。

六、中央政府对民间和地方政府积极健康的儒学复兴和创新活动应给予保护和支持。

今天儒学这一民族文化慧命的传承，最重要的是在“日用伦常”的百姓生活中，进入“日用伦常”，深入民间，这传统才是活的，才不是书架上的死文物。现在民间和地方政府的儒学复兴和创新活动方兴未艾：青岛四方区连续八年举办“邻居节”；某县级市提出“以孝治市”；某社区倡导孝文化，来买房的人必须持有单位的孝亲证明；许多企业以《弟子规》为员工培训内容；许多村评比“好媳妇，好婆婆”；等等。这些民间和地方政府的自发的儒学复兴和创新活动，是他们主动对治现代化之病、建设精神文明的措施，政府似宜妥善爱护扶持，而不必担心“毒草”复活(毒草也有，宜加甄别)，这复活和更生的儒学传统可以安抚心灵、和谐家庭社会，对国家大有裨益。

两千年的实践证明，儒学是一个有自我更生能力的开放的系统。最近半个世纪新加坡以及日本、韩国和我国台湾地区等地的实践也表明，在工业化、信息化和全球化的环境中，儒学仍然有强大的生命力，仍然能够提供丰富的精神资源。只要我们珍视传统，不断创新，儒学一定能够凤凰涅槃而自我更生出一个与时代相衔接的新的儒学系统，这个新儒学将继续浇灌中华民族的心灵，为国家在未来几十年里迎来一个更加繁荣的盛世作出独特的贡献。

孝如和风篇

“不孝有三无后为大”到底是谁说的

鲍震培

某人酒酣耳热时口吐真言，说我有个女儿，很想找个情人再生个儿子，我老婆也同意我找个代孕母亲，言语间仿佛有一生快意的渴望。无意中在百度上看到“中国代孕网”，为了一个“亲儿子”，“代孕母亲”这种新兴职业悄然而起，真不知是该喜该忧。因为事情远不是高科技那么简单，在“养儿防老”、“不孝有三无后为大”的封建残余思想影响下，这种做法极易造成婚姻隐患。

眼下热播的宫廷剧一遍遍告示天下人：母凭子贵。《还珠格格3》中，永琪不得不让陈知画生子而堵众人之口，还有《中国家庭》里“掉包”的悲剧，《暖春》里小花的凄惨，《养父》里“弃女”的纠结，《乡村爱情》中离婚的无奈……难道“无后”真的是罪莫大焉？“不孝有三无后为大”，这句耳朵听出茧子的话，是时常挂在国人嘴边的，常常成为茶余饭后臧否人物的话题，往往给人以无形的压力。“不孝有三无后为大”让现在越来越多的单身贵族、丁克家庭、剩男剩女们情何以堪？

不禁想刨根问底,说这句话的是何方神圣?

原来是亚圣孟子所说,《孟子·离娄上》第二十六章说:“不孝有三,无后为大。舜不告而娶,为无后也,君子以为犹告也。”译成现代汉语,意思是:“不孝有三种,以不守后代之责为大。舜没有告知父母就结婚了,这就是‘无后’,但君子以为,和告知了差不多(因为舜出家在外,而且是尧要把女儿嫁给他)。”由此上下文语境看孟子的原意,并不是说不生孩子就是不孝,最不孝的其实是没有对长辈尽到作为后代的责任,其他两种不孝,在孟子的原话中语焉不详,不知是指什么。

因为对孝道的重视,汉代以后便有对孟子“不孝有三”的解释。一个叫赵岐的儒生写了《孟子》注,阐述了他个人对于孟子这段话的理解:“于礼有不孝者三事,谓阿意曲从,陷亲不义,一不孝也;家穷亲老,不为禄仕,二不孝也;不娶无子,绝先祖祀,三不孝也。三者之中,无后为大。”他明确了何谓三不孝,一不孝是对父母一味顺从,见父母有过错而不劝说,使他们陷入不义之中;二不孝是家境贫穷,父母年老,自己却没本事挣来俸禄供养父母;三不孝是不娶妻生子,断绝后代,这第三种是最大的不孝。

可见,此语完全是赵岐的个人杜撰,是对先贤孟子的最大误读。

“孝道”是中国伦理道德的奠基石,也是国人眼里一个人的生命意义和价值的所在。文王百子图、愚公移山寓言的子孙链都表现出国人对延续香火特别强烈的热情。中国家庭中老年人将抱孙子视为极大的喜事,儿孙绕膝、四世同堂的天伦之乐与其说是乐儿孙,不如说是老人在这些孩子身上看到了自己生命的旺盛延续,实在是为自己的永生而乐。

与“无后为大”相联系的是男尊女卑观念。近几年我国新生儿男女性别比例严重失调,男婴超过女婴,必将带来男青年择偶难等一系列社会问题。由于男性在体力上占优势,在传统农业社会中,男孩作为主要劳动力受到重视,而在现代社会中,对体力的要求降低,男孩子就不见得比女孩子更有优势了。最近笔者关注了天津卫视《非你莫属》栏目，不少女性求职者在学历、谈吐、能力方面明显高于男性求职者，受到招聘公司和企业的青睐，真正体现了在能力面前人人平等。

现代化带来的社会养老机制的变化，升学难，就业难，房价高，加上溺爱娇惯，使“啃老族”盛行，人们不禁问，到底是“养儿防老”还是“养儿啃老”呢？如果是后者，这种“有后”实在是一种“落后”，不但不给国家作贡献，还要拖父母的后腿，甚至危害家庭和社会，有这样的“后”真不如“无后”！教育子女自食其力，敢于担当，成为对社会对国家有用的人，是比纠结于“有后”“无后”更重要的事。

“七十三、八十四”于史并无依据

陈中华　郭茂英

话题是这样引出的：年底朋友小聚，一朋友说母亲龙年恰是84岁关口，一人在老家，愈来愈为老娘一人孤居而不安。想将老娘接来又担心恰逢这关口，老人再一换新环境，不适应，怕万一出事。同时还担心老娘心理上也有压力，暗琢磨这个“七十三、八十四”。

这茬口，《农村大众》报刚退休记者老杜说，老哥教你个办法，当初自己老娘84岁，心里也是瞎琢磨，时常念叨。他就骗老娘说，这个“七十三、八十四”是孔子、孟子去世的年龄，孔子、孟子都是男人，这实际上就是说的男人，与女人无关，女人没任何生命坎。他一说，家人都迎合，老母亲一想也是这个理，就真信了，结果是活到了93岁。

朋友兴奋地说，好！怎么自己就没想到哩——多有说服力呀！

老杜又说，谎言不一定都是恶的，有时好心也必须说谎，这就是善意的欺骗。善意谎言无新意。但“谎言”话题却引发了酒桌上一场热烈的讨论，讨论的结果是：大家——满桌皆高层次知识界人士——凭自己掌握的知识，皆以为，实际上“七十三、八十四”之说没任何科学依据，是中国历史上最大谎言。

说它是最大谎言，是因它关乎每一家庭、每一人，在中国历史上流传、蒙蔽已久，严重侵蚀了中国人的身体及心理健康，必须拨乱反正。

查阅有关“七十三、八十四”的资料，愈认识到，这说法绝对拙劣。首先，所有资料都说它是一个“俗语”。中国迄今流传下来的俗语、成语、名言、哲理等等可编成许多厚书，但许多内容是相互矛盾的，如“士可杀不可辱”，就与“忍为上”、“吃得苦中苦方为人上人”、“忍得胯下之辱”、“卧薪尝胆”、“天将降大任于斯人也”等相矛盾。从这角度讲，许多中国历史名言都可谓实用主义名言，只要用着，公说婆说都是理。

第二，散布此谬论者引证说，这是中国历史上两大圣人孔子和孟子死亡时的年龄。孔子活到虚岁 73，孟子活到虚岁 84。意思是你看吧，这样的圣人都过不了这岁数，你就别指望了。仔细查阅，孔子实际活到 72 虚岁，这如何解释？必是为了“七十三、八十四，阎王不叫自己去”这顺口溜押韵而杜撰的。另外，以历史伟人死亡年龄来说事，应首先论一论孔孟算否中国历史上最伟大人物。如此，第一个统一中国的秦始皇怎么论？带领民众推翻了几千年封建制度的孙中山怎么论？他们都在五六十岁就去世了，他们的享年算否中国人的生命坎？

“七十三、八十四”之说无疑表现了一种文化，具体说就是中国人自己非常崇拜的孔孟儒家文化。

逢新一龙年来临，又一批老人进入或接近所谓“七十三、八十四”年龄坎，我们将这一历史大谎言予以批驳、辨析，希望能解除人们一些莫名的心理困扰，让老人更乐观、豁达、健康长寿。

关于“三不孝”之我解

王魁章

读了齐鲁晚报《“不孝有三无后为大”是谁说的》一文，笔者有不同意见。不错，这话确实是孟子所说，因为《孟子·离娄上》有言：“不孝有三，无后为大。舜不告而娶，为无后也，君子以为犹告也。”只是孟老夫子仅仅说了“无后为大”之不孝，对“三不孝”中的那两种不孝没有直接点明。到了东汉时代一位叫赵岐的经学家才又为他做了补充。赵岐在《孟子》注中说：“于礼有不孝者三事，谓阿意曲从，陷亲不义，一不孝也；家贫亲老，不为禄仕，二不孝也；不娶无子，绝先祖祀，三不孝也。”用现在的话说就是，一味顺从，见父母有过错而不劝说，使他们陷入不义之中，这是第一种不孝。家境贫穷，父母年老，自己却不努力上进求得功名，用挣得的俸禄供养父母，这是第二种不孝。不娶妻生子，没有后代，断绝了祭祀先祖的香火，这是第三种不孝，也就是孟子说的最大的不孝。

由此，我们至少可以得出三个方面的体会。

体会之一：从赵岐的“三不孝”可以看出，其第一条是针对舜父母的不良行为引申出来的，第二条是以虞舜的事迹和贡献为榜样提出来的，第三条是从孟夫子对舜的“不告而娶”的质疑说的那段话演化过来的。

赵岐的说法发挥了孟子的思想，说出了孟夫子没有说出的话，这就是因为舜的婚事引出了舜的父母的过错。而舜的正确之处就在于他没有按照父母的错误想法去做，而是采取了一种变通的办法，用“不告而娶”的实际行动，纠正了父母的过错，舜仍然是践行孝道的大孝子。

被孟夫子和赵岐所肯定和赞扬的舜的这种做法，还解决了孔夫子也没有说清楚的一个问题。孔子要求人们对父母的一切行为都要采取“不违”的原则，可是一个人的一生哪能一贯正确和不犯错误，而深具孝心的子女们又怎能眼看着自己的父母一直“过错”下去呢？对此，孟夫子说可以按大舜的办法采取能动的措施给予纠正。而赵岐的说法就更为直接了，他指出子女对父母过错的“阿意曲从”，非但不是孝的行为，而且是“陷亲不义”的行为！这样一来，就对孝顺的“顺”字给予了辩证的说明，对一味愚孝的行为给予了纠正。

综合孔孟两位夫子和赵岐的说法就是，如果父母有了过错，子女应该用耐心细致的思想工作去给予纠正，如果一时实在不能说服他们，也不能硬来，更不能惹他们生气，要以自己的实际行动去做补救工作，将由父母的过错带来的损害降到最低。

体会之二：从孔夫子到孟夫子，从《孝经》到《二十四孝》，都对孝提出了多方面的要求。但是仔细品味一下，赵岐提出的“三不孝”似乎已将孝的主要内容给予了概括，至少从三个方面对孝的内容做出了解释，还改变了人们几乎只把“无后”作为不孝的说法。

按照赵岐的意思，身为子女的第一孝，是在充分孝敬老人的同时，对于他们的过错不迎奉，不照办，并且尽力挽回其不良影响。在家庭内部坚持“父慈子孝”的好传统，在社会上树立和谐家庭的好形象。第二孝，面对家庭困境，子女应该通过个人奋斗来改变贫穷状况，在使父母从衣食住行到精神生活上都享受到至孝的同时，子女还要对家庭和社会的发展有所作为。践行的第三孝，就是及时娶妻生子并教育子女健康成长，以使家族后继有人。

体会之三：将赵岐的“三不孝”联系起来看，它们之间还有着层层递进的密切关系，子女们行孝缺了哪一条都不行。最明显的是，如果前两条都做得很好，但是不娶妻生子，没有自己的后代，无人去继承你的好思想、好家风和偌大的家业与事业，这个家由此消亡在了你的手里，这岂不是最大的败家子、最大的不孝之子？这种情况发生在一个家庭可能影响不大，如果这样想、这样做的人多了，就不仅是对父母的不孝，还会对整个民族、国家以及人类的发展带来严重后果。这样看来，说无后为大不孝，就不显得过分了。就是用现代生男生女都是一样的观点来看，这个“三孝”的道理也是可以说得通的。因为“他们”和“她们”都有繁衍后代的能力和责任，都不应该犯“无后”的大忌。

现在看来，这个“三孝”与“三不孝”的问题，还包含着辩证与发展的观念，也跳出了个人家庭的小范围，涉及民族、国家、人类社会可持续发展和优化发展的大道理，蕴涵了我们祖先认识人类、认识社会的觉悟、智慧和境界。

让孝道回归正途

曲 征

看上去，弘扬孝道好像很简单，但是，说实话，对于孝道，笔者还真的十分矛盾过。“君叫臣死臣不得不死，父叫子亡子不得不亡”的完全顺从理念，以及“夫孝始于事亲，中于事君，终于立身”的完全服从封建统治的威逼利诱，还有“身体发肤，受之父母，不敢毁伤，孝之始也；立身行道，扬名于后世，以显父母，孝之终也”的光宗耀祖、为家族争光的荒唐标榜，再有“不孝有三，无后为大”的搞笑因果关系，使笔者产生过厌恶孝道的意识和情绪。

但是，由于传统孝道的愚民性、不平等性、封建性和保守性，使其在“五四”运动之后，成为激烈批判、矫枉过正的对象。尤其是“文革”时期，“左”的思想对孝道文化进行了全面批判和全盘否定，致使中国传统孝道文化出现了一段时期的断层，不赡养老人，甚至打爹骂娘、欺凌老人的现象不断涌现，“啃老族”队伍不断壮大，于是，笔者认为在当下弘扬孝道很有必要。

这种对于孝道的矛盾心理，是最近才解开的。最近几年教授政治课和历史课，这些课程对于中国传统孝道进行了比较全面的分析，指出中国传统孝道文化既有精华也有糟粕，既有合理的内核也有过时的内容。因此，要继承和批判相结合，吸取精华，扬弃糟粕；要继承和创新相结合，根据时代要求，形成新的形式和内容；要以人为本，懂得感恩，珍惜亲情，切实维护老人权益，使孝道文化的新理念逐渐成熟起来。之后又聆听了几次关于孝道文化的国学名人讲座，使自己对于孝道有了比较正确的分析和认识。

但是，纵观现实，许多人还在片面地理解孝道文化。有些学校开展"为母亲洗一次脚活动"或者"梳一次头活动"，这些活动，举办者的初衷是好的，但是，这种仪式性的活动，很容易演化成一场表演和走过场。还有的教师，要求学生们集体给父母下跪，将孝道文化又硬生生地拉回到封建时代，这其实是对现代孝道的亵渎和误读。

众所周知，郭巨是鲁迅先生早就批判过的人物。鲁迅先生说，看了"郭巨埋儿"，不仅他自己打消了当孝子的念头，而且也害怕父亲做孝子，特别是家境日衰、祖母又健在的情况下，若父亲真当了孝子，那么会不会把他埋掉？但令人不解的是，"郭巨埋儿"这种荒诞不经的"愚孝"行为，这种摧残人性、泯灭人伦的"孝顺故事"竟然仍被现在有些人奉为圭臬，这既不可思议，又进一步说明，封建主义的孝道思想还在许多人的头脑中顽固地坚守着，并把这种意识和思维方式硬塞到别人的思想中。

这样的"孝道"，只会让人越来越糊涂，让人越来越迷茫。

可见，让孝道回归正确的轨道，实在是任重而道远。

敬老如敬神

范淑玉

未见其人，先闻其声，邻家大嫂爽朗的笑声，毫不夸张地说能传遍半个胡同，离开家乡20年，想来犹在耳旁。大嫂勤劳朴实，闲言碎语不多，就像一头老黄牛一样整日默默无闻地拉车。屈指算来，她嫁到婆家半个多世纪了，见人总笑呵呵的她，每天忙里忙外伺候双目失明的年迈婆婆。

乡下不比城里，生活条件差，即便自己吃糠咽菜，她还是变着法地给婆婆调剂饮食，补充营养。家里老母鸡下的蛋，一年到头她舍不得吃，大都贴补了老人。80多岁的婆婆堪比老顽童，岁数大了，难免生物钟紊乱，有时候半夜里想吃东西，黑灯瞎火，她分不清老人是否真饿，灰头土脸地赶快生火做饭，等她做好了，老人却又不吃了。婆婆这样的恶作剧多了，她就笑笑说："娘，你这是让俺减肥啊！咱农村人不兴这个。"婆婆听了嘿的一声就笑了："俺还寻思天明了。"

婆婆命苦，年轻时瞎了一只眼，老了另一只眼又看不见了，成了名副其实的睁眼瞎。老人的孤独可想而知，她责无旁贷地成了婆婆的眼，婆婆看不见，耳朵却灵得很，为了解闷，她就给婆婆讲故事。别看她文化水平不高，可邻什百家的事经她一“加工”，就有意思了，说着说着婆媳俩就笑得上气不接下气。渐渐老人听她讲故事上了瘾，看着婆婆越来越上瘾，她笑着说：“你这么大岁数了，还追俺这大明星呢！”

老人的健康是嫂子永远的牵挂，为了老人的健康她付出了很多很多，可她不后悔，在她心里，给婆婆当儿媳是自己的福分。每天临上坡前，她把老人安排好了再走，用不了多久，她又像兔子般跑了回来。村人让她在老槐树下拉拉呱，她总笑笑说：“孩子嬷嬷（奶奶）自己在家，俺连挪腚的工夫也没有。”话没说完，她又像风一样飞走了。

婆婆疼她，她爱婆婆，婆媳相依为命，关系融洽得很。农村蚊子多，夏天晚上睡觉时，她不敢给老人用蚊香、灭害灵，怕味大老人闻了喘不动气，就用笨办法驱蚊子。每晚撑好蚊帐，服侍老人躺下，自己再在一边给老人扇蒲扇，等婆婆睡熟了，她再去忙家务活，因而她院里的灯是村里灭得最晚的，即便夜里躺下了她也睡不踏实，生怕老人有什么闪失，躺不了多久就到老人的床前看看。冬天煤炭贵，她和丈夫舍不得烧，可婆婆屋里一直暖如春。即便在这样的季节里，用不了几天，喜欢干净的她就给老人擦一次身，使老人身上清清爽爽，一点怪味都没有。

逢十五等节日，村人有一块儿磕头上供祭神敬天的风俗，每每此时，有人去她家里凑钱，要一块儿买点祭祀品什么的，她说：“俺家里敬着个老神仙，把她照顾好了就成，俺一分钱也不拿。”

郑板桥当年离开潍县时曾对送行的人说：爱老如子。板桥先生这句话过去多少年了，却很少有人能做到。做子女的拿出父母对子女爱的百分之一来回报父母，为人父母也很欣慰了。百日床前无孝子，但邻家大嫂五十多年如一日照顾瞎眼的婆婆。孝老敬亲要在心里，而不是表面，与其上供烧香，不如好好行善积德，对待老人好了比敬神仙还管用。一个朴实的农家妇女能说出如此有哲理的话，着实让人钦佩。

孝子磕头

纪慎言

甭管老人活着的时候那些做儿子的是否真的孝顺，但是在老人死了之后的治丧期间，人们都管那些披麻戴孝的儿子们叫孝子。所谓“孝子头，满街流”，说的就是死者的儿子们在自己老人治丧期间以及殡葬仪式之后的规定时间内，向所有参加葬礼活动及随了“纸礼”（份子）的人们磕头谢孝的传统情景。

村里谁家的老人死了，自家的孩子们在家里哭丧陪灵，院里的近人们则根据主家的嘱托去其亲戚朋友家报丧。过去没有电话，报丧的人都是骑了自行车四下里跑，几十里外的亲戚朋友家该去的也得去。人不在了，这是大事，里里外外的人们都很重视。所以，无论死者这人活着的时候多么平凡、多么默默无闻，在他（她）死后及殡葬期间的几天，却是其最为显耀的时候。该来的都来了，该吊唁的吊唁，该戴孝的戴孝。孝子们除了冲着老人的灵位或棺材磕头以外，更多的则是给来治丧和捧场的人们磕头，感谢人们的帮助和哀悼。尤其对那些挖坟坑、抬架子（抬棺材）出大力气的人们，孝子们的磕头更是一五一十地不能含糊。因为这些乡亲邻里的劳动直接关系到能不能让死者入土为安的大问题。记得大约50年前，村里一家金姓人家出殡时正赶上瓢泼大雨，道路泥泞，棺材从家里抬出来就费了很大的力气，待到从村里往村外墓地抬的时候，简直无计可施！领头的喊哑了嗓子，孝子们磕头磕得满身满脸都是泥……

发丧后的谢孝就跟过年后走亲戚拜年一样，是丧事的重要程序。凡是报过丧的亲戚朋友家都要由孝子们赶去谢孝，谢孝就是实实在在地磕头。这个磕头跟拜年还不一样，拜年磕头是论辈分，晚辈给长辈磕头，谢孝则不论辈分，长辈也可能要给晚辈磕头。如今农村的丧葬除了死者尸体必须火化以外，一切还按传统的程序进行，因此孝子们的头该怎么磕还是怎么磕。我现在就常常发愁：等自己生活在农村老家的父母百年之后，我这个年近古稀的孝子是否还能够趴下来给亲戚朋友们实实在在地磕头谢孝?!

现在城市里的孝子们要比农村的孝子们轻松了许多，首先是报丧打个电话就行了，其次是不用给用汽车拉尸体的人和火葬场的人磕头了；然后是谢孝的程序可以一简二免。除了住在一个院里或一栋楼的人们还上门磕个头或握个手以外，其他的打个电话或者发个短信也就等于谢孝了。更有许多人报丧的时候列了大名单，一个也不能少；可等丧发完了，谢孝的事情却全都给免了。按他们的说法，这叫“厚养薄葬”。

感恩树

陶唯倩

我在父亲的小院里种下一棵树，我把它命名为：感恩树。

自从四年前母亲病逝后，父亲就日渐苍老。他的老宅被划在隧道拆迁区内，红线一天天逼近。为此，父亲忧心忡忡。远在美国的弟弟打来电话，要把父亲接去养老。电话里，父亲装出欢喜的样子，私下里却跟我说：“我在美国住过一年，一点都不适应！看不到报纸，吃不到家乡菜，电视也看不懂，一日三餐都是比萨在微波炉里转一转。你弟弟说，美国空气好，我都老了，要那么新鲜的空气干吗？我只想有几个谈得来的老伙伴，每天在公园里转一转，过得舒坦自在。”闻听父亲此言，我心里却是窃喜的。

一直觉得父亲没有喜欢弟弟那样喜欢我，尤其是我们姐弟俩成人后。弟弟读书用功，从本科一直读到博士后，又到美国做访问学者，考取医生执照，是国际知名的麻醉医生。而我，高中毕业下放，从此再没进过教室。很多人为了拿一张文凭，去读电大、夜大，我却喜欢阅读的汪洋恣肆和驳杂扬厉，对那种味同嚼蜡的课程不感兴趣。父亲担心我没有文凭难以在社会上立足，有一年夏天，他顶着酷暑为我去“电大”报名，我却把报名表撕了，父亲气得几天不理我。外人问及子女，谈到弟弟时，父亲滔滔不绝；谈到我，父亲只轻描淡写几句带过。

弟弟19年前去了美国，从此徒有孝心也无能为力。很多个深夜，我被急促的电话铃声惊醒，把突发急病的父母送往医院；很多个白天，辛苦工作一天，下班了，我和老公还要赶到医院为老人送饭、擦洗——如果父亲去了美国，嘿嘿，这些麻烦事就交给他亲爱的儿子了！

2010年6月，弟弟回国探亲，准备带父亲走。护照、签证办得十分顺利，父亲的眉头却越皱越紧。他总是在家里清理东西，把一个个包裹捆紧，又重新打开，好像有什么东西放不下，又好像去了就永远不回来的样子。我有两个晚上回去陪他，听见他在隔壁房间唉声叹气。清晨，他起床去买早点，把早点放在母亲遗像前——母亲走了四年，每天的早点都是父亲换着花样买回来。每当我要出差或弟弟回国探亲讲学，父亲就虔诚地在母亲遗像前烧香：“老太婆，孩子们要走远路，你多多保佑他们，风和日丽的，别出意外啊！”母亲好像听得到父亲的恳求，我和弟弟每次来去皆顺利，很少有班机误点、火车延迟的事情发生。看着母亲遗像前的早点，想着父亲烧香的样子，我眼睛发酸：父亲走了，家没了，谁来给母亲买早点？谁来保佑我们从此一路平安？

那个晚上，我几乎一夜未眠。我想起小时候，每天幼儿园放学，我站在栅栏前，眼巴巴盼着父亲来接我。有一次父亲下班晚了，想着我一定焦急哭闹，他狠命蹬自行车，不小心撞在一块石墩上，跌破了额头。初二那年暑假，我的脚被开水烫伤，父亲天天背着我去医院换药，一个夏天，父亲的汗衫总是湿漉漉的。我下放在农村的那几年，父亲坚持每个星期给我写一封厚厚的家书。在信中，父亲并不讲很多的大道理，只是提醒：你还年轻，不要荒废，有时间多读书；女孩子独身在外，宁为玉碎不为瓦全……每当乡邮员的自行车铃声响起，我冲出去拿过信，迫不及待撕开，看见“倩儿如晤……”几个字,泪水就情不自禁淌下来。有一年父亲出差,回程路上领导说:“顺便去看看你女儿吧!”父亲高兴极了,在小卖部买了一大包零食。我住在山腰上,父亲在山底下就大声喊我的名字“姑娘姑娘我来了!”我惊呆了,冲出房门——父亲正大步流星往山上飞奔!

父亲曾经年轻过,曾经健步如飞过。如今他老了,步履蹒跚了,不能让他没有家吧?

想到这些我潸然泪下。我走到父亲身后,对他说:“爸,你不想去,就不去了,跟着我们过吧!我们为你养老送终。”父亲转过身,惊喜得连连点头。

弟弟回了美国,父亲留了下来。我在我的新居旁边,为父亲买了一套小房子:45平方米的一室一厅,前后花园。站在我家阳台上,能清晰地看到父亲的小院。交房那天,我在花园里种下一棵树,我把它命名为“感恩树”:铭记父母恩情,感谢父母养育。

孝如和风

逢金一

父亲早逝之后，对母亲身体的担心就时时挂在我们做子女的心头。可是现今社会，不愁吃不愁穿，赤贫的几率越来越小，医疗技术也越来越先进，孝道再如何去实现？

我想心理上的孝敬非常重要。与母亲多交流，尽量能做到天天交流，让她心内没有障碍、芥蒂之类的疙疙瘩瘩，也就是说过得要痛快——"痛快"这词也不准确，应该还有通达、积极的成分。谁都会有一时糊涂的可能，都会有冲动，会有愤怒、不满、埋怨、坏脾气、消极情绪，这就需要开导、聊天、沟通。赵本山的小品《钟点工》就是以此为背景的：要多跟老人唠嗑。老人在物质上所需已经极少，但心理上所需则是巨大的，想想吧，随时面临人生最后的一个关卡，人能不思前想后吗？所以一定要让母亲过得舒心，这是我生活的目标之一。这其中，聊天占了很大的部分。聊天就是释放，就是沟通。

当然还有行动中的细节方面。比如要定期给老人查查体，建立健康档案。比如吃饭、作息方面的小问题天天过问。逢年过节买点合心的小礼物，老年人的物品不好买，老年人讲究也多，所以买东西要仔细研究。母亲喜欢盛开的花朵，每年过年时，或者母亲节时，我都会买盆鲜花。母亲喜欢读报，特别是《健康报》是她的最爱，所以每次我都会把时新的《健康报》专门捡出来，放在她床头。母亲还喜欢读书，我给她买过《邓小平传》、《赵本山传》，还有鞠萍的书、韩少功写农村生活的《山南水北》，包括济南作家张继的书，只要是有关农村的有趣的故事书，有关她那个年代的好书，易于怀旧的书，我都会给她找来。当然还有健康方面的一系列的书。

老人也得学习、受教育，这一点常被很多人所忽视，甚至被很多人所误解。人生其实要不断受教育，终生受教育，与时俱进，不断更新自己的观念、想法、认知。老人这方面的功能在弱化，就要不断帮助他们，有意识地讲解现代社会的新现象、新知识、新规则。老年人经常会用过去的眼光来看待、评判年轻人的发型、衣着、饮食风尚、生活习惯等等，这时候，一方面要理解，给予支持，同时也得化解，讲讲当代社会的一些新情况、单位里的新气象，帮老人理解这个变化太快的世界。《孝经》上讲："故当不义，则子不可以不争于父，臣不可以不争于君。故当不义则争之，从父之令又焉得为孝乎？"这段话，宽泛地来解释，就是说，面对父母的错误、过时的主张或行为，如不去劝阻，必会使父母陷于不义、不文明之地，这也是不孝。说的也是要正确对待父母，不能"愚孝"，不能无条件地孝，也要讲求分寸。

这方面必须要提到"看不惯"现象。"看不惯"是很多老年人的口头语，表达了对社会新现象的不理解、不满。母亲也是这样的。这很正常，我想我年老的时候也会对很多事情"看不惯"。但是"看不惯"只能说明你的生活方式跟别人的生活方式不同，而你不兼容、不认同人家，并不能说明你比人家高明，不能说明你做得就是对的、人家就是错的。你"看不惯"别人，别人说不定也"看不惯"你哪！在这种情况下就要相互尊重，求同存异。我把这些道理反复跟母亲说，母亲也就释然了。

婆媳之间关系的处理也是对孝道的考验。处理婆媳关系是永恒的难题，不过既然同在一个屋檐下，总会找到解决的办法，总会达成妥协。关键是过程要耐心，还得有智慧，有担待。在理论上尽量向母亲这边多靠一靠，毕竟是老年人嘛。

母亲说的事、所立下的大的准则一定要谨记遵守，这是孝道之本。比如母亲常念叨：要好好做人，要努力工作，损人的事不要去做，宁可自己吃亏，不要让人家戳脊梁骨——话都没有大话，却句句有分量，是我的人生指南。能把这些朴实的话贯彻一辈子，其实就是对母亲最大的孝了吧。《孝经》上说："身体发肤，受之父母，不敢毁伤，孝之始也；立身行道，扬名于后世，以显父母，孝之终也。"扬名于世咱不敢叫嚣，但立身行道还是能够稳稳当当做得到的。

世上其实有两种孝道：一种是大风大雨之下的，一种是和风细雨之中的。前一种孝道呈现于特殊时期，比如父母大病大灾之时，后者则隐约表现在平凡琐碎、鸡毛蒜皮的日常生活之中，因为平常，所以我们常常视而不见。

我们一般所说的孝道基本上都是特指第一种的。在大的灾难来临之时，人性会有大的彰显，善恶会有明显分水，人们看得清，感受得深，所谓久病床前的孝子，就是这样的一种情形。看那古代二十四孝故事，前提都是父母非赤贫即重病，最轻也是年老体弱，生活难于自理。

而生活中大部分人的孝道其实属于第二种，影影绰绰，若隐若现，似有似无，却是不可或缺。

但愿这种和风细雨式的孝道，在我的生活中，能够保持到永远。

每个人心中都有孝的种子

常纪栋

如果关注一下当下的广播、电视、报纸，几乎每天都有大量报道不赡养老人、争夺遗产、兄弟反目之类的新闻，由此我常常陷入深思：父母含辛茹苦地养育下一代，最后落到如此结局，这是何等让人愤怒和伤心的事情！

众所周知，我们古代有本《孝经》，这应该是久远年代的儿童启蒙读物。其中关于孝的伦理理念应该是永恒的，可是《孝经》仿佛早已淡出当代人们的视野，现代人哪有这闲工夫、闲心思去读这本“闲经”？我们确实太多地忘记了“孝”在历史、在当下的分量与尊严。可是现代人若要守望自己的灵魂，守护人性的本分，守持做人的道德底线，怎能淡忘“孝”的教化呢？

《孝经》上记载：“夫孝，天之经也，地之义也，民之行也。”“天经地义”这个成语即出自于此。其实我们每个人的心中都有孝的种子，只要耐心地去培育它，就会在我们内心落地、生根、发芽，最后长成一棵郁郁葱葱的参天大树。

如今的家庭大多是4—2—1的结构,6个大人围绕着一个孩子转,天长日久,若不正确引导,孩子就会认为大人对他的关心、爱护以及付出是理所当然的。而父母很少引导孩子去向上传递爱心、孝心和责任。若是再有过多不当的爱护,就成了溺爱,量变引起质变,这样的孩子将来走向社会,迟早会出现一些问题。比如曾经震惊全国的药家鑫案、最近曝光的郭美美事件等等,让我们大家真的感觉到我们这个社会"病"了。曾子有言:"孝有三:大孝尊亲,其次不辱,其下能养。"上述这些人的所作所为不仅对社会和他人造成了极大的伤害,对自己的家庭来说也是极端不负责任,让父母蒙受耻辱是对父母最大的不孝。

《论语·为政》载:子游问孝。子曰:"今之孝者,是谓能养。至于犬马,皆能有养;不敬,何以别乎?"换成通俗的话说就是:子游问什么是孝。孔子回答说:"如今的孝,就是能够供养父母罢了。就是狗和马,也能够有所饲养。如果对父母没有孝敬之心的话,那和狗马有什么区别呢?"

这段话是多么深刻:首先,孔子批评了当时人们普遍的理念错误,即孝等于能够赡养父母。第二,孔子对这种观念给予了有力反驳,家里饲养狗和马也是养,这难道可以等同于对父母的侍奉吗?因此孝子不仅要赡养,更应当敬重父母,那就是情感上的孝敬。孔子告诉了人们关于孝的层次:表层是养,深层是敬。只是养,而没有敬,不能算是真正的孝。完美的是既能养,又能敬,所以有"孝敬"一词,也有"孝养"一词。

今天很多地方都在搞感恩教育、孝德教育,笔者曾在曲阜文庙参加过学校组织的"成童礼"、"成人礼"。在文庙的大成殿前,父母孩子身着汉服,孩子向父母鞠躬致谢,感谢父母养育之恩,并表示要学有所成、学以致用,将来回报家庭和社会。孩子们参加完活动后表示,以后在家中要做点力所能及的家务,哪怕给辛苦工作了一天的父母倒杯水、拿双拖鞋,也是对父母的一种回报。由此可见,孝,是从人心灵深处生长出来的道德之树的根，根正才能让树苗壮，根深才能让树枝繁叶茂，根牢固才能让树花果飘香。

孝行，是顺应人心、顺因人性、顺从人情、顺依人本之德行。我们需要从这种道德的根本上去浇灌，去培土，去养育，并将孝行弘扬光大。

家　风

马景瑞

曾祖父活到83岁病逝。其时我已8岁，印象中，老人慈祥随和，对我这个重孙子疼爱有加。记得那时候一年到头多半吃腌制的萝卜疙瘩，很少炒菜，更不用说炖肉蒸鱼了。倒是时常炒几个自家母鸡下的蛋，让老爷爷单独在北屋吃。他便把我喊过去，夹几筷子填到我嘴里，笑着说："打打馋虫。"此情此景，我至今记忆犹新。

祖父一生克勤克俭，精明能干，靠一双勤劳的巧手，把一个穷家治理成村里屈指可数的上等富裕户。祖父恭顺孝敬老爷爷，让老爷爷只管吃好玩好，不必为家庭操心费力。那个年代，老爷爷活到83岁是很不容易的，与祖父的孝顺有密切关系。祖父为人厚道正派，乐于助人，在村里威信很高。两家吵架闹乱子，祖父去调解，双方都给他面子。我十分敬重祖父，可惜他积劳成疾，69岁就辞世了。后来，我翻腾家中旧物，偶然发现一张祖父的半寸照片。我小心翼翼地收藏好，等到1963年去济南上大学，特请一位画师比照着照片给祖父画了一张画像。这张画像一直挂在老家北屋墙上，供全家人经常瞻仰。

祖父去世不久，祖母又得病瘫痪在炕上，生活不能自理。父亲和伯父辗转各地，悉心搜求医治的祖传秘方，诚心延请有名老中医前来诊治。母亲和伯母则轮流精心伺候，做饭喂饭，端屎端尿，擦洗身子，拆洗被褥，不怕麻烦，不嫌脏臭。父母和伯父母的孝行，我看在眼里，铭记在心上。

毋庸讳言，我这个人并没有多少优点，但孝亲敬老却绝不落后于人。1968 年夏天，我大学毕业分到临清一中教书。每月工资四五十元，留下十二元的生活费和零花钱，其余全部交给父母支配。妻子和儿女都是农业户口，在老家和父母分住前后院。每次回家，我总是先到后院看望父母，把买来的水果或点心交给母亲，让老人慢慢享用。1982 年 4 月，66 岁的母亲突发脑溢血而辞世。想到母亲几十年日夜操劳，日子刚刚好转就撒手人寰，想到自己未能在病床前伺候母亲，尽一尽孝心，我痛哭流涕，悲痛欲绝。安葬母亲后，我和弟弟把父亲接到临清县城，一家一年，轮流赡养。我经常陪父亲说说话，告诉老人一些国内外的奇闻趣事，老人也给我讲述一些家族历史和村上的陈年旧事，说说笑笑，十分开心。父亲在县城舒心地度过晚年，直到 1996 年 10 月因突发心脏病而谢世。

父母过世后，农村老家就没有什么亲人了。每年春节前后，我总要抽出一天时间，带上一些礼物，回老家给健在的院中长辈拜年。姨母日子过得艰难，母亲生前十分挂念这个唯一的姐姐。母亲走后，每年的中秋节、春节之前和姨母生日这一天，我一定带着礼物去看望姨母，一年三趟，二十年风雨无阻，直到 2004 年 92 岁的姨母无疾而终。因为常来常往，姨母村上不少人都认识我，见了面都热情地打招呼："又来看老姨啦！"

家族给予人的影响一生难以磨灭。忘记了在哪一篇文章中读过这样一句话："后人就是先人的影子。"事实确实是这个样子。家乡有一户人家，当年这家的爷爷奶奶不孝顺老奶奶，一个锅里做两样饭食，让老人吃剩的，吃孬的，还经常骂老人。后来不孝之风辈辈相传，而且愈演愈烈。听说有好心人前去劝说晚辈，这家的重孙子媳妇抢白说：“甭说俺，俺都是跟那老不死的学的！”这真是报应啊！

鸦有反哺之义，羊有跪乳之恩。一个人不孝敬父母，简直连禽兽都不如。孔子说：“夫孝，德之本也。”的确，百事孝为先，孝是一切人伦道德的根本和做人的准则。我鄙视那些对父母不恭不敬不孝不顺之人，绝不同他们交朋友。

我有三男一女四个孩子，如今都已成家另过。古人说：“无药可延卿相寿，有钱难买子孙贤。”我感同身受。儿女的孝行，给我生活上提供的便利，给我精神上带来的抚慰，让我心里感到特别的滋润、温暖和幸福，花多少钱也买不来。比如说吧，家里吃的，肉、蛋、奶、青菜、水果等等；身上穿的，四季的衣、袜、鞋、帽等等；家里用的，大件有各种家用电器，小东西有牙膏、牙刷、肥皂、电池等等，还没吃完、用尽、穿旧，儿女们又买新的送家来。女儿更心细，给我打印、邮寄文稿，帮我按时交纳水费、电费、电话费等，还三天两头往家跑，看看家里缺啥，问问身体有无不舒服的地方，一旦知道我和老伴有点毛病，立即陪同去医院看医生。俗话说：“女儿是父母的贴心小棉袄。”的确，女儿的孝行让我深感身暖心更暖。小儿春华从小好玩，没怎么正经读书，为此我没少吵他。但他长大后，伺候孝敬父母一心一意，细心周到，从不嫌麻烦。

记得老伴第一次脑栓塞治愈后，走路颤颤巍巍，走不稳当，需要人搀扶。年仅五岁的小孙子一见奶奶要走动，马上跑过去搀扶。此事深深地触动了我。由此我深信，我们家孝亲敬老之风，一定会一代一代传下去！

我从代代口传的家族历史中得知，我们家自洪武六年从山西洪洞县迁来山东，历代先人都是地地道道的农民，终年在地里刨食吃，勤劳善良，忠厚老实，孝亲敬老，没出过一个不肖之子。可以说，孝顺之家风，遗泽深长，代代相传。

儿子教我“弟子规”

李 欣

那天晚上，我因为工作的原因而心情郁闷，做完作业的儿子察言观色，极力地为我讲笑话，想把我哄高兴了。他越是给我讲一些他觉得好笑的故事我越是心烦，最后竟然忍不住把他数落了一番。儿子一声不吭地听我唠叨完，然后一个人悄悄地走进他的房间，关上了门。

好久之后，等我冷静下来，我才猛醒到我是多么冷酷地伤害了我的儿子。于是我轻声地敲他的门，儿子开门，迎接我的，还是他那张可爱的笑模样。我把他搂进怀里，请他原谅妈妈。儿子仰起小脸，一脸郑重地说：“‘父母教，须敬听；父母责，须顺承。’妈妈，你说什么孩子都应该认真地听着，就是训斥，也要顺从地接受。”我不禁愕然，我知道他对《弟子规》有所接触，但没想到一个十岁的孩子竟能将它细致地融入他的生活当中。而我，理所当然地成了受益者。

从那以后，闲暇时间我和儿子成了《弟子规》的忠实读者。我们母子俩依偎在一起，听儿子那稚嫩的声音为我逐条朗读解释，那种享受，真的是美好至极。

"'亲爱我，孝何难；亲憎我，孝方贤。'这句话的意思是父母亲喜欢我，做到孝顺并不难；如果父母亲不喜欢我，我还能用心尽孝，那才是难能可贵的……"听着儿子的话语，我的脑海中浮现出了我的父母双亲。上次回家度假，因为他们对于妹妹的偏袒而使我大为不满，回来后几个月也没有给他们打个电话。儿子的讲解令我汗颜，我不由自主地拿起电话，拨通了那个烂记于心却刻意不打的号码……

生活处处是课堂。把节奏放慢一些，用心倾听和体会，在传统文化的花园里，你会有意想不到的收获。

说说孝顺那些事儿

苏 米

看电视里常有不孝顺父母的事情发生，也常听到有人抱怨自己的姐妹或者兄嫂不孝顺父母，这时候我常常劝他们说，谁有能力谁多照顾，如果你觉得其他兄弟姐妹照顾得不好，你可以多照顾一些，各人孝顺各人的，尽心尽力就好，不必苛求他人。

这时候往往就有人说，我们条件不行啊，负担不了啊。

我就奇怪了，有些人每年送到美容院里美脸的钱都上万，有的出去旅游的钱也上万，买件衣服动辄好几千，怎么就没有钱给父母花了呢？

老人吃不动了，穿不了多少了，只要身体好，真的花不了多少钱，只要他们心情好，他们还真不生病，真给你省钱。为什么不尽自己所能让老人过一个健康快乐的晚年呢？

有一位在外地工作的朋友，只在过年时才能回家看父母，回来后就挑剔这个妹妹对父母不尽心，指责那个嫂嫂对父母照顾不周到，他痛心得好像父母在家里受虐待，弄得父母姊妹们都不高兴，对他颇有微词。这样他又不高兴了，委屈得不得了，好像他的孝心没人理解。我觉得他做得的确不妥当，如果你孝顺，你觉得父母在家里受委屈，你完全可以接父母到你身边，你亲自来照顾。如果父母不愿意跟你去，或者，你没有时间照顾父母，那你就多拿些钱出来给父母，至少在物质上让父母无忧，然后对姊妹兄弟好点，对他们在家里照顾父母心存感激。你自己首先做出榜样，再说其他。

我最欣赏的有两位朋友，一位朋友的母亲已经瘫痪七年了，这七年里她不仅要照顾母亲，还要上班、照顾孩子，白天上班的时候她就找了位保姆照顾，下班后就全是她一人了，给母亲翻身、擦身子、换尿布、洗尿布，晚上也不能睡一个囫囵觉，但从来没见她有半句抱怨。她总是乐观开朗，还总是说找的保姆如何好，七年里老人没有长一点褥疮，没有一点其他的感染，去她家里，也没有任何病人的味道，也不见任何悲观的气氛。我就喜欢跟这样的人交往，你会觉得生活真的没有什么过不去的，没有什么好抱怨的。

还有一位朋友，姊妹兄弟五六个，但她总是每月给父母足够的生活费，其他兄弟姊妹给不给都不会影响父母的生活。她并不是最有钱的，有的兄弟比她有钱多了，但她觉得她有多大能力尽多大能力，孝顺父母和其他人无关。即使父母跟她抱怨其他孩子不好，她也会劝父母说："你们需要什么跟我说，不要和他们计较。"很多时候她是自己省吃俭用省出钱来给父母买这买那，她说，这样她才觉得对得起辛苦养育自己的父母。当然，她对公婆也是一样。她觉得公婆辛辛苦苦把儿子养大了，然后他挣钱来给她花，她觉得对公婆应该更加地好。

不孝顺的人各有各的不孝，但孝顺的人都是一样的，那就是尽心尽力。

孝顺父母的方式有许多种，只要尽心尽力就好。

修身养性篇

传承君子精神

琴　心

几年前，从历山路走，在路边的报摊上买了一份报纸。摊主没零钱找，说没关系，报纸你先拿去看，明天把钱捎过来就行。我被摊主的大度和信任感动，心想着无论如何明天也要把五毛钱送过来。可是，我竟懈怠了，还时常为自己辩解：不就五毛钱嘛！没什么大不了，又不是五块五十块！再后来，从那里过，竟然认不得是哪个摊主了！再后来修路，卖报的摊贩都挪了地方，我更为自己的懈怠和不守信找到了借口。但，只要从那里过，就觉得对不起那摊贩，区区五毛钱成了我的一个心结，也把那个摊贩和我区分成了君子和小人。真是"君子坦荡荡，小人常戚戚"啊！

《论语》里关于君子的言论有五十余条，关于"君子"，似乎也没有一个具体的概念和轮廓。孔子也为自己能做一个仁德的君子而不停地探讨，也在日常生活中不断地提高自己的道德修养，也是从点点滴滴做起的。可见，君子，并不是那么的高不可攀。比如："君子固穷，小人穷斯滥矣。"是说君子虽然穷，但能坚守节操，而小人如果遭遇贫困，就会干出越轨的事来。现实是，有两种人“穷”，一是握有权力的人，对金钱的欲望永无止境，通过不正当的手段获取不法之财；二是物质匮乏的人，通过巧取豪夺、小偷小摸的伎俩取得不义之财。那些高高在上的贪官，你们和第二种人，同属于“小人”。反之，则可称之为君子。

还有，“君子上达，小人下达”。君子通达仁义，小人通达财利。现实中所谓的关系网，有几个是通达仁义的？无非是一个个获取利益的通途罢了。一旦某人在这一网中失去了效力，就被毫不留情地剔除出网络。

“君子成人之美，不成人之恶。小人反是。”扪心自问，我们是否心里痛恨着冷血、没有同情心的人，见到摔倒在地的老人却唯恐避之不及呢？我们是否一边骂着不守秩序的人，一边无视红灯的存在呢？我们是否同情弱者，却不舍得将自己的积蓄拿出一点点救济一下街头的流浪者呢？我们是否是一个口若悬河，说得头头是道，却不付诸行动的“矮子”呢？

“君子一言，驷马难追”是我们常说的，以表达我们是君子，所说的话不掺假，绝对算数。于是对方便相信了，就因为这其中的“君子”二字。可见，我们是崇尚和崇敬君子的。那么，为什么在物质匮乏的历史时期，人人都以君子作为衡量自己行为准则的标准，而在如此发达的当今社会，却是人人碌碌，无暇论及了呢？是我们的道德标准和精神修为不如古人吗？不是，是我们的心太浮躁了，太功利了。“天地间真滋味，惟静者能尝得出”（《呻吟语》），古人早已参透了的人生大道理，我们却丢弃了，这注定了我们的人生将充满遗憾，看不透“天地间的真情景”，这是我们的退步。

其实，“所谓贤人君子者，非必高位厚禄富贵荣华之谓也，此则君子之所宜有，而非其所以为君子者也。所谓小人者，非必贫贱冻馁辱厄穷困之谓也，此则小人之所宜处，而非其所以为小人者也”。可见，并不是拥有高官厚禄的人才能做君子，也不是贫寒微贱的人就只配做小人。我们每一个平常人，只要注意自己的德行修养，有良心、有同情心和爱心都可以成为君子。比如刚刚离我们而去的郑承镇，贫穷的一生，却做了一般人不能做到的好事，他就是一位名副其实的君子。而一些如文强之流的高官，却是实实在在的被人唾弃的“小人”。

君子是一种称谓，更是一种精神。我们有责任也有义务传承和发扬这种精神。

说修身

王 光

《了凡四训》说："身有过恶，皆当治而去之"，就叫修身。

《弟子规》上说："无心非，名为错；有心非，名为恶。"我们的古人以有心与无心而把错误分为错与恶，很显然，"恶"要比"错"在程度上更加严重。

这个划分是非常重要的。古人说，心为"善恶之机"，说明我们的心念是产生一切善念与过恶的根源。我们又常把心说成"心地"，因为心每时每刻都产生许多念头，如同大地滋生出万物一样。人心生起善的念头多，就像地里长出许多好庄稼；若是生出恶的念头多，就像地里长出的都是荆棘杂草一样。

所以，古人的修身都立足于修心。也可以说，中国两千多年来国学的真谛也正是在修心上。修心，就是每当心中起了一个坏的念头就赶紧打消，使自己的心念时时刻刻处于良善的状态。古人说，"不怕念起，就怕觉迟"，意思就是不怕自己起了恶念，就怕自己还觉察不到这是个恶念，还继续恣意妄为。所以，通过修心就可以正心，心念端正了，那么我们的言语行为也就找到了出发点。

对于什么是善，什么是恶，古人说："有益于人，是善；有益于己，是恶。"可见，古人对于善恶标准的区分是非常高的，把有益于他人还是自己当成善与恶的根本界限，这是我们今人不得不警醒的地方。

对于如何修身，我们不能不说说曾子的修身之道。曾子曰："吾日三省吾身，为人谋而不忠乎？与朋友交而不信乎？传不习乎？"

曾子是孔子的学生，也是孔子的孙子子思的老师，深得孔门真传精髓，可他时时刻刻都在省察自己的过失。他的修身之道，包括了如何以下待上、以平辈对平辈及以上对下三个方面的关系内容：

一是"为人谋"者，说的是为人"臣子"者之道。就是今天说的下级、打工者，有没有忠于自己的职守？是弃法而受贿还是背后暗侮君亲、叛其所事？抑或以私废公，消极懈怠？做下级的、打工者有没有真正忠实守业，恪尽职守、爱岗敬业？曾子反思的是如何以下待上的道理。

二是"与朋友交"者，每个人都有朋友，对朋友而言，是平辈与平辈之间的关系。曾子说，对待朋友要言而有信，讲的是如何处理与朋友之间的平行关系的道理。

三是"传"者，是指言传身教者，泛指"君亲师"，就是今天说的当领导的、为人父母的、做老师的三种身份。"传不习乎"的"习"字是力行的意思，要求下级做到的，为人"君亲师"者，自己先要做个榜样出来。

要求下级廉洁奉公，自己却在贪污腐化，这是"传而不习"；为人父母者，要求子女遵守道德，自己却在外面滋事生非，这是"传而不习"；做老师的要求学生不吸烟，自己却吞云吐雾，这也是"传而不习"。所以，为人"君亲师"者，要求为人臣子者做到的，自己先要身体力行，率先垂范，以身作则。这里说的是如何以上对下的道理。

从某种程度上说，我们每个人都是"为人谋"者、"与朋友交"者、"传"者，都是这三个不同身份的集成者。曾子对自己过失的省察，是从为人臣子之道说起的，是从一己之身开始省察的，这是社会的细胞与基础。我们这些打工者、做下属的有没有恪尽职守呢？与人家交朋友，业务往来，有没有诚信为先呢？如果我们又是在单位做领导做老师又是在家做父母的，除了言教之外，我们是否在身教上下过工夫呢？

同时，我们要明白一点，做"君亲师"的，占据着社会的主导地位，如果只是"传而不习"，圣贤再好的教育也只能是空洞乏力的"说教"而已，其最终结果只能是"上梁不正下梁歪"。

从曾子的修身之道，我们还可以看出，我们的祖先总是孜孜不倦地断一切恶、修一切善，以使自己端心正念，从而彰显出自己的本性良知，使自己的心念、言语乃至日用万行达到"止于至善"的境界。所以，先贤说："大学之道，在明明德，在亲民，在止于至善。""明"是彰明、显明，"明德"是我们人性的本善与良知，"明明德"则是读圣贤书，接受圣贤教诲的目的，要在做人做事上，时时处处体现出自己的良知良善来。"亲民"是"新民"，是舍旧图新，通过对自己过失的省察，使自己不断改过迁善，实现自我更新。

虽然曾子说的是他自己的修身之道，可是，我们应当把他的修身之道作为我们自己的修身之道。因此，我们这些做领导的、做父母的、做老师的，都应当将曾子的这句话当做座右铭，时时刻刻来省察自己，要求下属、学生、子女做到的，我们首先要一一做到，身教胜言教呀！

今天，我们处在一个变革的年代，"上下交征利"的社会背景，使每一个人显得浮躁不安，正邪的标准几乎丧失殆尽，人们难得再静下心来省察自己有哪些过失，娱乐成为打发时间、取代人们修身安己、省察过失的替代品。如果一个人不知省察自己，不知改过迁善，只知盲从"耳目之欲"，人性的智慧与良知也将逐渐消失。

修身，可安己可立人。修身，不妨先从曾子的修身之道做起，从自己的起心动念到日常言行，每天都要检点一遍，给自己打打分，三条之中做到了哪些，还差哪些？修身，可立命改运，如明朝袁了凡与俞净意公修身改过之事，他们通过修身，一个使自己的人生锦上添花，一个使自己绝地重生，在人生旅途上各自抒写了精彩的亮丽篇章。

愿我们每个人都能像古人一样，在繁忙的工作生活中，静静地思考一下如何修身安己，如何修身立人，如何通过自己的修身改过，像古人那样“变换本质，别生精彩”，真正从修身中获得人生的实益，领悟到古人修身之道的真滋味。

中庸之道与实事求是

张冰隅

人啊人！自从与猿猴揖别，已不下700万年。人性之张扬，有目共睹。然而，从动物界得来的“弱肉强食”的印象实在太深刻，以致在许多现代文明人身上仍会不时出现“返祖现象”。譬如说，当你温文尔雅地在星级酒店用餐的时候——往往是左手用钢叉叉住一块大牛排以表示“彻底摆平、完全征服”；右手紧握钢刀去“任意宰割”！——到底象征着文明还是野蛮？实在说不清！

好斗！不全在西方盛行。不同的是西方的斗牛是人向牛挑战，而中国人是挑动牛斗牛；还有人去挑动鸡斗鸡、蛐蛐斗蛐蛐……当然最可怕的还是挑动群众斗群众！甚至发疯的时候让自己的右手打左手，再用左手打右手！朱元璋做稳了皇帝后就让刘伯温揭发胡惟庸，再让胡惟庸迫害刘伯温……以杀功臣为儿戏！有些“历史学家”还说他“很有为”，不“过分”！不由令人时时想起孔夫子曾有的感喟：“中庸之为德也，其至矣乎，民鲜久矣！”

据史书记载，自从老夫子发出感喟后，倒曾一度引起社会重视。众多弟子不仅牢记此言，还把此言编入《论语》。他的孙子（子思）撰写了一部专门的论著《中庸》，先是作为《礼经》的一部分流行于世。后由宋之大儒朱熹把《礼经》中的《大学》篇、《中庸》篇抽出来单独成书，与《论语》、《孟子》平列合称“四书”。不管是“四书”还是“五经”，在古代起了好作用称“传统文化”，如能古为今用，就是“文化传统”了！

朱熹《四书章句集注 · 中庸》：“中庸者，不偏不倚，无过不及而平常之理。”说得多好啊！能“不偏不倚”而行，那肯定走的是最正直的道路！“无过不及”就是为人做事很有分寸，恰到好处！——这不正是人生要追求的最高境界吗？“平常之理”就是永远不要变的恒久之理啊！

朱熹的话并不艰深难懂，可是不知怎么搞的，总有人要任意曲解。“庸”本是“用”的意思，“中庸”是“以中为用”。“平常”的东西是指“不易（变）”的最好的东西……后来却居然有人把“庸”和“平常”连在一起作“平庸”讲，当贬义词使用了！新版电视剧《三国》中常有人把曹操称“明公”，而称袁绍为“主”！很明显，“庸”字被用反了！

自从鲁迅先生被捧为“当代圣人”后，孔夫子的话就不灵了，而鲁迅的话则成了“当代《论语》”。一篇写于 1925 年的杂文《论“费厄泼赖”应该缓行》，曾作为文科学子必读经典，影响深远。文章批判了当时社会中的一些人和事。鲁迅用讽刺的笔锋写道：“叭儿狗……它却虽然是狗，又很像猫，折中，公允，调和，平正之状可掬，悠悠然摆出别个无不偏激，惟独自己得了‘中庸之道’似的脸来。因此也就为阔人，太监，太太，小姐们所钟爱，种子绵绵不绝……”好多年来，许多现代文学的专家都把这段话当做鲁迅批中庸之道的经典语录。真是一个莫大的误解！因为只要细心品味，应该明白鲁迅并没有大批“中庸之道”，只不过是讽刺了那些社会上貌似得了中庸之道的人无形中成了有钱人的“宠物”。

中庸之道，是古代先贤经历过无数因偏激而带来巨大损失的历史教训后，总结出来的人生哲学。这种哲学既不否定必要的阶级斗争，也不妨害人生在世的喜怒哀乐的正常表达，无非是强调要掌握一个度，不偏不倚，过犹不及！诚如当今社会，最清明也难免有人作恶，有人犯罪，善与恶的斗争永无休止！但应无过不及。好不容易挖出一个巨贪，却重罪轻判——是为不及之偏！但如罪不当死而处极刑，则为过也！中庸之道所讲的不偏不倚与现代人们提倡的实事求是是一个道理。这种带有哲学意味的道理正是经得起历史的检验，放之四海而皆准的传统文化。

话说古之利与今之利

刘洪忠

“大寒既至，民暖是利；大热在上，民清是走。是故民无常处，见利之聚，无之去。”天气冷了，百姓就喜欢去暖和的地方；天气热了，百姓就喜欢去阴凉的地方。因此百姓的行为并没有什么必须，有利就去，无利就走。您如果做领导，百姓有什么喜好，您的下属们有什么要求，不可以不了解。如果你为你的企业招不到熟练工人而发愁，不妨再仔细看一眼上面这句老祖宗留下的话。在我们现在的企业管理中，制定的规章制度合适不合适，起码要考虑执行之后谁受益，因为只有那些受益的人才会支持。有些企业，制度天天制，形成的文件一大摞，最多执行一个月，之后都进了废纸篓，问题出在哪里呢？关键就是没有考虑清楚一个“利”。

下面是一个关于齐国重量级窝囊废管燕的故事：

管燕得罪齐王，谓其左右曰：“子孰而与我赴诸侯乎？”左右默然莫对。管燕涟然流涕曰：“悲夫！士何其易得而难用也！”田需对曰：“士三食不得餍，而君鹅鹜有余食；下宫糅罗纨，曳绮縠，而士不得以为缘。且财者君之所轻，死者士之所重，君不肯以所轻与士，而责士以所重事君，非士易得而难用也。”

管燕在齐国是个曾经的成功人士，因为是成功人士所以他得罪了齐王，但是他再成功也不会比齐王更成功，于是为了活命他准备逃亡。在战国时代，成功人士喜欢养士，这些士就是他们的心腹，逃亡也是那些成功人士经常面对的事情，可比现在的高管跳槽。管燕召集自己的心腹，对他们说：“弟兄们，有谁打算和我到其他国家流亡啊？”他的那些心腹们你看看我我看看你，没有一个吱声的。管燕满脸是泪，痛心地说道：“太让人伤心了！你们这些士为什么很容易得到（只要来应聘我就说可以，我管你们吃管你们穿，免费让你们住公寓），可在我困难的时候竟然没有一个人肯帮助我！”田需听了之后说了几句实话，他回答道：“我们这些士一天三顿吃不饱，而您的鸭鹅有剩饭；您的大小老婆们穿着细软的衣服，拖着长长的丝带，而我们这些士们都一个个灰头土脸和那些东西无缘。再说了，您有的是钱，根本不稀罕那玩意，生命对我们这些士来说却是很重要的东西。您连您不稀罕的东西都不舍得给我们哪怕一点点，可现在您怎么可以责备我们不为您效命？您说我们来混您的饭吃，说我们士容易得到却不为您效命是绝对错误的啊。”管燕这位领导不怎么样，这位田先生看来也是个落井下石的主。

让我们看看那个弹长剑的冯谖客孟尝君的故事，再看看管燕这群窝囊废，就怕货比货，唉，真让人感慨万千啊。为什么管燕这个团队失败了？是因为从上到下都没有处理好“利”的关系。冯谖在穷得快死的时候托关系成了孟尝君的一个士，好歹有了口饭吃。但是他寸功未立就要求顿顿有鱼吃，要求中层领导待遇，接着要老母的赡养费，接着要出入配车，他站在院子里敲着自己的剑扯着嗓子提要求。但是他比田需那帮人做得好，因为他了解老孟的为人，所以他敢那样做。田需们也有要求，可是他们的领导是管燕不是孟尝君，田需们看来还是比较珍惜他们的工作，担心如果一提要求会被管燕那个糊涂蛋开除。孟尝君这领导也当得好，只要冯谖提，孟尝君就满足他，因为孟尝君有的是钱，他知道他最需要什么。宁可给错一千，不能错过一个。冯谖自打配上超级豪华车，就天天走亲串友到处炫耀。也难怪，在那个年代，出入有车有司机，全部报销不用开票，在整个王国里又有几人能够享受到这个待遇？投入终于迎来了高回报，后来冯谖陪伴孟尝君流亡薛地，正是在冯谖的帮助下，孟尝君让新上任的小齐王彻底成了他的粉丝，他耀武扬威地又回到齐国并终生为相，安享晚年。

再让我们看看下面的故事：

昔者秦缪公乘马而车为败，右服失而野人取之。缪公自往求之，见野人方将食之于岐山之阳。缪公叹曰："食骏马之肉而不还饮酒，余恐其伤女也！"于是遍饮而去。处一年，为韩原之战。晋人已环缪公之车矣，晋梁由靡已扣缪公之左骖矣，晋惠公之右路石奋投而击缪公之甲，中之者已六札矣。野人之尝食马肉于岐山之阳者三百有余人，毕力为缪公疾斗于车下，遂大克晋，反获惠公以归。

秦缪公心爱的战马跑了，在那个年代，一是马一是狗，是达官贵人全爱的东西，就好比现在的轿车和小三。挚爱的宝马跑了一匹，缪公亲自带人去找，发现一群野人在岐山南坡上把他的那匹挚爱给烤了。缪公的战斗队一下就把他们围了起来，准备随时执行缪公的死刑命令。缪公走过去看了看，叹了口气，要说他不心疼那是假的，外国进口马啊。但是他说："吃骏马肉却不喝酒，我担心会伤害你们的身体啊！"于是赐酒给野人，让他们都酒足肉饱之后才离去。一年之后，秦晋发生战争。晋国人围困了缪公的战车，缪公战车的左边辅助驾车的战马已经被晋人控制，晋惠公战车上的石奋向缪公投掷铁矛，已经击中缪公六次了。实际上缪公眼看就要完蛋了。就在这生死存亡的关键时刻，吃了缪公马肉和酒的那些野人跑了来，并且来了三百多人。他们拼命攻击晋军救援缪公，结果缪公反过来擒获晋惠公凯旋。那些野人们背上战死和受伤的同伴，向缪公敬了个礼，什么条件也没提，什么奖赏也没有要，就消失了。我们只能感慨，那匹马没有白死，缪公这客该请，超值。

想想我们实际工作和生活之中，抓住芝麻丢了西瓜的事情太多了，为什么就不把眼光放远点呢？比如对一些企业来说，老板们也知道管理要以人为本，钱聚人散，钱散人聚，可到了事上就犹豫，见钱就眼开，于是对职工能抠一点绝对不会抠半点。企业发展碰到问题，靠谁来解决呢？你的花鸟虫鱼兽石林池不会帮忙，你的香车美女别墅也不会帮忙，帮忙的是你的亲人朋友和众多职工。管燕的鸭子食多得吃不了，鸭子们被那些高级营养品撑得直打嗝，可他的士们一日三餐吃不饱，饿得脸焦黄，因此呢，他要逃亡也只有带着那些打嗝的鸭子们去逃亡。人和人之间的往来又何尝不是这个理呢？古人的利和现在人的利不是一样的吗？

“孟子他爸干吗去了”

屈云柱

“昔孟母，择邻处，子不学，断机杼。”小朋友们背诵完毕，老师讲解了“孟母三迁”和“断机教子”的故事。有小朋友问，孟子他爸干吗去了？老师随口答道，下海经商挣钱去了，或者，进城打工去了。小朋友信以为真，大人们不觉莞尔。

孟子他爸到底干吗去了？学者们考证，孟子他爸叫孟激，字公宜，是鲁国贵族孟孙氏的后裔，破落之后迁于驺，孟子三岁时，其父孟激去世。那么，孟子他爸有哪些事儿？他为什么去世这么早呢？

我的老家离孟子故里不远，孟父孟母的故事老人们口口相传，虽然是街谈巷议的传说，不见诸正史经传，但也令人耳目一新。

战国时期，驺地北边的马鞍山西麓有一个小村庄（就是今天的凫村），村中有一仉(zhǎng)姓人家，家中有五个女儿。在小女儿出生后不久，仉家男女主人就相继去世了，家中撇下了五个孤女嗷嗷待哺。

天无绝人之路，仉家有一邻居孟激，务农为生，年过不惑而单身，大概是因为家道衰落而无钱成家吧。孟激虽然贫穷，但因为是贵族后裔，又深得孔夫子仁义道德的濡染熏陶，为人忠厚，古道热肠，乐于助人。他看到仉家五个孤女无依无靠，饥寒交迫，便毅然承担起抚养她们的重任，把她们当做自己的亲妹妹看待，无微不至地关怀爱护她们。孟激常年栉风沐雨，辛勤劳作，才勉强能维持这个六口之家的温饱。仉氏五姐妹也非常懂事，她们大的照顾小的，农忙时还下地帮助孟大哥干活，他们日子虽然过得贫寒，却充满了温暖。

渐渐地，大姐长大了，孟大哥为她找了一个好婆家，准备了一套嫁妆，打发她体体面面地出嫁了。没过几年，二姐三姐也相继出嫁了。

当四姐长到出嫁的年龄时，懂事儿的五妹对四姐说，孟大哥与咱家非亲非故，却含辛茹苦地抚养咱姐妹五人成人，他的大恩大德咱们永远不可忘记，你现在已经到了成婚的年龄，最好你嫁给孟大哥，一来可以照顾孟大哥，二来也了却了咱姐妹几个的报恩之心。四姐生气地说，孟大哥已经六十多岁了，我正值青春妙龄，这怎么行呢？再说，孟大哥对咱姐妹五人有恩，凭什么叫我一人报恩？你想报恩你嫁给他吧，不要拿我做人情。五妹见劝不动四姐，于是说，四姐别生气，既然你不想嫁给他，我一定嫁给他。年龄的差距不是问题，这样的大仁大义之人哪里去找呢？

后来，五妹真的嫁给了孟激。婚后，二人相亲相爱，日子过得美满幸福。一年后，喜得贵子，取名孟轲，夫妻二人将其视若掌上明珠。孟轲三岁时，孟激一病不起，五妹多方求医问药，无奈孟激年近七十岁，已经走到了生命的尽头，纵有神医，也回天无术了。

孟激去世后，五妹靠纺织维持母子二人的生计。为了把儿子培养成才，她三迁其居，选择良好的生活和学习环境，最终定居在驺地的学馆附近，并让儿子拜当时的名师孔子之孙子思的学生为师，殷切地期望儿子能成为一个有道德有学识有能力的大丈夫。但儿子天性贪玩，有一次逃学回家，于是又发生了断机教子的事。

可见，孟子能成为流芳千古的儒家亚圣，不仅因其本人的天赋和努力，还有其父母的优秀基因和良好的教育等多方面的因素。

子贡的语言艺术

高广永

子贡喜欢扬人之善。有一次跟孔子在一起闲谈众弟子的学习情况，师徒有这样一段对话：

子谓子贡曰："女与回也孰愈？"对曰："赐也何敢望回？回也闻一以知十，赐也闻一以知二。"子曰："弗如也，吾与女弗如也。"

意思就是：你跟颜回相比谁更优秀呢？子贡就回答：我端木赐哪里敢跟颜回比呢？颜回听说一件事便能推知十件事，而我只能推知两件事情罢了。孔子说：是不如他，我赞同你说的，不如他。从这一段对话当中我们可以看到子贡的品格，不矜功更不矫情，把自己的身段放得很低，却把别人的成绩说得极高，其实在这种谦逊的情况下不会使自己变得渺小，反而会让你的形象高大起来。还有一段记载：

叔孙武叔毁仲尼。子贡曰："无以为也！仲尼不可毁也。他人之贤者，丘陵也，犹可逾也；仲尼，日月也，无得而逾焉。人虽欲自绝，其何伤于日月乎？多见其不知量也！"

叔孙武叔诋毁孔子的为人和学问。这话传到了子贡的耳朵里，子贡便对叔孙武叔说："这样做是没有用的！仲尼是毁谤不了的。别人的贤德好比是个小土丘，还可超越过去，仲尼的贤德好比太阳和月亮，是无法超越的。虽然有人要自绝于日月，对日月又有什么损害呢？只是表明他不自量力而已。"这段话不仅表现了子贡对老师孔子的仰慕和尊敬之情，更体现了子贡高超的语言艺术。只有寥寥数言便让孔子的形象如日中天，有谁能再用别的比喻超过孔子的高度呢？

还有一次，弟子们认为孔子有学问有境界，可就是不愿出来做官做事，不愿为天下所用，所以就公推子贡来劝说老师孔子。子贡与孔子有了这样一段对话：

子贡曰："有美玉于斯，韫椟而藏诸？求善贾而沽诸？"子曰："沽之哉！沽之哉！我待贾者也。"

子贡见到孔子并没有直接劝说孔子应该以天下苍生为念一类的官话套话，那样也许一句话就让老师给堵了回去，子贡跟孔子打起了比方，他说，这里有一块精美的玉，是把它藏在柜子里呢，还是让那些识货的商人把它卖了呢？孔子就回答说，要卖，要把它卖了啊。我是等待着那些识货的人来，等待那些真正认得美玉的人来买啊。这是很重要的。孔子并不是不愿意出来为天下做事，而是等待时机。要用，但是要有选择地用。古代人用玉比喻君子，君子的品格像玉一样温润华美。这种赞美会让所有的人都笑逐颜开的，想来孔子也是不能免俗的。一句话就能让老夫子开心不已，这水平也许只有子贡有吧。先把您老人家的耳朵给理顺了，心情自然就会大好，再跟您说点什么，也不会招致一顿猛烈地回击了，对话的双方把自己的意思都表达出来，而且还都能开开心心，这正是子贡所具有的高超的谈话艺术。

颜回是现代人学习的榜样

符 号

一个缺衣少食、居无定所的乞丐，有一天忽然有了自己的房子，每天也不用再为吃饱饭发愁，这个人的幸福指数肯定会比他做乞丐时要高出许多。

一个被关在暗无天日的监狱中的囚徒，有一天获得了自由，可以到处走走，随时能和家人交谈，这个人的幸福指数肯定比他做囚徒时要高出许多。

机械的唯物主义者就是从这些极端的处境中推出了一个极端的结论：一个人幸福指数的高低取决于此人所处的外部条件。还把那些通过调整自己的心灵，而调整自己的幸福指数的做法，一概贬称为阿 Q 主义或精神胜利法。

这其实在方法论上犯了以偏概全的错误，当人们的基本物质需求和基本人身自由得不到满足时，上述结论是正确的。但当人们的基本物质需求和基本人身自由得到满足时，这时外部条件对人们的幸福指数便没有了决定性的影响。心理学家进行科学研究所得到的结果，对此提供了证据：在美国的大学中，教师们取得终身教授的职位，是他们一生职业生涯的奋斗目标。于是,有一年在评定终身教授前,心理学家对一所大学中有资格参与终身教授角逐的老师做了一次调查,他们调查了老师们此时的幸福指数,并访问了如果评上终身教授对此后幸福指数的影响,大多数老师的回答是:“如果今年能评上终身教授,那就太幸福了,并且这种幸福感在余生都会有所体现。”等终身教授评定结束,结果自然是有的人评上了,有的人没有评上,心理学家又对这些人做了调查,评上的幸福指数明显升高,并确实认为这会让自己的余生更加幸福,没评上的幸福指数自然下降了许多。三个月后,心理学家又做了一次调查,这时评上的已没有了当时的兴奋,没评上的也没有了当时的沮丧。六个月后心理学家又做了一次同样的调查,这时所有人的幸福指数都恢复到了评定终身教授前的水平,包括那些坚信评上了会让自己的余生更加幸福的人。于是,心理学家得出结论,在基本需求得到满足这一约束条件下,人的幸福指数是有一条恒定的水平线的,外界条件的变化只会使人的幸福感在这一水平线上下波动,但从长远来看,对人的幸福指数的高低并没有决定性的影响。

现代人绝大多数都是一些基本的物质需求和基本的人身自由得到满足的人,但这样的现代人没有自觉到自己幸福指数水平线的存在,他们对幸福指数提高的追求,仍持机械唯物主义的观点,认为外界物质条件的改变可以提高自己的幸福指数。于是把人生幸福的感觉寄托于外界条件的不断丰富上,如,更大的权力、更好的车子、更多的钱、更宽敞的房子等等,结果没有用,无论你向外再怎么追求,你发现,最终还是要回到你那条幸福指数的水平线上。

以王阳明心学哲学的观点,人们要提高自己的幸福指数,不在于向外追求,而是应返回内心,提高自己幸福指数的那条水平线,外部条件不变,幸福指数的水平线提高了,幸福感自然会增强,而这条水平线的提高不决定于外部,只决定于内心。只有坚定了自己的内心,才会摆脱外界束缚下的幸福,获得自由的幸福,物物而不物于物。

那么如何做到这一点呢？过去理学家教人，每每会让人寻找“孔颜乐处”，让人体会孔颜之乐，乐在何处？当年，孔子称赞颜回：“贤哉回也，一箪食，一瓢饮，在陋巷，人不堪其忧，回也不改其乐。贤哉回也！”颜回不是一个苦行僧，但他是一个通过学习不断把自己的幸福指数水平线往上提高的人，所以即使他的外界条件比别人差一些，他的幸福感也比别人强。颜回不是没有他的幸福与痛苦，但一定比现代人的更高级、更自由、更少荒谬感。

追忆恩师周来祥

徐宏力

周来祥教授驾鹤西去，八十三岁。民间有七十三、八十四的说法，他没迈过第二道槛儿。孔子七十三仙逝，孟子八十四羽化，但那是虚岁。先生恰得亚圣享年，依古代大限看，长寿；按现代条件说，走得有些匆忙。

我1988年入周门读博士，三个寒暑，没听过他的课，只读过他的书。先生说，要讲的都在书里，自己看吧。我们就这样远远地研读他的著作，近近地体会他的思想。"淡"是一种高级状态，有了那情境，学生才会找到深处的老师，才会有从容的自我。如今我对学生亦如此，直面并不重要，能读进去我的文字，读懂文字后面的东西，才是我的真学生，如果没有缘分，你再讲他也听不进去，脑子里只顾得对社会迷茫，对自己纠结。现如今，大学办成了岗前培训班，焦虑弥漫在校园里，新一轮"读书无用论"又出现了，真学生很珍贵。

我喜欢山大中文系楼边的小树林，每每彳亍出入，常碰到先生，他或是去那间我从没进入过的办公室，或是晚饭后在校园便道上散步，我们见面点点头，寒暄几句，擦肩而过，像深交，也像泛交。他年复一年，守着同一种方式过日子、做学问，严谨得像道公式。山大中文系如今改成文学与新闻传播学院了，听着很时尚，但不如中文系有根。保守是一种品格，可能比时尚更高级。常态中才有永恒。先生走进了永恒，把常态留给了后生，我也喜欢宁静活法，只不过让政务乱了节奏。人在江湖，心在世外，有了这追求，才得到些许安然。

周先生喜欢黑格尔，我们一进校，他就催读《小逻辑》。我曾问，“为什么叫《小逻辑》？不叫《大逻辑》？”他愣了，说，“这还真是个问题。”接下来便沉思着走开，以后也没给答案。没答案也是一种态度，未知世界里蕴藏着很多问题，有探索的好奇心足矣。《小逻辑》我读过许多遍，并没全懂，尽解不易。“在绝对中一切是一”，这样的命题让人雾里看花，但是确信里面有花，这就够了。我如今徘徊在文学与哲学之间，寻找着朦胧的思想美丽，乐此不疲，这跟先生的入门训练有关。

古希腊毕达戈拉斯学派“杂多统一”的说法，先秦典籍《左传》中“和如羹焉”的描绘，都是文化轴心时代的萌芽观点，周来祥集大成而创和谐美学。我初读师说并不以为然，不过是一家之言罢了，在美学热度很高的当时，百家争鸣，莫衷一是。我最佩服周先生一以贯之的坚守，别人觉得没发展，他却有信仰一样的定力。在社会科学界，某些范畴带有文化原型特点，横向看，普适；纵向看，守恒。

周先生是山东大学的终身教授，也是身后教授，在学术史上留有痕迹，不管你是否同意其主张，谈到美学就绕不过他。在中华民族的伟大复兴中，和谐已经成了当今的大字眼儿，涉及美学的事，也涉及美学以外的事，涉及国内的事，也涉及国际的事。与其说周来祥几十年前就有先见之明，不如说他捕捉到了人性最本质的东西。

先生的得意门生曾著文对和谐美论提出异议，他欣然同意面世，但直言：我的不行，你们也该拿出自己的东西。后世学者批判思维发达，建设思维欠缺。和谐美论成熟于最不和谐的斗争哲学时期，在大批判最兴盛的年代，周先生辛勤建设着不合时宜的逻辑体系，现在看，那是学术上的清醒。先生学说中所追求的和谐并不常在其生活中，然而，是是非非，恩恩怨怨，会随人去而散，飘入蓝天白云。

先生走了，我们还在，我们也会走的，我们的学生还在。有人脉就有文化血脉，中国可能什么都缺，就是不缺人。

正心的力量

李 路

2010 年的 12 月上旬，我们赶赴香港，专程拜访国学泰斗饶宗颐先生。在温暖如春的香港大学饶宗颐学术馆里，就中国文化话题，饶公给我们娓娓道来。

饶公的谈话题材广泛，他总结了中华文化的核心精神，提了三条：求是、求真、求正。他特别强调了“正”的重要性，并指出，中国的儒、释、道三家都把“正”放在重要的位置。

正，首在正心。正心，是儒家提出的修身的前提。《大学》中提出的格物、致知、诚意、正心、修身、齐家、治国、平天下八条目中，正心是相当核心的一个环节，宋代理学家程颐说，进修之术，“莫先于正心诚意”。朱熹也称“正心”为“万世学者之准程”。

正心的意思可解释为：使心灵从对外物的依附中解放出来，也指对当下所做的每一件事都能集中精力，而不是心不在焉。而这恰恰点中了当代人的心病。

现代人的心灵为什么依附于外物？是因为许多人已经接受了这样的逻辑：我要最

大限度地满足个人欲望，而个人欲望的满足是以物质作为条件的。这种逻辑不能完全说是舶来品，但其极端化是受西方思潮的影响，其根源还是启蒙运动以来科学、人权乃至战胜自然等理念发展到极端的结果。

启蒙运动当然是有积极意义的，把人权从神权中解放出来，科学技术解放了生产力，但其另一个极端的恶果现在也显现出来：人性的无限张扬、人的欲望的无限膨胀、人对自然的无限索取，使整个世界陷入一种近乎癫狂的状态。现在仍未结束的金融危机，其根源在哪里？不少学者都认为：就是人性的贪婪。杜维明先生近年一直在推动的“启蒙的反思”，就是对这个问题的系统思考。

怎样做到心灵不依附于外物？就是正心。现在的世界信息很庞杂、诱惑很多，人心也会受到各种情绪的影响，所以“纠结”成为网络热词，其实这个词反映了当代人的心理状态。心正而不乱，就有一个是非标准、取舍依据，就不会有那么多纠结。

再说集中精力的问题。现在是信息爆炸时代，大家的苦恼不是缺乏信息，而是信息太多，搜索引擎成为网络的必备工具说明了这一点。信息多，机会多，如果我们的心不正、左右摇摆、没有定力，就容易使我们的注意力分散，就会浅尝辄止、朝三暮四，这也是我们做人做事的大敌。所有杰出的人都有一个共同特点：专注，这是正心的结果。

“正心”是一颗什么心？它是一颗简单、沉静的心，正面、向善的心，积极、阳光的心，也是一颗笃定、坚韧的心。有这样的心，我们就会不惑于外物，就会专注平和，个人会完善，社会会和谐，世界会美好。

最后三次见季老

马景瑞

第一次看望:季老说,总是想家

季老是 2003 年住进北京 301 医院的。住院之前,作为小老乡和忘年交,我每年少则一次,多则三四次去北京看望他老人家。住院之后,一则我怕打扰老人养病,二则他身边的人也总是推三阻四地不让见,所以直到 2005 年 6 月 22 日才去北京 301 医院探望季老。这次见面之后,我写过一篇文章,发表在上海《新民晚报》上。本文所说"最后三次",当然不包括这一次。

2007 年 7 月,季老为之写序的我的拙著《往事琐忆》由山东文艺出版社印行。为了看望季老,也为了给老人呈送几本我的小书,经反复联系,征得许可,10 月 11 日的上午九点半,我走进 301 医院康复楼,终于见到了日思夜想的季羡林先生。一进病房,季老的秘书杨锐便说:"你看谁来了? 你的好朋友来看你了。"

季老抬起头来,仔细看了看,认出了我,笑着说:"我们两个有好几年没见面了吧?"

我告诉季老："2005 年 6 月，我和王克玉、陈克会一起来看过您，有两年多了。"我随即把拙著《往事琐忆》呈给他，他一手拿着书，一手摩挲着封面，说："我的眼睛不行了，看不清书中的字了。"我问他近来饭量如何，他说："还行，胃口不错。"我又问他近来还能不能写文章，他笑着说："应该可以，脑子还不够糊涂。"

我知道，2006 年《中华传统美德警句名言》一书出版后，季老一次购置 240 本赠送给家乡小学；我还知道，随后季老又拿出 25 万元要给家乡修建一所小学。当我谈及这两件事时，季老说："孩子从小背诵一些中华传统美德警句名言，对长大后为人做事是很有好处的。拿出 25 万元，我的本意是给咱官庄修建一处好的小学。后来听说官庄小学三年级以上的学生都集中到康庄上学了，主持此事的人便决定将资金使用在康庄小学。用在官庄或康庄，都行，都是家乡。"

我说："家乡人民很感激您。"

老人说："没有办法，总是想家，几十年都这样。"稍一停顿，他又若有所思地说："咱们那个被撤销的清平县，当年在山东全省是最穷的一个县，却非常重视教育，对本县考上北大、清华的学生，每年补助 150 块大洋。这可不是一笔小钱。我在清华上学，每月伙食费 6 块大洋，能吃到'狮子头'、叉烧肉等好东西。"

我说："我看过您出版的《清华园日记》，上面写的是'贷费'，要不要归还？"

季老说："不用。当时就是这么个名称。"

我说："记得您在日记中写道，有一次是吕仲岩先生代领的贷费。吕仲岩在建国后还当过我的中学老师呢，跟您家是什么关系？"

"这个人在济南呆过，和我九叔相熟。"季老说。随后他又问起家乡的收成情况。

我告诉他："小麦、玉米亩产都超过千斤，大蒜收入也不错。"

老人说："种大蒜比种庄稼收入高。但要真正富起来，还得发展工副业。"由此我想到，季老对家乡经济的发展是多么关心，思虑得又是多么周全长远！

季老所著的《病榻杂记》，绝大多数文字是住院期间所写，其中也收入了2002年6月为我的拙著《往事琐忆》所写的序言那篇文章，我特地购买了一本，拿来请季老题签，他微笑着说："这次我不称你为兄了，改称弟吧。"

我赶紧说："我是晚辈后学，您称兄称弟，我都不敢当。"

签好，老人又让杨锐拿出新近出版的《季羡林说自己》一书题赠给我，我连声说："谢谢，谢谢！"我怕耽搁的时间过长，影响季老休息，恋恋不舍地告辞出来。

2008年10月6日因事去北京，第二天正好赶上农历九月初九重阳老人节，我特别想在这一天去看望一下季老，再三央求季老身边的人，但终未获准许，感到十分遗憾。

第二次看望时隔两年：季老明显消瘦

2009年5月中旬，我因事又去北京，征得季承的同意，5月19日上午10点，我到301医院看望了季老。一见面，老人便说："咱俩有几年没见面了吧？"我听了，心灵猛然震颤了一下。记得前年来时，他也说过这句话，可见老人是多么思念家乡，多么盼望与家乡的人多见几面。我不敢告诉季老我去年来北京时未能看他的实情，只是含糊其辞地说："是，又有两年了。"

来医院之前，我在北京一家超市购置了几斤特级大红枣送给季老，他拿起一颗，用手摸了摸，说："这枣真大，谢谢。"他又问起家乡的收成，并告诉我，前些日子，临清市委的领导曾来医院看过他。

我说："您捐助的康庄小学教学楼，去年9月1日竣工了，总建筑面积1700平方米，可同时容纳21个教学班，学校面貌大为改观。小学的校名就叫'临清市康庄希望小学'。"

季老听了，很高兴，连声说："好，好。最初有人主张叫'康庄季羡林希望小学'，来北京征求我的意见，我没有同意。还是这个名字好。"

我说："康庄镇政府在小学院内立了一块碑，铭刻您对家乡教育的奉献。碑文还是找我写的呢。"

季老说："你的文笔没问题。"

这次见面，我看到老人的身体明显消瘦，不仅眼看不见，耳听不清，交流起来困难，而且连精气神也不济了。我问季老："您最近感觉身体怎么样？"

他说："还行，但也好不到哪里去，毕竟是望百高龄了。"

我拿出《季羡林自传》一书请他题签，他用签字笔在书的扉页上题写了"季羡林"三个大字，我当时的印象是，季老虽然看不见，只凭感觉在题写，但写得十分流畅遒劲，说明他的脑子还好使，思维也敏捷。考虑到老人的身体状况，我在医院呆了不到二十分钟，便匆匆告辞出来。一路之上，我不断祈祷，祈望季老多活几年，活到茶寿！

想不到距这次见面还不到两个月，2009 年 7 月 11 日上午 9 点便传来季老辞世的噩耗，我惊愕得半天说不出话来。尽管我知道这是迟早要出现的一幕，但绝没想到会来得这么快！

最后一面：季老静卧鲜花丛中

2009 年 7 月 19 日是向季羡林先生遗体告别的日子。我于前一天下午急匆匆赶到北京，无论如何也要见季老最后一面。上午 8 点，我从下榻的宾馆早早地赶到北京八宝山革命公墓，只见告别大厅外的广场上，站满了来自全国各地向先生送别的人们。他们之中有拄着拐杖的白发长者，有戴着红领巾的少年儿童，还有坐着轮椅的残疾人。我看到，北大、清华、聊城大学的师生来了，季老生前的亲朋好友和弟子们来了，家乡的党政领导和亲友来了，敬仰其道德文章的各界人士和广大读者也自发地纷纷赶来了，几千人的送别队伍排成了长龙。置身于人群中，我心潮起伏，难以平静。北京的一位朋友走过来，告诉我："你知道吗，季老是在清晨的睡梦中安然辞世的，没有任何痛苦。

前一天还为别人题词呢！”

我说不出话，只是默默地点点头。我并不了解真情，但我相信朋友的话，相信季老只要一息尚存，就不会闲下来。哀乐低回，我们依次进入告别大厅。我注目着静卧在鲜花翠柏丛中的季老，一如平日的慈祥平和恬静，想想两个月前还在一起聊天，想想几十年来季老对我的关爱和教诲，我禁不住失声痛哭，泪如雨下。

今天追忆最后三次见季老的情景，就觉得自己的心灵又得到一次洗礼，思想又受到一次陶冶！

大道浩荡，关乎你我

李 路

许多人都认为，中华优秀传统文化的回归已经成为一种潮流，我们也耳闻目睹了许多案例。但重要的是，这种回归是否有充足的动力机制？或者说，中华文化的大道是否走进了每个人的心里？这一点，决定了这种回归是理性复兴还是昙花一现。

最近与一位企业家朋友聊天，他说以前他是反中国传统的，认为中国传统文化造就了许多令人深恶痛绝的现象。但随着自己事业的扩大、对人性理解的深入，也随着自己对世界各地的文化体验越来越多，他感觉到，无论是对一个人还是一个组织，中华传统文化不可或缺。“五四”运动提出打倒“孔家店”，请来“德”、“赛”二先生，这些都是当时的志士仁人为救亡图存痛定思痛的选择。我们认为，这种矫枉过正也许是一种不错的思路。

这是一种历史的选择。今天，缺失了百年传统文化全面滋养的我们，又要回归优秀传统文化，也是一种历史的选择。德、赛二先生，也就是民主和科学，在过去百年中国发展过程中发挥了不可替代的作用，然而，任何事物都有两面性，它们的弊端同样也在逐渐发酵。以科学为例，此次日本东北部大地震后引起的核辐射，就是人类利用科技带来的弊端造成的恶果。

中国传统文化的优势就是注重道术统一、仁爱和合、天人互益，这些都不是抽象的概念，而与每个人息息相关。

比如道术统一。现在企业家的道德血液问题成为一个重要话题，说得白一点，就是为了挣钱不顾一切还是应该有所敬畏？如果是不顾一切，就会出现三聚氰胺牛奶、地沟油、豆腐渣工程等等。坚持“道术统一、以道为先”正是中国文化的优势，这些年却被丢掉了。

比如仁爱和合。以企业管理为例，经济发展的细胞是企业，而现代企业管理理论大都来自西方。但是经过百年尤其是近三十年的实践，全部照搬西方式的管理被证明是不行的。像那位企业家朋友感慨的，西方式的严谨、高效、标准化当然很好，但人总归不是机器，把人当人看，中国文化有优势。

比如天人互益。人与自然的关系究竟是你死我活还是共生互益？人类利用或者说是开发自然，应该遵循什么样的道？现在越来越多的人倾向于共生互益，而不是互相战胜。不遵循这样的道就会引起像环境恶化、水资源危机、核危机等事件。这些都是与我们每个人息息相关的。人人求道、遵道，则人类康宁；人人麻木、冷漠，则共受惩罚。

大道浩荡，不可不察，因为它与你我有关。

安顿心灵，找回快乐

李 路

听一位企业家朋友说起一件事：有时候他到学校去接送孩子，在学校门口，他发现，开着名车来接孩子的家长都是一脸严肃，甚至一脸愁容，也很少跟孩子和别人说话；而骑自行车来接孩子的家长大多跟孩子说说笑笑，甚至一路高歌。随着大家生活水平的提高，说说笑笑和一路高歌的人越来越少了。也就是说，快乐这个看起来很简单的事情正在成为现代人的奢侈品。

我们吃得越来越好，口中滋味却越来越淡；我们穿得越来越时髦，心里却越来越不自信；我们住得越来越宽敞，胸怀却越来越狭小。总之，不怎么快乐。问题出在哪里？

其实很简单，出在心灵上。

孔子最欣赏的学生颜回，“一箪食，一瓢饮，在陋巷，人不堪其忧，回也不改其乐”，连孔子都非常钦佩他的品格，孔安国总结颜回的品格是“安贫乐道”，“安贫乐道”四个字，包含着中国人立身处世的大学问。

有人说，安贫乐道大概是圣人的境界。其实，安贫乐道，重点不在于安于贫困，而在于安顿心灵。相比颜回和绝大多数往圣，我们今天绝大多数人的生活可谓富矣，富而不乐，大概源于无“道”。

这个“道”是什么道？是天道，也是人道。也就是生命的意义和价值。孔子说：“不仁者不可以久处约，不可以长处乐。”看来，是否有“仁”是一个人快乐与否的关键。这个问题对于一个人来讲，同食物与水一样，是必需品，这正是人区别于动物的基本特征。

历史上的中国人把儒学称为身心性命之学或安身立命之学，用今天的话来说，就是解决人生信仰、生命价值与存在意义之学。儒学中所说的“上达天德”、“天人合一”、“内圣外王”、“天道性理”以及“立人极”、“三不朽”、“返心复性”、“致良知”等等，都是通过儒学体现的信仰与价值来安顿生命，安顿心灵。

一个人怎样才能快乐？笔者曾经请教过几位国学名家，他们的共识是用孟子的“求放心”。儒家讲“知命”，不是让你消极等待、无所作为，它包含两句话，一个是“尽人事”，一个是“知天命”，这是很深刻的。我们要知道人在宇宙中的渺小，一个人的能量是非常有限的，明白了这个，就不能一味张扬个人的欲望。尽人事就是尽我的努力去做事，至于结果，就无所求了，尽人事我们就无悔了。

另外，差异化使世界更加丰富多彩，也成了现代人产生压力与烦恼的根源之一。差异化是宇宙的基本特征，世界上没有两片相同的树叶，也没有两个相同的人，如果我们没有智慧看到这一点，陷入比较与心理失衡的怪圈，那我们将永远找不到快乐。

一个人快乐不快乐，是自己的事，许多现代人的心灵走出了躯壳，已经不属于自己，快乐的决定权也交给了别人。现在是把心灵安顿下来，把快乐寻找回来的时候了。

私奔的爱情为何不能持久

符 号

不久前，有位企业家在网上喊了一声“私奔了”，引来大量的围观，并就此引发了对爱情的讨论。

私奔的爱情能够持久吗？很难。因为私奔的爱情是一种向外寻找的爱情，总以为有种动人心魄的爱情在外面某个地方等着自己，今天以为找到了，过一段时间却发现不是这样，一切都归于平淡，于是继续寻找。全世界与自己同时生存的大约70亿人，人无法确证今天找到的那个人就是最合适的，也无法确证下一次更激动人心的爱情是不是会不期而至。所以一个私奔的爱情，很可能会产生下一个私奔的爱情，离过一次婚的人，结婚后，会更容易离婚。观察一下周围的人，这个结论应是大体不差的。这也是许多写爱情的伟大文学作品，其结局多是幻灭的原因，作家们以他们的敏锐心灵，捕捉到了向外找寻爱情的无常和虚幻。

现代社会为什么离婚率比传统社会要高很多？现代婚姻制度要比传统婚姻制度

更加自由开明、更加符合人性是一个原因。另一个重要原因,就是现代人向外寻找爱情的思维模式。两个人结婚后,一有不和谐,首先想到的不是如何共同解决问题,而是想到没有爱情了,需要再去寻找,这样的思考方向就极易导致婚姻的解体。

依传统心学哲学的观点看,在基本的个人条件和自由得到保障的前提下,人们向外界寻找爱情是徒劳的,人们要获得爱情最终还要向内心用力,用心培养。明朝心学大师王阳明谈孝道,对此很有启发。有一次,王阳明的学生徐爱问王阳明:"至善只求诸心,恐于天下事理有不能尽。"王阳明说:"心即理也,天下又有心外之事、心外之理乎?"陈爱说:"如事父之孝,事君之忠,交友之信,治民之仁,其间有许多理在,恐亦不可不察。"王阳明叹曰:"此说之蔽久矣,岂一语所能悟!今姑就所问者言之。且如事父,不成去父上求个孝的理;事君,不成去君上求个忠的理;交友、治民,不成去友上、民上求个信与仁的理。都只在此心,心即理也。此心无私欲之蔽,即是天理,不须外面添一分。以此纯乎天理之心,发之事父便是孝,发之事君便是忠,发之交友、治民便是信与仁。"

王阳明在这里说孝,说得很直白,一个人总不能从父亲身上寻找自己孝的理由,说这个父亲不行,换个父亲来孝顺吧,孝不孝是与父亲无关的,孝的道理就在你自己的心中,你只需将其生发出来,培养起来。这个道理,用在爱情上,也是如此,两个人有了基本的和合条件走到了一起,这时爱情就在你心中,就需要在内心对爱情加以培养,让爱情得以生发壮大,通过不断地遇到问题、解决问题,不断地调适,最终形成和谐的爱情关系,而不是把爱情悬在未知的外面、未知的未来,一遇到问题,就有一种寻找的心态,换个人来爱吧,最终那颗向外寻找的心四处飘荡,无地安顿。

传统心学从哲学上肯定一个人爱情的种子、能力就在自己的心中,不假外求,尽管外部条件不具备,种子也可能长不大,但每个人都应该多加努力、善加培养,这样长起来的爱情之树才是有根的,才不会如轻浮的杨花那样不得安稳,看似找到了一场场爱情，其实大多是无源之水、无本之木，终是梦幻一场。有了传统心学这个思考方向，也许绝大多数陷于危机的现代爱情、婚姻、家庭，都还是有救的。这样就可让现代人在爱情、婚姻、家庭上多一些耐心和努力，给已出现裂缝的爱情、婚姻、家庭多一些信心和机会。

现代人有更好的婚姻制度保障、更多的选择机会，在步入婚姻殿堂前有更好的起点，如果现代人能够从传统的心学哲学中寻些智慧，不是以向外寻找的心态而是以向内培养的心态关注爱情，那么，现代人的爱情、婚姻、家庭是可以比古人更加幸福、更加稳固的。

我所认识的“怪教授”陶愚川先生

曹务堂

2010年7月9日《中国青年报》发表了刘健的文章《现在高校还能容下“怪教授”吗?》(下称“刘文”)。文章发表后,立刻在全国引起了强烈的反响。文章以新颖的视角向读者诠释了曲阜师范大学陶愚川、庄上峰、包备五和李毅夫四位教授的另类人生,让人读来耳目一新,感慨良多。我与这四位先生均有接触,也曾经走近过他们的生活。在此,我愿意以拙笔介绍一下我所认识的陶愚川先生。

1963年7月我从山东师范学院(山东师范大学前身)外文系毕业,被分配到曲阜师范学院(曲阜师范大学前身)教书。当时陶先生也在外文系任教。先生当年50多岁,中等身材,戴一副近视眼镜,头发有点灰白,说话带着浓重的绍兴口音,但他看起来身板硬朗,精神矍铄。我注意到陶先生走路时总是目不斜视,而且是靠路边走,而那时路上罕见行人,更没有车辆。另外,即使是下课或教研室开完讨论会后,先生也总是溜着墙根匆匆离去。究竟是一种怎样的心态令先生有如此的举动,我至今都答案难寻。

正如“刘文”所说：“陶愚川……大概三天都不说一句话……路遇的师生都恭而敬之地看着他，也没人敢冒昧地上前搭话。”笔者也记不清是在什么地方和什么情况下第一次与陶先生打招呼的，只清楚地记得我第一次跟他打招呼时，先生一脸的惊恐，好像被什么刺了一下似的。可能是因为从来没人跟他打过招呼，而他也没有想到我会跟他打招呼。后来渐渐地熟悉了，我们见面时也总是聊上几句。而每次见面，先生都彬彬有礼，笑容满面。记得有一次我用英语问他：“Do you walk everyday?”（你每天都散步吗？）他笑着用英语回答：“Sure!”（当然喽！）我当时感到先生的用词十分新颖，不愧是留美学者。因为当时我只知道“sure”可以用作形容词，而不知道它还能用作副词。

通过 30 多年的接触和观察，我认为先生在人格修养方面已达到了很少人能够企及的高度。

“他是全校工资最高的教师，但他每月除留下几十元生活费以外，其余全部上缴给校党委。书出版后的四五千块钱稿费，他也交给了校党委。”（引自“刘文”）然而他自己却过着极其清贫甚至寒酸的生活。几十年中，我几乎没有见先生穿过一件新衣服。他夏天穿一件几乎变灰了的白布褂子，脚穿一双有时露出脚趾的普通布鞋。先生虽然留学过美国和日本，供职过民国时期的教育部，也任职过大夏大学（华东师范大学前身）教育系主任和中山大学教授，但我从来没见他穿过皮鞋。春秋天始终穿他那件灰不溜秋的干部服，冬天则是一件十分单薄的破棉袄，一双破棉鞋，且不穿袜子。

先生宿舍（注：原附中礼堂东侧排房一个单身教工住的小房间）的简陋条件更是令人难以想象。不知为什么，据说他从不让人进入他的宿舍。如果有人找他，他只把门开一条小缝，说完话立刻把门关上。记得 1973 年深秋的一个上午，我去他宿舍请教问题，听到敲门声，他还是照例问了一句：“哪一位？”我自报家门后，他把门打开，破天荒地让我进去了。进屋后，我仿佛走进了一个神秘而可怕的荒凉世界。因为他从不开门窗，刺鼻的发霉味几乎令人窒息。房间内吊着一个小灯泡，光线十分昏暗。我对他说：

"陶老师,你视力不好,为什么不换一个度数大一点的灯泡呢?"他笑了笑说:"为国家节约。"(要知道当时根本就不收电费)

我环视一下房间,只见靠西墙有一张床,上面挂着一顶几乎变成灰色的蚊帐,床下堆着破烂不堪的被褥和衣物,西南墙脚歪七扭八地堆着一摞书,窗户紧紧地关着,上面布满了蜘蛛网,窗户下面是一张小条桌,上面摆放着他唯一的餐具(一个多处掉了瓷的大茶缸)和其他乱七八糟的东西,桌子西端有一小块地方尚还干净,看来是他吃饭的地方,其他桌面皆被尘土覆盖,桌前放着一个方凳。进门后,先生很客气地示意我坐下。我看了看,实在是无地可坐(因为我不能坐那个凳子,而让先生站着),于是,问完问题后,我便匆匆与先生告别。我真不知道在如此恶劣的环境中先生是如何生活的。然而,令人惊喜跟称奇的是,我从来没有见他生过病。不论是备课还是写他那 9 卷 300 万字的《中国教育思想史》,陶先生从来都没有用过一张公家的稿纸(尽管当时学校是给教师发备课纸的);不论是回故乡绍兴写书,还是到上海图书馆查找资料,先生从来都是自费(我敢肯定地说,在先生的心中根本就没有"报销"这一概念)。

为了收集写教育史的材料,先生每天都在上衣口袋里装着一个小学生算术演草本和一个铅笔头,以便读报时随时记下材料。有一天我路遇先生从离学校两公里的汽车站回来。我问他:"陶老师,您到汽车站干吗?"他告诉我是到汽车站的报栏看报纸。我甚为不解,便问他:"学校不是有阅报室吗?"他回答说:"那里安静。"我听了一愣,而且至今也不明白当时先生说的"安静"是什么意思。

陶先生一向谦虚为人,低调处世。他从不现身于张扬的公共场合,所以,我校没有一张他出席任何会议的照片。据说,我校现存的他那张侧面单身头像还是摄影师远距离"偷"拍的。

20 世纪 80 年代,可能是为了落实统战政策〔因为"他的大哥陶百川是抗战时期的国民党'中央日报社'社长,去世前一直在台湾挂名'总统府国策顾问'"(引自"刘文”)〕,陶先生被选为山东省第六届政协委员。据说他只去开过一次会,而且在会议中途就提前返回学校了。我没有问过先生为何提前返校,但我认为,其原因是:由于先生长期孤身生活,他无法适应那“八人一桌吃饭,两人同室睡觉”的“会议生活”。

20世纪60年代,每个星期三下午是教职工政治学习的时间。学习时,大家都围坐在一张大阅览桌周围,可陶先生从来都不坐在阅览桌旁。他总是早早地到阅览室,然后搬一把椅子坐在门后面的角落里。有时领导也让他往前坐,但他从不为所动,后来领导也只好听之任之了。学习讨论时,大家都热烈发言,但陶先生却从来一言不发。我记得他唯一的一次发言是在“文革”后期的一次讨论会上。他口若悬河,旁征博引,滔滔不绝地讲了半个小时。至于他当时说了些什么,因年代久远,我已经记不清了。但他的发言给我留下的印象却至今依然历历在目:思路清晰、谈吐条理、学识渊博、记忆力惊人。

陶先生终身未娶,又不会做饭,吃饭全靠食堂。即使在回绍兴老家写教育史时,行前他也向领导询问家乡的公社是否有食堂,在得到肯定的答复后,他才启程。

到了晚年,我看先生体质日渐衰弱,牙齿脱落,走路也有点摇晃,有一次打饭时还摔了一跤。对一位老人来说,食堂的饭菜毕竟不太合口味。有一次我在校门口的集市上遇见他,对他说:“陶老师,您怎么不买点鸡蛋煮煮吃?”他惊奇地看了我一眼,继而露出一丝无奈的微笑,不解地问道:“鸡蛋怎么煮?”是啊,对他来说,“煮鸡蛋”可能比上天还难。于是我马上意识到自己问了他一个十分愚蠢的问题。为了照顾他,后来领导也曾试图给他请个保姆,却被他断然拒绝,理由是他从不愿麻烦别人。

“文革”一开始,陶先生就被打成了“牛鬼蛇神”,像他这样的家庭背景和身份(有海外关系,本人又是“反动学术权威”),当时的外文系打一个“牛鬼蛇神”也是他,故当时在外文系盛行“陶(愚川)、李(毅夫)、星(兆钧)、庄(上峰)四大牛鬼蛇神”之说。那年月,在“横扫一切牛鬼蛇神”的号召下,运动来势凶猛,大字报铺天盖地,游街批斗日夜进行。搞了一段时间的揭发批斗之后,"红卫兵"看到在他们身上实在挖不出什么"反党"言论,于是就把他们视为"死老虎"关进"牛棚"劳动改造。不知当时的"领导"是出于怎样的考虑,把最脏的活(管理大粪)派给了陶先生一个人。只见他每天肩扛铁锨,手拿三齿钩,准时到大粪场"上下班"。他的任务就是把大粪摊开晒干,然后砸碎堆起来,以备学校种菜使用。我看他十分"忠于职守",有人没人一个样。即使夏天烈日高照,他也不戴草帽,不喝水(他根本就没有暖水瓶),累了就坐在大粪旁边休息,可能他认为那就是他的岗位,他必须坚守。

实际上,对陶先生的迫害在1964年的"四清"运动中就已经开始了。当时陶老师在教语法(Grammar)(注:"文革"中陶先生曾编过一厚本语法讲义交给了当时的系领导,却被当做废纸扔在一边,后来也下落不明)。先生的渊博知识和流利纯正的英语令学生十分崇拜,甚至有的学生还模仿先生的走路风度。就因此,在外文系莫名其妙地搞出了一个什么"Grammar委员会反革命小集团",硬说陶先生是后台,对他和几个学生进行无休止地批斗。陶先生从不跟外界接触,何来"后台"之罪？真是"欲加之罪,何患无辞"啊!

正如"刘文"所说:"这些'怪教授'们,如果不是在大学校园,社会上还有哪儿能够让他们容身？而如果一所大学连一个'怪教授'都留不住,容不下,全是些'正常人',又将是多么寂寞,多么俗不可耐!"因此,刘健先生向世人发出了振聋发聩的呐喊:"现在高校还能容下'怪教授'吗?"这是一个多么发人深思而又耐人寻味的问题!

虽然陶先生已作古多年,但他的音容笑貌却永远留在我的心中,他那高尚的人格使我受益终生。

给所有人特立独行的空间

王 慧

读罢曲阜师大曹务堂教授《我所认识的“怪教授”陶愚川先生》一文，感慨良多。一是为陶愚川先生崇高的独立人格、特立独行的行事风格所钦服；二是为当今高校还有没有这样的“怪教授”而思疑。

其实“怪教授”也怪不到哪里去，只是我们判断人的行为标准太过单一，才觉得稍有些出格的人就显怪。其实从其身上，完全可以看到对文化传统和道德的坚守与发扬。

比如我们认为用公家的稿纸、给公家干活找公家报销这么理所当然的事情，陶愚川教授却从来不做，似乎不知道有“报销”一说。“他是全校工资最高的教师，但他每月除留下几十元生活费以外，其余全部上缴给校党委。书出版后的四五千块钱稿费，他也交给了校党委。”这在当代可视作公而忘私的模范行为，陶愚川先生却觉得稀松平常。

他几十年不添一件新衣服,冬天一床破棉被,夏天一件白布褂,东洋西洋均留过学却从不见穿皮鞋。对于物质享受,陶教授可以说从来不挂在心上,这种修养的确到了常人难以企及的高度。

他被选为省政协委员,但只去开了一次政协会,而且还提前返校了。作者分析盖因先生长期孤身生活,无法适应那"八人一桌吃饭,两人同室睡觉"的"会议生活",但我想更重要的是因为陶教授视名利地位如无物的淡泊无欲。

曹务堂教授此文起于2010年7月《中国青年报》上刘健的一篇文章《现在高校还能容下"怪教授"吗?》,其实高校之大,庙堂之高,像陶愚川先生这样的"怪教授"本应多多益善,但是我们现在还容不容得下这样的"怪教授"还真要打几个问号。估计光职称评定这样的事,就能把一批"怪教授"给磨得没了性子。如果连高校这样号称文化殿堂的地方都不能有几个特立独行的人,那就可以想见,我们的社会价值单一到了何等可怕的地步!

世人多为名利奔忙,而当一个人真的视名利为粪土的时候才会发觉到做人的真性情,才会有多种多样的价值选择,才会有各自不同的行事方式。希望我们的社会给所有人特立独行的空间,给每个人创造不同价值的空间。唯有此,这个社会才丰富多彩并富有生机。

父亲说 孔子曰

刘国庆

祖父是个木匠，主攻大器作，就是帮人盖房子、立木架、造犁耙；父亲也是个木匠，主修小器作，做一些精致的木器，在上面雕刻一些花鸟虫鱼，闲暇时也打打家具。小时候，我是在碎木屑里长大的，一闻到原木的清香就觉得亲切无比，不到七岁，便吵着要学手艺。祖父不同意，他希望我能跳出这个行当，在他的旧观念里，木匠总属于三教九流的圈子。父亲看了祖父一眼，说了一句，“君子不器”。祖父就不吭声了，开始痛痛快快地教我挑木料，画墨线。到后来，被父亲逼着背《论语》，才知道这是孔老夫子的话，意思是，君子应该博学多能。这是我第一次感受到《论语》的力量。等年长一点，胆子大了一些，我便跟着大哥去大队的果园里偷苹果。把裤子脱下来系上裤腿，搭在脖子上就成了最好的口袋，后来不幸被人发现，我跑得慢被抓住了。看果园的扭着我的耳朵去见父亲，我则把责任都往大哥身上推。父亲拿出戒尺，问道，“君子求诸己”，后面一句是什么？我说，“小人求诸人”。父亲又问，那你是要做君子还是小人？我听明白了父亲的意思，于是低下头开始小声认错。父亲听了之后，居然消了气，收起戒尺，和颜悦色地让我洗手吃饭。之后很多年，我才体会到父亲的良苦用心，其实，他这是在教我怎样做人。戒尺打在手上，疼一会儿就忘了；可一次温厚的宽恕，却能让人记一辈子。

我念初中那会儿，村里人把旧房子都拆了，开始盖楼房。母亲跟父亲商量，要不然咱也把房子翻翻新，加盖个小二层？父亲这个人一向知足常乐，他说，这房子是咱们结婚时，我跟他爷一砖一瓦盖起来的，冬暖夏凉，大小也正合适，没必要跟这个风。孔子不是说嘛，“君子怀德，小人怀土”，总想着置办田土产业，什么时候有尽头啊，好日子是心里美。母亲便不说话了，想想也对，只要一家人没病没灾，不就是最大的幸福么，也就打消了这个念头。父亲高兴的时候爱喝上两口，喝醉了就拉着母亲的手又唱又念，最喜欢喊的是“贤哉回也”。母亲每次总是宽容一笑，小声骂道，糟老头子去跟颜回过日子吧。

生活里当然也有不如意的时候，那一年大哥毕业，工作不好找，心情很差，跟女友又闹了别扭，回到老家蒙头便睡。后来在母亲的劝说下，哥终于肯起床吃饭。席间，一向健谈的父亲，这次却很是沉默。我小心翼翼地说了一句，子曰，“不患无位，患所以立”，大哥，别着急，只要好好积淀，努力充实自己，肯定能找到好工作。父亲一听就笑了，拿过酒来给大哥满上，说，你弟弟讲得好，其实仔细想想，不都是些鸡毛蒜皮嘛，这世上哪有过不去的坎，来，走一个。那天晚上大哥喝多了，父亲吃力地把他扶到床上，帮他脱掉鞋子，掖好被角，自己则在一旁坐了很久。我看得出，他的眼里都是担心和怜爱。

那么多年过去了，父亲说，孔子曰，《论语》几乎成了我们爷俩儿独特的交流方式，特殊的情感密码。说好了“父母在，不远游”的我跟大哥，一个比一个游得远，父亲也越来越老了。我在国外有时候一个电话打过去，父亲半天说不出话来，最后才蹦出一句，

“父母唯其疾之忧”。母亲在一边实在看不下去了，一把抢过电话，糟老头子是说他想你呢，他每天都盼望你哥俩儿能来个电话，出门在外要照顾好自己，吃饭上千万别省。我在电话这头，听得心里边不是滋味，对母亲笑着说，妈，父亲讲的我懂，我都懂。

我父亲就是这样一个敦厚朴实的老木匠，一个懂《论语》的手艺人。能成为他的儿子，是我一生最大的荣耀。

传统节日篇

春节

对话：重拾春节精神

——对话人：山东大学教授 张士闪

齐鲁晚报记者 王 慧

春节的神圣传统是在数千年中华文明史上不断层累而成的，并在近现代社会中经历了一个失落与重塑的过程

记者：张教授，龙年春节过去了，很多人又开始感慨年味的变淡。除了隆隆的鞭炮声依旧，忙年拜年的气氛似乎都不如从前。我感觉人们还是没有找到过年的根儿，作为民俗学专家，您能从根儿上谈谈年的由来吗？

张士闪：甲骨文中的“年”字，是果实丰收的形象，不难理解，“年”与农作物之间有密切关系。许慎在《说文解字》中，即认为年的初始含义是“谷熟也”。《穀梁传》记载：“五谷皆熟为年，五谷皆大熟为大有年。”这里所谓“有年”便是指农业有收成，“大有年”意即农业大丰收。在“大有年”的时候，人们往往会有“庆丰收”的冲动。据载，早在西周初年人们就开始了一年一度的庆丰收活动。而“年”字的频繁使用也正是始于周代。《尔雅》对“年”的注解是：“夏曰岁，商曰祀，周曰年。”此时，“年”指的是谷物生长的周期，一年分为四季，是根据农作物的生、长、收、藏的循环规律而定。谷物一年一熟，年节一年一次。

当农作物收藏之后，田间农活暂告结束，人们用新米做饭、酿酒以酬谢神灵、祖先，祈求来年再获丰收，久而久之形成了一年一度的规律，这就是一年一度的“腊祭”。周代这种欢庆丰年的祭祀活动，并没有固定之期，因此还不能算作严格意义上的节日，但由于每年在寒冬时节都有收获后的庆祝仪式，也就为以后一年一度的春节的定型奠定了基础。直到汉代，社会较为稳定，经济日趋繁荣，而观象授时的经验越来越丰富，司马迁创造《太初历》，确定以夏历正月为岁首，正月初一为新年，把二十四节气纳入历法。此后，农历年的习俗就一直流传下来。

记者：辛亥革命以后，中国就采用公历纪年了，但公历的元旦始终比不上农历的新年重要，可见传统习俗在国人心中根深蒂固，并不是那么容易被“革命”的呀！

张士闪：总的说来，具有悠久历史的传统阴历节日，在中国近现代历史上处境尴尬，常被视作阻碍历史车轮滚滚向前的旧文化的一部分。很多节日都在不同程度上受到冷落、轻视甚至批判，只有春节、清明等极少数节日在被有计划地予以“革命化”改造之后，允许在现代生活中具有一席之地。1911 年辛亥革命后，清朝统治被推翻，中华民国建立，南京临时政府决定采用公元纪年，并将阳历的 1 月 1 日定为新年，将农历正月初一称作春节。按照政府规定，机关、学校在阳历新年时照例放假。1949 年 9 月 27 日，中国人民政治协商会议第一届全体会议通过使用公历纪年法，同时规定春节放假三天。然而时至今日,民众仍未将阳历元旦(即阳历年)视为重要节日,该节对于民间日常生活没有多大影响。在人们心目中,唯有阴历元旦即春节才是真正意义上的过年。

中国文化是相沿成俗的品格,民俗则是其永恒的母体,传承数千年的传统节俗如温厚的地母一样培育着中国文化一脉绵延不息,即使在最"革命"的时段亦然。

依此看来,自20世纪80年代在我国掀起的民俗热,正是绵延数千载的民间传统真力显现、精神弥漫的必然结果,其高温不退自在情理之中。尤其是进入21世纪,非物质文化保护制度在我国日益风起云涌,直至2008年始国务院对国家法定节假日的调整、2009年文化部民族民间文艺发展中心重大调研项目《中国节日志》的启动、2010年山东大学《节日研究》刊物的出版等等,其实都是我国政府日渐鲜明的文化自觉意识所致,也是上述民俗热日益走向深化的必然结果。

从中国社会的生活文化结构来看,春节表现为神圣与世俗的二度转换

记者:春节有很多民俗活动,忙年、祭灶、拜年、放鞭炮、吃饺子等等,但这两年我做晚报的"人文齐鲁"专刊,刊发了一些七八十岁的老人写的过年怀旧文章,突然意识到过年最根本最重要的年俗不是吃饺子、放鞭炮这些物质上的东西,而是祭祖敬神,是一家人跟祖先神灵的沟通,您说对吗?

张士闪:春节本身就是一种文化设置,它对应的是人们对于精神生活的集中需求。这不仅通过铺张奢侈的饮食、闲暇游乐的生活等方面表现出来,也体现于春节期间高密度的一系列信仰仪式活动。这类信仰仪式活动除了调剂生活之外,对民众日常生活乃至整个乡土社会都会产生一定的影响。

一个民族国家是不可能没有神圣意识的,当某种神圣意识经过较长时段的传承凝结为全社会的传统,就必然会在民众日常生活中有所体现,并进一步对该民族国家的文化认同、社会凝聚等方面起到特别的作用。中华民族的神圣意识并非只在春节中才有体现，却在春节期间有着特别集中而突出的展示与培育，并以多样化的民间生活叙事为支撑。各地民间流传的“岁暮神仙多”一说，正是对春节这一神圣时段的形象化说法。

记者：供神祭祖这些东西过去被斥为封建迷信，很多年轻人已经没有这种意识了。

张士闪：真正意义上的春节，一般是从灶王爷升天的这天——腊月二十三揭开序幕，直到正月十五元宵节结束的一段时间。正是祭祀灶王爷的仪式——“辞灶”，引导人们进入到与神灵交流的信仰生活之中。腊月二十三的祭灶与过年有着密切的关系。因为在人们的观念中，在一周后的大年三十晚上，灶王爷便会带着主家应该得到的吉凶祸福，与其他诸神同返人间。灶王爷被赋予了为天上诸神引路的职能。诸神在过完年后再度升天，只有灶王爷会长久地留在主家的厨房内，继续保护和监察这家人的生活。

自送灶王爷上天至除夕迎回，人世间无神管辖，百无禁忌。旧时，民间有“结婚莫过二十三”的讲究，提醒人们在临近年关时节尽量不行婚嫁之事，以免搅乱忙年秩序。

记者：春节既要拜神又要祭祖，我感觉对祖先的祭祀要更重视一些。

张士闪：的确，相对于天地全神而言，我国民众对祖先的祭祀仪式更加讲究，这可能与其心中“求神不如敬祖”的观念有关。年节是祭祖活动的集中时段，在鲁中地区，每到大年三十下午，家族中的男人便纷纷走向自家墓地迎请列祖列宗回家过年，基本程序包括压坟头纸、焚纸、烧香、奠酒、放鞭炮、磕头等，一般不摆供品。迎请至家后，便会悬挂起家堂，摆放供品，为刚从墓田归来的祖灵安排一个安身之处。供品一般是“五个碗”和两碗饺子，“五个碗”即猪头肉、粉条、鱼、豆腐、饭米。到了大年初三天不亮时，就要烧香磕头将祖灵送走，家堂自然也就取下卷起藏好。之所以要在大年初三将祖灵送走，据说是因为要避免让有着外族外姓身份、前来省亲的已嫁女儿撞着，这可能与某种传统的防范心理有关。

除夕是规矩最多的一夜，动辄犯忌，如忌说不吉利话、忌挑水、忌掏灰、忌洗衣、忌担水、忌打碎物什、忌骂人、忌扫地、忌泼污水于地、忌看病、忌吃药、忌动针线等等，而与忌睡眠有关的守岁之俗则是其极端表现。这类禁忌习俗在全国各地的长期流行，反映了人们在辞旧迎新之际的某些担忧和期盼，诸多禁忌的设置是为了保证人神之间和谐交流的顺利达成。

在大年三十深夜子时，北方地区讲究在鞭炮声中煮水饺，认为吃了水饺才意味着确确实实地又长了一岁。按照传统规矩，第一碗水饺是要供奉祖先的。供奉时，家中除了尚未出嫁的女儿，其余人等不分男女老幼都要行叩拜礼。

正月初一凌晨，人们就开始到家族中的长辈家里拜年。一进门，先要拜对方家里悬挂的家堂，磕满三个头，再给家里的老人磕头拜年。

而到正月十五的黄昏，每家还会到自家坟前祭拜一番，意味着这是一家人和先祖在今年里的最后一次团圆，下一次团圆则要等到来年的大年三十。

春节是一个热闹的节日，更是一个神圣的节日

记者：这样看来，春节不光热闹，其实更应该是神圣的。它既是一元初始，又是天地神人相交的日子，每个人过年时心里都应该恭敬些。

张士闪：毋庸置疑，“过年”是中国最隆重、最热闹的节日，积聚了一年的情感与期待经过充分酝酿，集中爆发，慢慢消歇。当自然的时间进入到春节这样特殊的民俗情境中，人们的所感所想、一言一行就都具有了文化象征的意义。当人们约定俗成地、自觉不自觉地以忙年、过年的方式进入到春节特有的情境之中，诸多年俗一次次地在各地民众生活中反复实践，人与自我、人与人、人与神、人与祖先沟通交流的神圣时空得以构建，中华民族的神圣意识得以传递，神圣传统得以强化。一言以蔽之，春节的神圣感是以多样化的生活叙事即诸多年俗为支撑的。

年俗中神圣与世俗的二度转换，彰显出春节鲜明的农业文化特色。春天是自然万物和生命孕育的开始，春节的设置是我国先民在长期的共同生活中对天地运行规律的一种切身感悟和文化表达。它产生于我国传统的农业社会背景之下，深受中国传统文化影响，渗透着浓厚的生命意识。以"年"为中心的一系列民俗活动系从农业文明中孕生出来，又不断强化着我国农业文明的演进过程。从春节的时间边界来看，它最初主要是一种农事活动的标志，其中凝结着民众对自然万物的长期观察与领悟，又积淀着一份立足于乡土的生活期望与生命理想。一言以蔽之，春节既是大自然季节交替的重要时刻，又被乡民赋予为个人生活的崭新起点，更是乡土社会群体生活的共同节点。人们将对未来的希望、憧憬通过年俗表达出来。人们把春节视为生命和生活周期轮回的重要关口，试图借此使自己的生活更贴近自然节律。就此而言，"节"不仅是一种间断，也是一种生活节奏的调节和精神状态的调整。诸多年俗，从不同的方面体现出生命长存、灵魂安宁、子孙绵延、亲情永恒和社区和谐的观念。在看似松散的系列年俗事项中，有一种无形的整合力量，使得这些零散的生活习俗成为有序系列中的有机环节。这种无形的力量，最初发轫于人向自然寻求契合的努力，乃是出自农业生产自身的要求。此后，它们凝结成一种比较稳定的象征意象世代传承，并附加了越来越丰富的习俗、传说和仪式，体现了中国传统文化特有的天人合一思想，体现出中国人的生命活动与自然气候节律和谐共振的自觉追求。

记者：现在人们感慨年味淡，是否跟人们只重视物质享受，而忽略了精神整肃有关？

张士闪：是的。在传统乡土社会中，世俗生活需要信仰的导引，而神灵世界也离不开乡民的操持，春节期间由神圣与世俗交织而成的种种信仰活动概由此产生。从民俗学的意义上来说，诸多过年仪式，是人们为了顺利渡过辞旧迎新这一重要的时间关口而预作的文化设置，具有边缘礼仪的性质。这些信仰仪式其实就是在家族社区中定期上演的一种社会戏剧，旨在定期地清理人们生活中的不和谐因素，强化其文化认同意识与内部秩序感。

而在这一切的背后，是人们的内在心理需求。人们以敬神的名义完成春节期间的种种仪式活动，借以调谐现实中的人际关系。这些仪式所以能够长期传承，是因为人们在其中寄寓着常在常新的生命情感与生活愿望，并在千百年间凝聚为一种群体意志，成为我国传统乡土社会中的某种整体性文化诉求。在国民心目中，热热闹闹的春节活动象征着过日子的红火与生活社区的和谐美好，而一旦抽离了其中的神圣意识，是不能算作真正的过年的。面对当今人们关于年味越来越淡的感慨，我觉得如下方面需要引起我们注意：

春节所延续下来的神圣意识需要尊重，春节的神圣传统需要以种种方式促进在当今社会中的传承。传统社会中的年节，是借助较长的节期、繁复的祭神仪式、多样的人生仪礼、丰美的食俗、热闹的游艺活动以及诸多禁忌、传说、俗谣等，从而成功地营造出神圣又不失热闹的年味的。其中，祭灶、请财神、敬祖、拜年、饺子、腊八粥、鞭炮、春联、福字、年画、花灯、灯谜等，是传统年节中比较稳定的元素。如何在继承丰富多样的传统年俗的同时，寻找、设计出适合当今人们需求的新元素，营造出庄重肃穆与欢快热闹兼具的新年味，是摆在我们面前不容回避的问题。

春联中的审美

陈正宽

王安石有《元日》诗，是专写过年春联文化的，把中国的年味烘托得气象万千："爆竹声中一岁除，春风送暖入屠苏。千门万户曈曈日，总把新桃换旧符。"用七言四句的二十八个字，浓缩出东方华夏一幅鲜艳欲滴的风俗画。

汉语对仗所以易形成，一受古时仪仗排列双双对对的启示；二是蒙童入塾，必学"对课"，即把《笠翁对韵》中那些套句念会背熟。久而久之，"天对地，雨对风，大陆对长空，山花对海树，赤日对苍穹"的那些套套成了奶工夫，作起联语来易如探囊取物；三是门当户对，两两相形，所以对仗的春联贴在过年的门楣上，是会逢其适的美事。

年年过春节，岁岁贴春联，几千年下来，联词的积累车载斗量。从内容看，儒家重教化，联词中得到浓重的反映。"忠厚传家远，诗书继世长"，"诗书承世泽，孝友念家风"，"忠厚留有余地步，和平养无限天机"，"传家有道惟存厚，处世无奇但率真"，"练达人情皆学问，洞明世事即经纶"。从联词，看风尚。我们祖先讲"忠厚"，读"诗书"，重

“孝友”，谋“和平”，议“处世”，话“练达人情”，求“洞明世事”，这些都是儒家讲的“修、齐、治、平”主旋律。

吉利和喜庆，是过年的关键词。写春联，贴春联，喜庆为重，吉利当先。“向阳门第春先到，积善人家庆有余”，让“向阳门第”与“积善人家”对仗，显示出美的升华，善的归宿。“寿比南山松不老，福如北海水长流”，表达出对人寿年丰的至诚倾心。“千祥云集，百福并臻”，“天增岁月人增寿，春满乾坤福满门”，揭示出“明德，新民，止于至善”（儒家经典《大学》中的经典语句）的人文至境。

明清时代，老潍县城书香门第多，世家多，大宅门多，文化氛围甚是浓重。过年贴门对，犹全县办了一个高规格的书法展览。同时出了那么多名重一时的大书法家，如陈介祺、曹鸿勋等。“燕过重门留好语，莺迁乔木报佳音”，“多福多寿多男子，宜兄宜弟宜家人”，“祥云书大有，瑞雪兆丰年”，对仗工整。“日暖华堂呈百瑞，春深画阁照三星”，富贵绮丽。

有的春联，盈盈富书香气：“孟子七篇皆言义，大学十章半理财。”联中提到的《孟子》、《大学》，是“四书”的两种，另两种是《论语》、《中庸》。

行业联，有行业联的审美情致。“财如晓日腾云起，利似春潮带雨来”，“生意兴隆通四海，财源茂盛达三江”。旅店，现在叫宾馆。春联则写了“五湖思范蠡，千里慕元龙”的营商得富之典。“交以道接以礼四海春风，近者悦远者来一团和气”，联语专讲了微笑服务之宗旨。过年结婚，婚联透着喜艳。“诗云钟鼓乐之，易曰乾坤定矣”（《诗》指《诗经》，《易》指《周易》），“共结丝萝山海固，永谐琴瑟地天长”，讲一旦结缡，海枯石烂。

庙联有妙趣。如关庙：“志在春秋功在汉，心同日月义同天”，“马过五关思汉主，花开三月忆桃园”。灶王：“上天言好事，下界保平安。”财神：“兴家立业财源主，治国安邦富贵神。”

先前，老潍县有财神庙一座，楹联写着：“颇有几文钱你也要他也要给谁是好？烧上三炷香男亦求女亦求叫我为难!”嬉笑怒骂,皆成文章。又有倒座观音庙,大殿本当坐北朝南,唯独这观音殿坐南朝北。何也?楹联解谜:“问观音何以倒座?因众生不肯回头!”看来,普度慈航的观音大士,救人心切,浪子要赖,失足不悟,菩萨少不得也得劳劳驾,拉他回头。所谓苦海无边,回头是岸!

老济南忙大年的记忆

陶玉山

记得我小时候，民间有“到了腊月二十三，过着小年盼大年”的说法。

“小孩儿小孩儿你别馋，过了二十三就是年：二十三，祭灶王；二十四，扫房子；二十五，冻豆腐；二十六，去买肉；二十七，宰公鸡；二十八，把面发；二十九，蒸馒头；三十晚上熬一宿，初一初二满街走。”这段民谣比较形象地将从小年到春节每天的主要事情做了一个通俗明了的高度概括总结。

一到腊月二十三，家家户户就开始忙着过年了。腊月二十三在民间又称为小年，是民间祭灶的日子，从这一天开始就忙着为过大年准备了。这天天不亮，大人们就早早地起床了，紧张有序地准备祭灶所需的物品。这项工作是非常严肃虔诚的。因为灶王爷要上天向玉皇大帝禀报这一家人的善恶丑美，以便为玉皇大帝做出奖罚提供确凿的证据。所以，在祭灶时都非常小心恭敬，不敢怠慢。除了在灶王爷像前的供案上供放料豆、清水糖果等之外，还要仔细地把溶化了的糖涂抹在灶王爷的嘴上，好让灶王爷在玉皇大帝面前说甜话、好话。

腊月二十四是传统的打扫卫生的日子，俗称扫尘，不仅要彻底打扫室内，就连院子里也要全面清扫一遍，目的是除旧迎新，将一切不祥之物都清扫出门。富裕的家庭，这一天还要糊花窗、剪窗花。这一天一项很重要的工作就是贴春联。贴春联民间讲究有神必贴，每门必贴，每物必贴，目的是到处焕然一新，在过个吉祥圆满年的同时，保佑家人平平安安，来年更上一层楼。

送了灶王爷上天，又彻底清理打扫了室内院子里的卫生，以后几天就是集中蒸馒头、枣卷、大包子以及炸藕合、炸鱼、炸丸子等过年吃的一切。当然，这其中还有一项必不可少的东西，就是做酥锅。一般来说，做酥锅都是在腊月二十六七。在我的记忆中，做酥锅起码需要十几个小时，甚至更长时间。酥锅做好了，整个屋里弥漫洋溢着酥锅特有的香味，让人还没有品尝，就觉得满嘴溢香，简直令人陶醉得窒息。

那时候，虽然家家户户由于收入低，日子过得挺紧巴，但是，谁家如果做了好吃的挺新鲜稀罕的食物，都会给街坊邻居送去一点，让大家共同享受。这样各家各户一凑合，过年的东西就显得很丰富，甚至琳琅满目了。虽说已经过去了三十多年，那时过年的一些讲究习俗都忘记了，可是，大家互相送稀罕食物这件事却记忆犹新，现在还感到非常亲切，弥足珍贵，让我终生难忘。

元宵

元宵节里忆花灯

王 涛

在胶东老家，正月十三是“上灯”的日子，从十三开始，家家张灯结彩，直到正月十八“落灯”为止，而元宵节无疑是最热闹的一天，那天的花灯格外多，街上也格外热闹。上灯圆子落灯面，十三那天是要吃汤圆的，不过汤圆的馅和元宵节不一样，元宵节要吃芝麻馅或者肉馅的汤圆，而十三吃的是菜馅的汤圆。虽然儿时的生活水平不如现在，平时也吃不到什么荤腥，但春节期间伙食还是不错的，大鱼大肉天天吃得也有点不知其味了，正月十三来点菜馅的汤圆还真另有一番风味。十八那天落灯的面必须是手擀的，薄薄的面皮切成宽宽的面条，煮到锅里再加上点菜叶，盛到碗里再加几个没有馅的汤圆，味道实在是妙不可言，到现在还回味无穷呢。

那时的花灯都是自己做的，用竹枝等扎成灯的骨架，再用各色彩纸糊在上面，一盏花灯就完成了。每当过了初七八以后，大人们就张罗着给小孩子扎花灯了，看着大人扎花灯，数着日子盼“上灯”，那是孩子们最欢乐的时光。

最常见的花灯是八角灯和兔子灯，兔子灯是孩子们最喜欢的，因为可以牵着走，用竹枝扎成胖胖的兔子身体和大大的兔耳朵，再把圆木棍锯成四个轮子安上，一只花花绿绿的兔子灯就可以走了。制作难度较大的灯是西瓜灯和走马灯，西瓜灯是两个如同西瓜一样的球形灯笼，并排固定在一个木棒上，木棒下面有轮子，可以推着走，走起来时轮子带着灯笼转，就像两只西瓜满地乱滚。

走马灯的制作颇费周章，我家曾经做过一只，在春节以前就开始做了，首先是做一只如同宫灯的大型灯笼，一圈都是用彩纸做成的流苏，灯笼里面是一根竖轴，轴当中是用硬纸做成的叶轮，硬纸板剪成的孙悟空、唐僧、猪八戒、沙和尚、白龙马被铁丝均匀地固定在竖轴的一圈，在叶轮的下面有一个蜡烛，蜡烛点燃后的烟气冲动叶轮，叶轮带动竖轴旋转，西游记里的人物便开始去西天取经了，他们的影子映在灯笼上，就如同皮影戏一样。后来，父亲找来一个玩具电机来带动竖轴，又在灯笼里装了一只灯泡，走马灯里的人物就更栩栩如生，直到现在，老父亲每年都要给走马灯重新糊上明亮的宣纸，换上一节电池，走马灯也就继续年年走动了。

那时的花灯都是点着蜡烛的，而乡下的风也格外大，每年上灯以后都要烧毁不少的花灯。经常看到西瓜灯的两只“西瓜”转着转着就成了两只火球，或者是一只兔子灯转眼就成了火兔子，然后就是孩子失望的哭声，再就是父母的许诺，第二天，一只新的花灯就又交到了孩子的手里。在正月十三到十八的一周里，孩子们天天巴望天快黑，好点燃自己心爱的花灯走东窜西。孩子们聚在一起，比八角灯上的剪纸，比谁的西瓜灯跑得快，比谁的兔子灯更像兔子，每到这时，最得意的要数家里有走马灯的了，虽然走马灯只能挂在家里,但总能吸引许多乡邻围观。

后来有了塑料的花灯,用了电池的塑料花灯既漂亮又安全,孩子们也很喜欢。可是,从前那扎花灯的乐趣,那烧花灯的惋惜却再也没有了,也许,扎花灯、盼上灯更能体现元宵节的气氛。

诗意上元节

丁兆如

隋炀帝喜爱赏灯，公元607年上元节，他挑选3万多人参加京城花灯表演，兴之所至，赐以元宵并赋诗一首："……灯树千光照，花焰七枝开。月影疑流水，春风夜含梅……"寥寥几句勾画出元宵灯节那"光天烛地，笙歌喧腾"的场面。真没想到，做什么事都好大喜功的杨广竟有这般才情，在帝王中最早写出上元赏灯的诗句，说来也算是性情中人了。

唐代，上元之夜前后三天，京都灯火会燃烧三天三夜，长安城的大街小巷彻夜通明，上至王公贵族，下至贩夫走卒，无不扎灯、挂灯，无不出外赏那"凡数千百种，极其新巧，怪怪奇奇，无所不有"的花灯。热闹的气氛也把皇帝老子吸引出来了，像唐中宗李显，景龙四年（公元710年）就与后妃出宫"微行观灯"，甚至"放宫女数千人看灯"。这般盛况除了官方记载，从很多唐诗中也可见一斑："谁家见月能闲坐，何处闻灯不看来。"（唐·崔液《上元夜》）；"千门开锁万灯明，正月中旬动地京。三百内人连袖舞，一时天上著词声。”(唐·张祜《正月十五夜灯》)。“月色灯光满帝都,香车宝辇隘通衢。”这是李商隐的溢美之词。“火树银花合,星桥铁锁开。暗尘随马去,明月逐人来。游妓皆秾李,行歌尽落梅。金吾不禁夜,玉漏莫相催。”这是苏味道再现的元宵灯节夜景和淋漓畅快的游人。

与唐朝相比,北宋的上元节里多了一项很给力的内容,就是富贵人家的闺秀除了在月光下、灯影里和普通人家的女子赏灯、猜灯谜外,还可以自由自在地借机物色心上人。这些平时深居绣楼不得随意出门的女子,唯有这个时候,才被允许出去,她们也当然会利用这一美好时光与意中人约会,吐露心曲。“今年元夜时,月与灯依旧。不见去年人,泪满春衫袖。”欧阳修说的就是这个中国式“情人节”里的思念之苦。有意思的是,宋徽宗也是个时髦的人物,每逢上元佳节他都要点京都名妓李师师陪着上宣德楼赏灯,兴致所至,还赐御酒一杯赏那有幸一睹“圣颜”的女性。相传一妇女喝罢御酒欲藏匿金杯,恰被禁军发现,带至徽宗面前,问为什么要偷金酒杯,这位妇人急中生智,随口吟出一首《鹧鸪天》:“月满蓬壶灿烂灯,与郎携手至端门,贪看鹤阵笙歌举,不觉鸳鸯失却群。天渐晓,感皇恩,传宣赐酒饮杯巡,归家恐被翁姑责,窃取金杯作照凭。”徽宗听罢大喜,不仅没治罪这位才女,反而再赐美酒一杯,并把那只金杯也送与了她。

至于偏安一隅的南宋小朝廷,上元之夜的花灯却是恢弘的,通宵达旦,人流摩肩接踵:“东风夜放花千树,更吹落,星如雨,宝马雕车香满路。凤箫声动,玉壶光转,一夜鱼龙舞。”(辛弃疾《青玉案·元夕》)“夸毫斗彩连仙馆,坠翠遗珠满帝城。一派笑声和鼓吹,六街灯火庆升平。”(朱淑真《元夜》)

“有灯无月不娱人,有月无灯不算春。春到人间人似玉,灯烧月下月如银。满街珠翠游村女,沸地笙歌赛社神。”这是江南才子唐伯虎的元宵之灯,是明朝朱元璋规定正月里初八“上灯”,十七“落灯”,连续放灯十天让京城人民赏个够的真实写照。

我军著名军旅诗人陈毅元帅在赴延安的途中路过一个叫胡家坪的山村，那天正好是1944年的上元节，虽是战争环境，但村民们依然沉浸在赏花灯的欢乐中。陈毅即兴赋诗一首："敲冰踏霜麦坪前，半夜山村犹未眠。点点花灯当户照，齐占胜利在今年。"托物言志，革命乐观主义精神跃然纸上。

红红火火的元宵灯节，是中华大地土生土长的一个文化因子，它和一副副喜气洋洋的春联、一节节彻响年头年尾的爆竹，构成了饶有风趣的特色中国年。

老潍县正月十六发老牛

陈正宽

正月十六发老牛！说到正月十六发老牛，在老潍县城，那是正月里的超级节令。

凡节令，都和庙有关。凡庙里的神，又都和人有关。现在的神，曾是当初的人。东关圩子墙西面，靠着白浪河，有四个圩子门，从南往北数，奎文门、庆成门、通济门、耀武门。耀武门叫大石桥门。进了门里路北，有座娘娘庙（叫碧霞祠，娘娘即泰山老母），庙里有庙叫孙膑祠。孙膑是东周列国齐国人，与庞涓同为军事家鬼谷子的弟子，因受庞涓陷害，双膝受刑致残。传说他有功封神之后，德惠乡里，为天下残疾之人治病，凡有病者求之神效。所以在他的生日——正月十六，进香献牛者多多，成为潍县正月一景。

我记忆中的正月十六娘娘庙的山会，热闹非凡。十六那天天一放亮，还十分清冷，娘娘庙的庙山门，早就四敞大开，有庙上的道士，呜呜啦啦吹起了嘹亮的唢呐。钟磬声、唢呐声，顺风传远，早把四乡八隅的香客，引得蜂拥前来，兴高采烈。那时，顺了鱼店街、李家街、西四平街，一直到娘娘庙山门，街路两旁，全是卖纸扎黄牛的，有大的、有小的、有袖珍的，有黄的、有灰的，一般是两个一组。卖牛的兼卖黄表、花筒、香烛、纸马、爆仗、起花、两响、钻天追、滴滴金，吸引得大人、孩子，有残疾的、好腿好胳膊的，大家一同来请“牛”(不能说买牛)，上庙，磕头，求孙膑爷赐福。

上庙是一种全民自觉性的敬畏。我当时也只有四五岁的光景，属于淘气孩子，但随了香客，涌进山门，在孙膑祠前，跪下磕头，一仰头，蓦地看到孙膑爷爷的金面金身，不由产生一种异样的敬畏。

正月十六发老牛，你说香客奉献的老黄牛，到底有多少？要统计出个确切数，也难！反正，据我儿时的记忆，凡香客献了牛，就由人送到庙后的空场上去，一上来是小堆，渐渐是大堆，而后是小牛山，再后是大牛山，大约到了正晌午时，在东头炮台内的庙后场上，纸牛已经堆到有十层楼那么高，下头四周围是——人山人海；上头堆的十层楼高，是——牛山牛海。而且，年年惯例，在这纸扎牛山牛海的头里，有一头由后所街扎彩匠王长命扎的特大彩牛，比一头印度象还大三围，金身金衣，七彩辉煌，这是让孙膑爷亲自骑乘的坐骑。这时，看客大约有五六万人，等着看发老牛，等着看孙膑率火牛阵，出—征！

正晌午时了，钟声一撞了，点火了，出征了，赤壁之战了，全城欢呼了！正月十六发老牛了，太好看了！

二月二

充满生机二月二

孙清鼎

太阳、神仙也有生日。传说农历二月初一是太阳的生日，二月二是土地神的华诞。

在鲁南，二月初一没有什么节庆活动，二月二是传统节日。什么节？知道这天是土地神生日的人不多，可是大人小孩都知道这一天是“龙抬头”。老辈传下来的就是这个说法。

龙在中国自古就受到先民的崇敬，神话传说人类的始祖伏羲、女娲都是人首龙身，这在汉画像石中多有表现。既然人类的始祖与龙有关，封建皇帝也就自称为“真龙天子”以示不凡，其繁衍的后代都是“龙子龙孙”。在老百姓眼里，龙是一种神灵之物，能隐能显，可行云布雨，就连闹地震也说是龙“翻身、挤巴眼”。可知，龙的威力巨大，关乎天下福祸。

许慎在《说文解字》里说龙“春分而登天，秋分而潜渊”。春天到了，“雷惊天地龙蛇蛰”，经过长时间的蛰伏，二月二这天龙已经感觉到春天温暖的气息，头开始抬起，就要准备飞腾上天了。龙本来不负责人间粮仓的增减之事，可是因行云布雨所致的阴晴旱涝直接关系到人畜兴旺、庄稼收成，庄稼人期盼的又是风调雨顺、五谷丰登的好年景，自然对龙的作为要格外关心重视了。

“二月二，龙抬头”，此乃生机之象，值得欢庆喜乐。喜乐的标志之一就是家家尽可能做好吃的饭菜，必吃的是正月十五用面粉蒸做的龙灯“龙肉”，还有这天一大早用黄豆加糖炒的“蝎子爪”。农家另有一件要做的事情，就是在打扫干净的庭院内，用做饭燃烧过的青灰一圈一圈、由小到大撒画出一个粮仓来，中心处放点五谷杂粮，俗称“围仓”。

乡村写春联有“仓龙引进”竖条，大都贴在粮囤米缸上。仓和龙怎么能联系在一起，这意思是把龙引进仓里还是由龙把粮引进仓里呢？从庭院“围仓”看，人们是希望把粮囤米缸换成粮仓的。过去，大户之家及“集体化”时，收的粮食多，囤缸小器自然盛不下，这就要“围仓”，把粮食茓起来。有一种围仓的简便工具叫做“茓席”，又称“摺子席”，这种席子宽不足一米，长有几十米，用它一圈一圈逐渐增高围起来堆积粮食称之为“仓”。窄而长的席子，颇似龙形，若把此“龙”引进家中，囤缸换粮仓，那不就是庄稼人所殷切盼望的吗？

二月二，春草生。唐代在这天有挑菜的风俗，元代便有了“二月二，龙抬头”之说。实则“龙抬头”这话是农谚，它意在借神龙提醒人们，冬眠的蛇虫因春天的到来已开始苏醒了，农事也到了应该行动的时候，适时耕作之时要谨防蛇蝎之害。

“春日载阳，有鸣仓庚”，大好春光，莫误农时。

龙抬头的感觉

纪慎言

大家都知道民间有个“二月二，龙抬头”的说法，但是，关于那个龙的头是什么时候低下的问题，似乎并没有多少人关心。我问过一些人，大部分都摇头；个别人说是冬天天冷了，龙就与长虫蛤蟆一样“蛰”起来了，那龙头不就低下了吗，要不怎么二月二前后还有个节气叫惊蛰呢？春天来了，人们“嘎嘣、嘎嘣”地吃炒豆，把它们给惊醒了，所以龙就抬头了，还阳了。这就跟戏台上唱戏的一样，有影没影编个因由就过节，有事没事找个茬口混吃喝。

小时候并没有在意过二月二这个不是节日的节日能够吃上什么好饭食，因为那时候庄户人家大都很穷而且又是在青黄不接的春季，所以能够吃上母亲抓给的一小把炒熟的黄豆也是满心的香甜。之所以能够记住二月二，首先是因为奶奶在那天清晨虔诚的祷告以及爷爷对其不屑一顾的戏谑。

我从两岁时就跟爷爷奶奶在一个炕上睡觉。记得每年二月二这天早晨在窗户纸刚刚发白的时候，我就被奶奶用擀面轴子敲窗台或者敲炕沿的声音惊醒了。醒了的我在朦胧中就听见了奶奶的祷告："二月二，敲窗台，蝎子蚰蜒进不来。二月二，敲炕沿，老鼠长虫都不见。"一边敲打，一边祷念，直到窗户纸全白天色大亮才下炕做饭。爷爷是个不大信邪的人，每当奶奶虔诚祷告的时候，他就会没好气地把奶奶说的"进不来"篡改成"全都来"，把奶奶说的"都不见"篡改成"一大片"！惹得奶奶举着手里的擀饼轴子要敲爷爷的脚，我就把头蒙在被子里偷笑……

后来我觉得让我对二月二产生深刻印象的还是因为这个叫做"惊蛰"的节气。虽然小时候对这个"蛰"字感觉面生，但是在曾祖父和爷爷的嘴里我知道了"惊蛰"的意思。因此一说"惊蛰"，作为一个农村孩子，我就蓦然有了一种挣脱了某种桎梏的感觉。最直觉的是天气转暖了，穿了一冬的那身笨重的棉袄棉裤可以甩掉了。俨然就像一只醒来的青蛙或一条蛇，虽然腹内尚空，但还是一身的轻松！

此时，河开了，柳绿了，麦苗返青，莺飞草长，日丽风和，我便觉得刚长了一岁的人们也都像"惊蛰"一样，都有了欢快的精神。

"二月二，龙抬头。"仔细想想，神话传说中的龙其实就应该是人们自己，我们不是常说我们是龙的传人吗？因此，真正应该抬头挺胸向前看，一身轻松朝前赶的就是生生不息的我们。

灰囤 纸鸡 蝎子爪

马洪利

农历“二月二”这一天，是一年中最好的黄道吉日，河虾们选在这天“分家”，喜鹊们选在这天为自己的鸟巢“上梁”。父老乡亲们为了图个吉祥，都喜欢在这一天里去“推头”(理发)，美其名曰：“图的是‘龙抬头’的口气儿！”同时，休眠了一个冬季的“生灵”们也从此开始“出蛰”活跃起来。特别是蝎子、蚰蜒、长虫(蛇)等毒性很强的生灵们就更加猖獗起来。为了预防被蝎子、蚰蜒、长虫等毒虫们无故伤害，很多地方便有了炒“蝎子爪儿”的传统风俗习惯。

其实，所谓的炒“蝎子爪儿”，就是炒豆子。先是把各种生豆子煮熟，晾干，再撒上一点盐及一些带香味儿的配料，在热油锅内干炒，这便是香喷喷的“蝎子爪儿”。据传说，把炒熟的“蝎子爪儿”吃掉后，蝎子、长虫、蚰蜒等毒虫就无法乱跑，就不能随处蜇人、伤害人了。

“二月二，炒‘蝎子爪儿’，大娘婶子给一把，吃了东家尝西家，和和睦睦是一家。”这是孩子们喜欢唱的顺口溜,街坊邻居、亲朋好友之间,在“二月二”这天都习惯于相互赠送、品尝“蝎子爪儿”。

长清家乡的“二月二”,还有“剪纸鸡”的民间风俗。因为蝎子、长虫、蚰蜒等毒虫都特别害怕鸡,所以家乡人便用剪刀剪出花花绿绿的大公鸡和老母鸡,并剪一些蝎子、蚰蜒、长虫等小动物叼在鸡嘴里。当年物质贫乏,买不到彩纸,所以剪“纸鸡”的原材料主要是废旧的烟盒纸。说是这些挂在屋内、贴在墙上的“纸鸡”可以镇住蝎子等各类毒虫。

最有意思和令我难忘的则是“二月二打灰囤”了。小时候,我见过爷爷打“灰囤”。天刚蒙蒙亮,爷爷就早早地起床,盛上早已备好的满满一大簸箕草木灰,先是围着房子撒着草木灰转一大圈儿,这叫“二月二打囤——围得好”。紧接着,爷爷便在院子里撒上四五个大大的圆圈儿,再在各房间里的地面上撒上灰圈儿,这便是“灰囤”。还在“囤子”内放上些小麦、谷子、高粱、玉米、大豆等五谷杂粮及1分或2分面值的硬币等。爷爷说,这些粮食粒儿和硬币象征着粮满仓、钱满囤。这种民俗风情是人们的美好向往,他们真诚地盼望着风调雨顺,粮钱满囤,年年有余,日子甜甜,有个好收成。

如今,每到农历“二月二”,乡亲们依然保留着有意义的传统“节目”——“打灰囤”的习惯。不过,“灰囤子”里的“内容”却变了花样。原来的“硬币”变成了“大票子”,当初的“粮食粒儿”也变成了科技法制书籍或刊载着“新农村建设规划”等内容的报刊等……

清明

清明：回归大自然的美丽节日

李生柱

清洁明净，谓之清明——作为节气的清明

清明，最初只是时令的标识，为二十四节气之一，节期在冬至后一百零七日，公历4月5日前后。作为节令的清明，在汉代以前就已出现，先秦文献《逸周书·时训》载："清明之日，桐始华。"西汉《淮南子·天文训》载："春分后十五日，斗指乙，则清明风至。"清明时节，正值仲春和暮春之交，天气回暖，雨量渐增，自然万物显出勃勃生机，正是春耕春种的大好时节，农谚云："清明前后，点瓜种豆"，"清明谷雨紧相连，浸种春耕莫迟延"。作为节气的清明与农业生产密切相关，是万物复苏、孕育新生命的时节。

清明原本只是一个纯粹的春天的节气,没有什么特别的节俗活动,从什么时候开始成为一个重要的传统节日的呢?现代学者一般认为,清明节成型于大唐盛世。当时,国家统一,社会安定,人民富庶,人性得以自由地张扬,整个时代呈现出一种蓬勃向上的气象。在此大背景下,清明期间的一系列特征鲜明、格调突出的节俗活动迎合了唐人心态,清明作为一个节日逐渐兴起。查阅典籍可以发现,唐以前的文献资料几乎没有关于清明节的记载,但唐代的官方正史、野史笔乘、诗歌文论中关于清明的记载比比皆是,向我们展示了时人过清明的真实图景。

清明节是"清明"节气、寒食节、上巳节三者融合而成的复合节日,要了解清明节的成因,我们先来看看它与寒食节、上巳节的关系。

寒食与清明——原本是两个不同的节日

谈清明,不得不说寒食,因为人们常把它们混为一谈。寒食与清明原本是两个不同的节日,因节期邻近,自唐代开始,逐渐合而为一。寒食节节期在冬至后一百零五天,刚好在清明的前两天。南朝时的《荆楚岁时记》载:"去冬节一百五日,即有疾风甚雨,谓之寒食,禁火三日。"

寒食节的禁火习俗,民间传说是为了纪念介子推。介子推是春秋时期晋公子重耳手下的一个臣子,在重耳流亡时,曾割下自己腿上的肉给晋公子充饥。晋公子后来做了国君,成了著名的晋文公,介子推却带老母隐居绵山,不愿接受封赏。为逼迫他出山,晋文公下令放火烧山,结果介子推母子被活活烧死在一棵大柳树旁。悲伤的晋文公把这一天定为介子推的忌日,也就是寒食节,晓谕全国,每年的这一天禁忌烟火,只吃冷食。

实际上,这则家喻户晓的传说只是解释寒食禁火习俗的一种附会说法。学界有种观点认为,寒食禁火源于古代的改火风俗。古人钻木取火,不同的季节使用不同的木材,换季时要改火,即换取新火。当新火未到之时,禁止人们生火。早在周代就有仲春禁火的惯制。隋唐时期，改火集中于寒食清明期间进行，寒食禁火三日，到清明日重新用柳木或榆木乞取新火。于是，寒食与清明就自然地连在一起了，禁火与出火分别被赋予“旧”和“新”的文化内涵，寒食熄灭旧火是为清明取得新火做准备。清明日也因是取新火的时间而备受人们关注，愈发从常日里凸显出来。宋以后，禁火、食冷之俗逐渐衰亡，寒食节也逐步被清明节所置代或兼并。

南北山头多墓田，清明祭扫各纷然——清明扫墓风俗

扫墓是清明节的主要节俗。冬去春来，草木萌生，又到清明，该去祭扫、修葺祖坟了。人们三五成群，来到祖先的坟前，摆好祭品，烧些纸钱，再给坟上添点新土，以防夏季雨大漏水。因此，扫墓在民间又称“添土”，俗语云“一百五，添坟土”，就是说冬至百余天后的清明，要去祖先坟茔前祭拜。

从时间上看，扫墓祭祖是中国古代一种相沿已久的风俗，先秦时期已有墓祭活动，但尚未形成礼制。据现有资料分析，最迟在唐代，寒食节增加了墓祭的风俗。唐朝初年，民间在寒食节扫墓祭祖而后欢快郊游蔚成风气，“寒食上墓，复为欢乐”(《全唐文》卷十二)。当时的统治者认为这是矛盾的行为，有伤风化，曾颁发诏令予以禁止。

然而，根植于民间的岁时节日并非一道禁令所能制止，墓祭、郊游之俗反而愈发兴盛。

开元二十年(732 年)，朝廷颁布敕令，准许寒食上坟祭扫，并规定一定天数的假期，墓祭自此终获官方礼制认可。此后，扫墓成为清明节的主要风俗，历代相沿。

在现代社会，清明扫墓被赋予新的内涵，机关单位、学校等一般在清明当天到烈士陵园扫墓，缅怀先烈，接受革命传统、爱国主义教育。

梨花风起正清明，游子寻春半出城——清明节踏青游艺

早春三月的清明，煦风拂面，天地明净，空气清新，是郊野嬉游的好时节。

清明节盛行野外踏青，此俗是融合了上巳节的郊游饮宴和寒食节扫墓后的春游娱乐而形成的。上巳节是古代的一个重要节日，在春秋末期就已形成，节期是农历三月上旬的巳日，魏晋以后定为三月三日。是日，人们会到水边祭祀、沐浴，以祓除污渍与秽气；还要在野外招魂，使亲人亡灵或自己的灵魂苏醒、回归；青年男女则到田野自由快活地踏青嬉戏，择偶恋爱。由于上巳和清明同处三月，清明节在形成的过程中把上巳节郊外嬉游的风俗吸纳了进来，并由此形成了诸多节气特点鲜明的户外游艺活动，延续至今。

除了扫墓、踏青、插柳等主要节俗外，还有一些其他的游艺活动——拔河、荡秋千、踢毽子、蹴鞠、放风筝、斗鸡蛋等等。可以说，清明节是一个美丽快乐的节日，是“春天的嘉年华”。

清明节的户外游艺活动，既妙趣横生，又内含深刻的寓意。比如拔河，古代称“施钩之戏”，兴起于楚地，最初是具有巫术性质的活动，俗信“此戏必致年丰”，故用来祈求丰收。唐代时，拔河成为清明节的游艺项目。

再说秋千，据《事物纪原》载：秋千是汉武帝后庭之戏，本名为千秋，是祝寿之词，后倒语为“秋千”。清明作秋千之戏在唐代十分盛行，韦庄《丙辰年鄜州遇寒食城外醉吟》诗曰：“满街杨柳绿丝烟，画出清明二月天。好是隔帘花树动，女郎撩乱送秋千。”描绘的就是时人打秋千娱乐的欢快图景。此后历代均把打秋千定为清明节的主要活动。

斗鸡、斗鸡蛋之俗也曾是清明节的主要节俗。斗鸡之俗在西周已有记载，南朝时寒食有了斗鸡的活动，至唐代，清明节斗鸡很是盛行。斗鸡蛋原是南北朝时风俗，宋代就已不多见。山东地区至今仍有此俗。

清明当天，儿童们把家长分给的熟鸡蛋染成红、黄、绿各种颜色，邀来伙伴相斗，互相用力顶住蛋尖端，先破者为输，换一个再斗，你推我顶，以为笑乐。另外，采百草、扑蝶、走马、蹴鞠等也是清明节常见的习俗。五彩缤纷的游艺活动为人们提供了亲近自然的契机，使他们既享受了春天的美景，陶冶了情操，又使蛰伏了一冬的身体得到了锻炼，为即将到来的繁忙的夏季做好准备。

感悟生命　亲近自然——清明节的现代思考

清明节有两个核心主题，一是祭祖扫墓，缅怀先人；二是郊游踏青，亲近自然。一个是肃穆沉重的祭奠，一个是尽情放纵的游戏，这种悲喜交集看似难以兼容的场景，实则有着密切的配合关系，前者追思缅怀，后者催护新生，一阴一阳，一息一生，千百年来一直共存共生，传承至今。这正是清明节独特的魅力所在。

清明节扫墓是对祖先的祭拜和对先烈的缅怀，这种祭奠是为了感恩他们的赐予和贡献，体现了中华民族重视孝道、慎终追远的民族性格和知恩图报、不忘本源的道德意识。清明节扫墓将生与死并置在同一个时空，从情感上强化了生者（子孙）与死者（祖先）的联系，使生者有了深深的认同感和归属感，也让生者对生死有了更深的感悟。也许清明扫墓的意义不在于给死去的人烧多少纸钱，而是提醒活着的人应该如何更好地生活。千百年来，清明节一直是维系、寄托中华子嗣情感的重要纽带。对家族和祖先感恩与缅怀的情感，是我们应该提倡的，也是值得发扬的，因为人只有对自己的家族和家庭负责，才会对社会负责，这是构建人与社会和谐关系的基础。

“清明到，儿尽孝”，转眼又是清明，在现代生活的快节奏下生活太久的我们，是否应该暂停匆忙的脚步，回到祖先安息的地方，重温他们的故事，为他们的坟茔添上几锹新土呢？是否应该顺应天时，走进自然的怀抱，远足踏青，吸纳大自然纯阳之气，迎春健身呢？答案是显而易见的。慎终追远、感悟生命，亲近自然、陶冶身心，这是清明节最为重要的文化内涵，它既能在生者与死者之间建立起和谐的代际关系，又能促进人与人、人与自然的和谐相处，还有益于个人的身心健康。几千年来清明节能够保持鲜活的生命力而不衰，其民间根基即在于此。

放风筝 说起源

陈正宽

农历一年中包括二十四个节气，每组六个分在春、夏、秋、冬四季。清明节在春季。清明清明，包含“水清日明”之意，极言阳春温煦、风和日丽的美景。

老潍县民谚中，有“三日寒食五日年”的说法，是说寒食节过三天，春节过五天。而寒食节的三天，头一天叫一百五，第二天叫大寒食，第三天叫清明。民间习俗，一百五，是指从冬至交九算起算到此日，总共一百零五天，民谚说“一百五添土”，指称此是扫墓的日子。第二天寒食，放风筝的日子。“一百四日小寒食，冶游争上白浪河。纸鸢儿子秋千女，乱比新来春燕多。”这首由潍县进士郭麟写的《潍县竹枝词》，录下了明清时代潍县邑人在白浪河畔放风筝的七彩画面。第三天是清明节，吃白拉摊饼、卷鸡蛋，撒芝麻盐，喝麦仁稀饭。

老潍县人过清明，打秋千转秋千是一种，放风筝是一种，踏青是一种，流觞曲水是一种。老潍县风俗，唯在寒食清明时节放风筝，他则不置。风筝俗名，南方叫纸鸢，北方叫纸鹞。曹雪芹有风筝工艺专著《南鸢北鹞考工记》一书。唐诗中出现过“风筝”一词，但这个“风筝”专指房檐铁马，与现在的风筝风马牛不相及。说到风筝起源，有“木鸢侦察”说，此说不免过夸；有“游戏玩具”说，此说缘起无故。风筝专在寒食、清明放，不在中秋放，何也？这就归结到“扫墓祭祖”说上。清明扫墓，焚化纸钱，考其初始，并不烧纸，是把纸钱拴在竹竿顶端，插于坟头。早春风烈，纸花飞舞，象征先人精神永在。后来，由坟头飞纸，衍化为七彩风筝，由扫墓祭祖，衍化为游春的节日。放风筝，遂成为春日原野一道亮丽的风景线。

放风筝是源于祖先崇拜，这在古诗中也能找到根据。中唐诗人白居易有《寒食野望吟》诗云：“乌啼鹊噪昏乔木，清明寒食谁家哭。风吹旷野纸钱飞，古墓垒垒春草绿。棠梨花映白杨树，尽是死生别离处。冥冥重泉哭不闻，萧萧暮雨人归去。”而有宋诗一首七律云：“南北山头多墓田，清明祭扫各纷然。纸灰化作白蝴蝶，泣血染成红杜鹃。日落狐狸眠冢上，夜归儿女笑灯前。人生有酒须当醉，一滴何曾到九泉。”白居易诗中的“风吹旷野纸钱飞”，宋诗中的“纸灰化作白蝴蝶”，都是例证。再是，中国现代小说大家沈从文有短篇小说《静》，其中写到湘西坟头拴纸的风俗，也是说清明放风筝与祭祖甚有关系之最好证据。

插柳 戴柳 抽柳

张洪志

清明，正值农历阳春三月，此时的杨柳摇曳着青柔的枝条，显得那么妩媚妖娆，清丽潇洒。而这姿态婆娑的杨柳不仅讨人喜爱，还与清明节密切相连，演绎出很多民间风情习俗，像流传在鲁西南的清明插柳、戴柳、抽柳，便是其一。

按照迷信的说法，清明这天为鬼节，为了辟不祥、驱邪祟，在清明节的头一天下午，家乡兖州的一些人家就会指派放学的孩子，去野外折取被称之为"鬼怖木"的柳条。此时，三五成群的孩子们就会疯跑到柳林里，像猴子般爬到树上，把大把的纤细柳条折回家。夜幕降临，孩子们陆续都睡下了，母亲们便踮起脚尖把柳条插在门楣上、窗框上，期盼它能像贾思勰在《齐民要术》里所说"取柳枝著户上，百鬼不入家"，而禳凶除邪，守护好一家人的吉祥幸福。近年来，小城的私家车多了，有的年轻人还把柳条插在自己的爱车上，小车奔驰起来，柳条随风摇曳，既应了节景，还装饰了生活，应该是一种对平安与顺畅充满憧憬的新风景。

除了清明节要在自家的门窗上插柳，人们还有头上戴柳的习惯。这一天，一些小媳妇大姑娘会从折来的柳条中，挑选苗条可人叶如碧玉的嫩枝儿，在打闹嬉戏中，捋成柳花挂于鬓角，男孩子们则用柳条编成柳圈戴在头上。站在一旁的老年人，瞧着他们的俊俏打扮，总会絮叨着“清明不戴柳，来生变黄狗”、“清明不戴柳，红颜变皓首”之类的世代相传的话语。当然，“不戴柳会变黄狗”的说法，是毫无道理的可笑之谈，如今也没谁再去相信它。但是，把清明戴柳与红颜秀目联系起来，倒是显示了民间智慧，很有些意思。因为，“柳”与“留”谐音，便有了“挽留”之意，而春柳风姿绰约，又有阴柔之美，象征着蓬蓬勃勃的青春风采，于是，清明戴柳便表现了年轻人珍惜春光、留住青春的良好心愿，是一种对安乐、美好生活的期盼与追求，这不能不说是一种古朴的文明风尚。

在乡间，清明这天，老太太们还会早早地起床，洗把脸之后，啥事不干，先抓起一把早已存放好的柳条，噼噼啪啪地朝着堂屋的墙壁、席后、床下和四角旮旯不停地抽打，嘴里还一个劲儿地念叨着：“清明节，清明节，柳条单打蚊虫蝎，白天不准门前过，夜里不准把人蜇。”抽打完屋里，又把灶间、厕所抽打个遍。稍作歇息后，老太太们再拿笤帚把里里外外扫个一干二净，这叫清明抽柳。意思是农历惊蛰过后，蝎子、长虫（蛇）等害虫便滋生横行，为了驱虫消灾，让全家人安康快乐，就先用柳条把它们抽打致死，然后再扫地出门。

端午

追根溯源话端午

刘德龙

端午亦称端五，是我国最大的传统节日之一。“端”者，“初”也，“端五”即“初五”；而“五”字又与“午”相通，按地支顺序推算，现在我国通行的农历以寅月为正月，五月正是“午”月。又因午时为“阳辰”，所以端五也叫“端阳”。五月初五，月、日都是五，故又称重五，也称重午。

2009年9月30日，联合国教科文组织保护非物质文化遗产政府间委员会第四次会议审议并批准了“中国端午节”入选《人类非物质文化遗产代表作名录》，这是中国传统节日的第一个入选项目。

起源:源自先秦时代的避疫驱邪说最可信

关于端午节的起源和习俗,我国民间有许多说法,包括消灾免疫、趋吉避凶说,清扫卫生、防疫保健说,对阵竞技、调理阴阳说,还有龙的节日说,等等。当然最为大家熟知和流行的是纪念说,尤其是纪念屈原说。传说楚国大夫屈原于五月初五投汨罗江自尽,人们为了纪念他,五月初五举行各种活动,逐渐形成了端午节。

关于"纪念说"。此说最早见于南朝梁代吴均的《续齐谐记》与宗懔的《荆楚岁时记》的屈原纪念说,其认为端午节是楚人为了纪念爱国忠君的贤臣屈原,这是目前为止在全国范围内流传最为广泛的一种说法。在江浙一带,人们多认为端午节为纪念蒙冤屈死,而后被吴王阖闾抛尸江中的忠良伍子胥而设。另外全国各处还有纪念诸如孝女曹娥、伏波将军马援、东汉苍梧太守陈临等历史人物的诸多说法,可谓众说纷纭,不一而足。

龙的节日说。此说法源自于闻一多先生的《端午考》与《端午的历史的教育》,他认为五月初五是龙的节日。西汉刘向的《说苑·奉使》记载吴越之地有"断发文身","以像龙子"的习俗,表明他们很早就以龙为图腾,并于每年的这一天举行盛大的龙祭活动,划龙舟与吃粽子皆源于此。

在以上诸种说法中,我们不难辨别,端午节习俗与龙的崇拜并无多少瓜葛,龙的节日说显然缺乏足够的证据,而纪念说实为后人在节日习俗传承过程中与历史人物附会的产物,这种说法晚于避疫驱邪、调理阴阳、康体保健说,所以最可信的还是源自先秦时代的避疫驱邪说。

这里介绍两个不少人还不太熟悉的端午节传说:

纪念孝女曹娥救父投江:在江浙一带,端午节的由来,传说是为了纪念东汉孝女曹娥救父投江。曹娥是东汉上虞人,父亲捕鱼时不幸落水于江中,数日不见尸体,当时孝女曹娥年仅 14 岁，昼夜沿江号哭。过了几天还是没有踪迹，悲痛之中曹娥便在五月初五投江寻父，甚至还有传说她在五日后抱出父尸，就此传为神话，继而县府官员为其树碑立传，广为传颂。至今在上虞，不仅有曹娥江，还有曹娥庙。与春秋时期伍子胥五月初五被杀投江的端午节起源相似，孝女曹娥救父投江也是江浙一带民众解释端午节来源的传说之一。

推龙船送瘟神：毛泽东在《七律·送瘟神》诗里有“借问瘟君欲何往，纸船明烛照天烧”的诗句，写到的就是这个习俗。在湖南岳州府、长沙，浙江武义一带，自古就有端午节推龙船以送瘟神的做法。就是用竹子扎制龙船，端午日推船入水，据说这样可以驱鬼避邪。相传古代有个人被五鬼缠身，一个老道帮他捉住五鬼封入酒坛，投之于江。可是酒坛漂流到浙江武义后，被人捞起打开，五鬼遂在此出没，为害当地。城隍得知，便派判官捉五鬼，在端午日以竹扎船，送鬼出境。

文化意义：与祖先对话，增强民族意识和文化使命感

端午节就像其他传统节日、民间习俗一样，也是三里不同风，五里不同俗；十里不同风，百里不同俗。就比如端午节吃什么，做什么，南北各地不尽相同。在湖南地区，尤其是长沙、邵阳、岳阳、汨罗地区，相传是楚国大夫屈原投水自尽的地方，每逢端午节，民众都会按照风俗吃粽子、供帖子（在门上墙上粘贴纪念诗作），悬挂钟馗像、张天师像，扎艾草人、艾草虎，烧艾草绳，挂菖蒲剑，喝雄黄酒，戴香囊等，用来驱百病，辟邪魔。同时还会在屈子祠举行大型的祭龙仪式和龙舟竞赛。

端午节食俗中除了全国各地共享的粽子之外，南方大部分地区喝雄黄酒，湖南常德、张家界等地吃糍粑（韩国的打糕与湖南糍粑相似），江汉平原一带吃黄鳝，山东、江西等地多吃茶叶蛋，河北地区多吃印有五种毒物花纹的五毒饼。长江、黄河以南人们包粽子都用竹叶，北方地区包粽子多用芦叶。这些均展示了我国丰富多彩的传统节日饮食文化。

这些端午的习俗中，消灾避疫、驱邪避魔是最原始的主题、最主要的动力。例如喝雄黄酒吧，《白蛇传》里有一个情节讲的就是，许仙听了法海的话，让白娘子饮雄黄酒，结果现出了原形。这种建立在祛毒禳灾、保健康、求吉祥基础上的节日母题，自古便有着蓬勃的生命力。

端午节及其习俗还是对生命、对自然、对美好人格和幸福的期盼和颂歌。它以个人和家庭为主体，伴随着我们的生活方式、思想方式的历史发展而变化。在千百年的节日演变中，从对避邪驱瘟主题、舍身报国或舍身救父等高尚人格的尊崇开始，逐渐又通过仪式性的集体活动（吃粽子、赛龙舟等）和其他风俗上升为与自然、社会既和谐相处又主动调节的生活智慧。正是因为这些原因，端午节才会长盛不衰。

不过，端午节之所以特别受到民众的喜爱，还有着人们对深厚的民族传统文化认同的背景。纪念屈原是端午节最鲜明的主题之一，但是这一主题在现代之前只是体现在传说之中。从抗日战争开始，中国的进步知识分子形成了采取诗会的形式纪念屈原的新传统。把以纪念屈原为主题的诗会与赛龙舟相呼应，更能够比较全面地在社会生活中体现中国的古典传统。

在全球化的时代，在世界文化融汇的大潮中，要守住自己的文化身份，增强民族的内聚力，传承屈原所代表的文化精神十分必要。所以我们也就需要特别珍惜纪念屈原的端午节。在端午节中开展多种传统节俗活动，将文化传承融入民俗节日中，让人们在端午这个特定的节日中回归传统，在与祖先的对话中，感受我们伟大爱国诗人人格的高尚，增强我们民族意识与文化的使命感，让优良的民族文化传统在现代生活中延续更新。

（本文作者为中国民俗学会副会长、山东省民俗学会会长）

端午采药治顽疾

朱 旭

一提到端午节，人们就会想起食粽子、赛龙舟、饮雄黄酒、戴香囊等习俗。但有种习俗大多数人是不知道的，这就是采药。它可是最古老的端午习俗之一，战国时期的《礼记·夏小正》载："此日蓄采众药，以蠲除毒气。"我对这种采药习俗却记忆深刻。孩提时代的某一年，我身上起了些小红疙瘩，痒痒的，就想挠，挠破了，从里面淌出了许多黏液，实在是难受极了！母亲在村卫生室拿了些药膏，涂在患处。恼人的是，按下葫芦起了瓢，原来的刚结疤，接着又起了一些新的。端午节即将来临，母亲对父亲说："小二长了这种小黏疮，旧的好了，新的又来了，怪急人的。听上一辈的老人讲，端午节这天，采集一百多种不同的药草，熬成汤泡澡，能治很多病，还能预防小孩生癞。要不咱按这种方法给他治一治?"父亲说："好吧，端午节俺上山刨药去。"端午节到了，天还没有放亮，父亲就起床了。他背起筐，扛上镢头，朝山上奔去。我们这里群山连绵，到处都是羊肠小道，蜿蜒崎岖，父亲深一脚浅一脚地走着，弄不好，就会打个趔趄。采齐这一百多种药草，谈何容易！他翻山越岭，不知爬过了多少山头，走过了多少路，也不知身上被蒺藜刺过了多少回。他握着镢头，弯下身子，拼命地刨着。有的药草长在石缝里，镢头够不到，就徒手去扒，手上磨起了血泡。一直挖到中午，才凑齐了这一百多种药草。他背着满满的一筐药草，又累又饿艰难地一步步挪下山来。

母亲到河边把药草分批清洗干净，回到家掏出药草，放进大锅开始熬药。药汤熬好了。母亲从西屋里滚出一口大瓷缸，放置在一片树荫下。她揭开锅盖，蒸汽氤氲，热气腾腾，一缕缕药草的香味扑面而来。母亲把黄褐色的药汤舀出来，倒进大瓷缸里。滚烫的药汤渐渐凉下来。母亲插进手，感到不怎么烫了，就让我脱下衣服，一个旱地拔葱，把我提起来，慢慢地试探着放入缸中。我蹲下身子，泡起了澡。一个多小时很快就过去了，母亲把我从缸里拔出来，擦干身上的水，给我穿上干净的衣服。第二天，母亲把药汤温了温，让我再次泡澡，如此一连三天。这些药汤，也许是融入了父母浓浓的关爱之心，真的起了疗效，我身上的皮肤病很快就痊愈了。这年端午节，我过得好开心好开心！

七夕

七月初七说“牛女”

张从军

农历的七月初七是乞巧节，也是牛郎织女相会的日子。每当这个时节，遥望夜空，看着银河两侧那一眨一眨的牵牛星和织女星，就忍不住浮想联翩。虽然，两颗星星永远不会走到一起，但千百年来牛郎织女的传说却总是让人们希望他们可以渡过河汉，浪漫地相会在鹊桥之上。

牛郎织女传说溯源

牛郎织女的故事起因于天上的星星。《诗经·小雅·大东》最早用诗歌的方式讲述了牛郎织女的故事，当时虽然已经将纺织和牧牛附会到了两颗星星身上，但也认为他们二位既织不成绫罗绸缎，也不能驱牛驾车，仅仅是天上的两颗星星而已。

到了汉代，人们用图像形式描述的牵牛星就是一条汉子，织女星是一位淑女。如河南南阳出土的一块星宿画像石上，牵牛星下是一男子牵着一头牛，织女星则是一位女子正跪坐在月宫星宿之下，二者之间一只老虎，表示的则是白虎星座。画面左上角七星环绕的一只兔子，则是月宫的象征。牵牛和织女以及白虎、玉兔等形象犹如看图说话，是想以具体的形象告诉人们星宿的名称。济南市长清区孝堂山祠堂中也有一幅画像，其中牵牛只是三颗星星，而织女则已经作为纺织的形象被安排在了纺织机上。这是最早的织女纺织的图像。在这里，织女星被划归太阳和南斗的星系，牵牛星则和月亮、北斗为伍。按照常规，织女是女性，月亮代表阴性，织女星应该属于月亮的范畴，被安排在太阳身边的做法，可能是想让女性的织女贴近阳性的太阳，让男性的牵牛靠近阴性的月亮，以密切阴阳的和合。此外，在庞大的星宿世界里，单单挑选出牵牛、织女二星与太阳、月亮和南斗、北斗并列，并分属阴阳两大阵营，人们可能已经知道二者的关系是相对的，是阴阳相隔的。这或许就是牵牛织女在天庭婚配以及天河相隔的图像原型。

我省沂源县燕崖乡沂河畔大贤山有一个织女洞，民间传说织女就是在这里织出了天上的彩云。根据现存碑刻可知，织女洞的历史可以追溯到唐代，后来，在织女洞对岸聚起的一座小村庄也被自然而然地命名为牛郎官庄，村里还建起了一座牛郎庙。牛郎织女在沂河的源头寻找到了落脚点，在天成像、在地成形的故事也就此扎根人间，牛郎织女也在人间过上了生儿育女的寻常生活。

明清时期牛女传说的文化演绎

任何神话传说都会打上时代的印记，牛郎织女的故事也是不断演变的。到明代晚期，开始流行一种《新刻全像牛郎织女传》版画。这个版本的故事以天庭为背景，开篇即点明"最巧天河织女，玉皇配与牵牛，夫妇耽淫废职，东西谪贬云头，保奏七夕一会，鹊鸦代为建桥，士女纷纷乞巧，芳名流播阎浮"。故事说牵牛星因为工作勤奋努力，而被玉皇大帝看中，织女、牵牛完成了天上的婚配，但是，掉进婚姻蜜罐子里的一对新人，却又因为沉湎于儿女情长，最终遭到惩罚，织女被打入天牢，牵牛则逃回天河的西岸。二人从此隔河相望，美满姻缘就此打住。

这种图像表现的其实是岳父和女婿的特殊关系。从玉皇大帝只是严惩女儿而牛郎仅仅以出逃躲过了惩罚的表现看，这里反映的是家庭内部教化和管理的现实问题。

玉皇大帝作为父亲，将自己的爱女嫁给优秀的青年，看中的是牛郎默默无闻无怨无悔的放牛精神和朴素老实安贫乐道的品格，而牵牛一旦攀登高枝却因巨大的喜悦而荒废了自己的工作，则反映了年轻人思想的单纯和不成熟，以为当了玉皇大帝的乘龙快婿从此就可以高枕无忧，就可以尽享荣华富贵，无所事事了。由此可见，这套牛郎织女故事图文书的真实目的还是教化，教育做了女婿的人们，要以牛郎织女的故事为戒，得意别忘形，荣华别忘本。这可能代表了明代一般地主大家族的治家意识。

到了清代，潍坊杨家埠木版年画将牛郎织女故事浓缩为 12 幅画，分别是"斗牛宫"、"金牛下凡"、"天帝召见牛郎"、"牵牛分家"、"兄嫂逐弟"、"金牛星点化牛郎"、"星官说媒"、"天女"、"织女要仙衣"、"缝牛皮"、"披牛衣上天"、"担儿女追织女"，其内容包含了牵牛星下凡、兄弟分家、牛郎织女美满婚姻、织女要仙衣回天、天帝召见牛郎等情节。故事表现的是牛郎织女原本来自天上，到人间生活了一段时间后，最后回归天堂。

在这里，没有盗仙衣，也没有王母娘娘划天河，更没有鹊桥会的动人情节。织女上天完全是自愿，当织女一旦仙衣到手，就义无反顾地回到了天上。同时，织女嫁牛郎的婚配似乎也有些无奈和被迫，牛郎留住织女的并不是人间的幸福生活，而是织女的仙衣，织女没有仙衣就上不了天，而仙衣就是维系牛郎织女人间生活的重要法宝。这有些像是民间的什么“把柄”或债券，一旦被人抓住就得为之服务，而把柄或债券到手，负债人则立刻就能挣脱束缚，恢复自由。

另一套同样是清代的年画，甚至连牛郎织女的孩子也没有登场，画中的人物除了牛郎织女外，就是王母娘娘，故事情节也仅仅是“天河配”、“缝牛衣”、“王母划天河”和“七夕会”。婚礼上的牛郎，俨然新科状元模样，织女则是凤冠霞帔，大家闺秀。牛郎织女天河相隔的原因被安插在王母娘娘身上，其中隐喻父母是年轻夫妇关系不好的原因。

牛女传说是对自给自足农耕生活的褒扬

牛郎织女故事从星宿的识别标志，到下凡民间的孤儿婚配，最终结局是天各一方。这种本来很残酷的结局，却在民间广为流传，以至于最后成了牛郎织女最简化的情节，在民间艺术中被广泛选用。个中原因，可能是因为有情人终成眷属的结果，让人们看到了希望，看到了光明，看到了追求的目标，也启示着人们在人生之中，只要坚持自己的目标，坚韧不拔地向着目标前进，就一定能够实现自己的理想。同时，牛郎织女的鹊桥相会，也是坚贞爱情的典型表现，人们欣赏这样的情节实际上也是对忠贞不渝的爱情的歌颂和赞扬，是对男女真情的肯定和褒奖。

牛郎织女图像在明清时代被广泛制造并流传的原因很多，但有一点可能与当时的社会发展相关，那就是封建社会经过两千多年的历史，到了明清两代，其农业社会秩序已经比较稳定，男耕女织的社会形态已经深入人心，老百姓对于这样的生活方式心满意足，于是就生发出种种自我肯定和自我满足的艺术表现形式，不但天上的神仙要下凡过老百姓的日子，甚至已经摆脱了世俗生活的精灵如白蛇青蛇们也耐不住山中修炼的清苦和寂寞，要下山寻找一个如意郎君，送身上门，甘为人妻，过一种相夫教子的凡人生活。而寻找无父无母的贫穷单身汉似乎也是这些女性神灵们的普遍追求：财产无所谓，只要贫穷和勤劳。女性神灵们的这种牺牲和帮贫扶穷的精神，应该是东汉晚期出现的帮助贫穷孝子故事的延续，同时也极大地满足了农村贫寒的单身汉们想婚配的美好愿望，还从神灵向往人间生活的角度褒扬了自给自足的农耕生活。

民俗味浓七月节

王怀玉

进入农历七月，将有三个民俗味很浓的佳节接踵而至，依次是：七月初七“七夕节”，七月十五“中元节”，七月二十二“财神节”。

农历七月的第一个七天，便是“七夕节”。又称“乞巧节”，俗呼“七月七”。因其常常下雨，老潍县人还叫它“雨节”。众所周知，这天是牛郎织女鹊桥相会的日子，久别来相会，总是离人泪，说到动情处，能不“泪飞顿作倾盆雨”吗？而今，国人又将其公认为“中国情人节”，似乎变成了未婚男女谈情说爱的日子，或者是已婚者的结婚纪念日。其实，“七夕节”本来是少女们的节日，传统习俗是：每到这天夜晚，少女们便于庭院之中摆上糕点瓜果，仰望天河，对天穿针，虔诚地祈祷，乞求织女赐予灵巧的双手和精湛的技艺。要不，怎么会又叫“乞巧节”呢？民间有“乞巧歌”云：天皇皇，地皇皇，俺请七姐下天堂；不图针，不图线，俺就学你那巧手段。昔日，每到七夕节，老潍县最热闹的举动是：各个戏园子都事先打出海报，纷纷上演各个剧种的《天河配》，民众倾城，集体重温牛郎织女的凄美传说。七夕节，爱情的节，浪漫的节，它已带着浓郁的民俗趣味率先进入了国家非物质文化遗产名录！

七夕节过后八天，就是七月十五“中元节”，又称“鬼节”。中元节与清明、除夕、重阳一起被公认为祭祖的四大传统节日。听老人们说，昔日的中元节比清明节和重阳节还热闹呢！新中国成立后，中元节曾长期被视为封建迷信，被边缘化。直到改革开放以后，才再次被重视，并被列入国家非物质文化遗产行列。

过罢中元节，再七天，就到了七月二十二，这便是“财神节”了。相传这一天是财神爷的生日，民间为了给财神爷过生日，故立此为节。财神爷者谁？财神爷是专司招财进宝、迎祥纳福之神，有文武财神之分。各地供奉的大都是“左手捧元宝，右手持钢鞭”的武财神，而老潍县人多喜欢供奉“官帽红袍，温文尔雅”的文财神。尤其是潍县城里的那些大门头，无不“神像垂中央，对联挂两旁”。神像前的几案上，常年香火缭绕，祭品不断。据说财神节这天，大小店铺都提前打烊，设宴犒劳伙计们。酒足饭饱后，还有红包相送，真恣了伙计们！这一习俗，至今仍在沿袭着。记得有位历史学家这样说过：“财神爷乃家喻户晓之神，每年正月初五和七月二十二，全世界约有四分之一的人在祭祀财神爷！”谁不想发财致富，兴家立业？谁不想招财进宝，治国安邦呢？

总之，七月有仨节，旨趣各不同：七夕节，旨趣在爱情；中元节，旨趣在孝道；财神节，旨趣在财富。爱情、孝道和财富，不正是中华民族及其儿女亘古不变的尊崇和追求吗？

七月十五

七月十五：被边缘化的鬼节

张士闪

与春节、清明等节日相比，七月十五在当今中国的节日体系中已处于边缘化状态，许多人对其节俗活动已是语焉不详，仅留下一个神秘背影。

鬼节的神秘背影

具有悠久历史的传统节日，在中国近现代历史上处境尴尬，常被视作阻碍历史车轮滚滚向前的旧文化的一部分。除了春节、清明等极少数节日在被有计划地予以“革命化”改造之后，允许在现代生活中具有一席之地，很多节日都在不同程度上受到冷落、轻视甚至批判，七月十五更是被视为“迷信活动”而大受压制。时过境迁，七月十五在中国节日体系中已处于边缘化状态，许多人对其节俗活动已是语焉不详，仅留下一个神秘背影。

然而，关于七月十五的文化记忆和民族感情，千百年来已经渗入我们民族生活的方方面面，甚或进入每一个人的集体无意识之中。当春花秋月时光流逝，蓦然回首，在往日时光的记忆中，或许就有香烟缭绕、纸灰飘飘的鬼节。

2010 年 5 月，香港中元节（潮人盂兰胜会）被批准列入第三批国家级非物质文化遗产。多年来，香港盂兰胜会这一民俗活动，因保留潮汕文化传统根脉而别具风采，成为现代都市中一道独特的人文风情。或许，七月十五进入国家“非遗”更是一个意味深长的象征。

人鬼共欢的节日

七月十五是中华民族最重要的传统节日之一，是道教、佛教和民间三方力量汇流而成的鬼节，在一些地方甚至重于过年。道教称中元节，佛教称盂兰盆节，而在民间则有更多称谓，如七月半、过月半、阴节、瓜节、施孤节、麻谷节、河灯节等等。我国幅员辽阔，民族众多，不同地域、不同民族的节期长短不一，习俗亦有差异，但都以祭祀先祖、超度鬼魂等为主。中元节的节期多数以阴历七月十五为正日，有些地方包括十四和十五两日，但也有以十六为节的，另有些地方始于初七、十三等，持续三至七天不等。意即在七月初七或十三举行仪式接先人鬼魂回家，直到七月十五送回为止。也有的地方如港澳台地区，以七月十五为核心的祭祀活动要持续一月之久，且举行普度活动的具体日期各地并不一致，呈此起彼伏之势。当地人认为，七月作为鬼月，第一天开鬼门关，最后一天关上，整个七月都是安置大小诸鬼之期。

七月十五的主题以祭祖祀先、超度亡灵为主，其主要节俗有秋尝荐新、放焰口、放河灯、普度等活动。传说这天地府洞开，鬼魂四出，民间有“七月半，鬼乱串”的谣谚。俗谓人死后灵魂不灭，有祀者回家接受子孙的祭拜，无祀者容易飘荡为害。“七月半”节主要进行两大祭祀活动：一是寺观、里社或街区作盂兰盆会。每逢七月十五，社区便有社会贤达礼请佛道做法事普度亡灵，设坛作醮，祀无主孤魂，为公祭。二是以家户为单元祭祀先祖，供奉如仪，有的还要举行家宴，为私祭。故在民间社会，七月十五实际上是以祖先崇拜为中心、以家人团聚为活动形式的祭祖节。

七月十五溯源

七月十五节俗有着复杂的历史渊源与独特的形态特征。大致看来，这种节俗形态的构成有内外两方面因素的作用，内部因素主要是人的灵魂不灭等思想观念的影响，而外部因素则是诸多社会文化与生活对这类观念的表达与铺衍。

七月十五节俗是上古时期荐新祭祖古俗的遗续。秋祭的具体日期最初可能并不确定，以后才逐渐固定在七月十五前后。这种国家祭典迎合了民间的祖先崇拜观念，虽早就在国典中消失，却在民间延续至晚近。

在节俗祭祖的发展过程中，儒家孝文化起着不可磨灭的推动作用。国家将儒家文化作为一种思想统治之根基，千方百计将孝文化灌输到民众的道德伦理观念体系之中。而祭祀先人的仪式本身又成为彰显后代孝心的体现，两者相辅相成，从而为佛、道教以及诸多意义的附会创造了适宜的土壤。

基于民间根深蒂固的孝道观念与魂灵信仰，佛教、道家的思想教义得以迅速生根发芽，所谓盂兰盆节、中元节便是与七月十五节期相附会而产生的宗教活动。公元538年，梁武帝在同泰寺举办“盂兰盆斋”，设斋供佛及僧，求其灭罪增福。这是中国最早的盂兰盆会，此后这个仪式遂在民间普遍流传。“盂兰盆”一词，来自《佛说盂兰盆经》中的目连救母故事，乃梵文音译，原意为“救倒悬”，也就是解救在地狱里受苦的鬼魂。佛教徒兴起盂兰盆会以追荐祖先、安抚孤魂。这则佛教孝义传说符合了当时民众的忠孝观念，七月十五也借此更加强化了其祀先、安魂的民俗内涵。

道教将正月十五、七月十五、十月十五这三个月圆之夜定为上元、中元、下元，分别为天官、地官、水官的诞辰，形成了天官赐福、地官赦罪、水官解厄的三元节。中元日为地官清虚大帝诞辰，地官主赦罪之事，传说会在七月十五日这天下界考察，核定人间善恶并为人间赦罪。因其宫属地，主管鬼神幽冥之事，所以道士于是日讲诵经文，超度众鬼，而追宗怀祖者也要在此日祭祀地官，为亡人祈福。

七月十五是一种文化设置

虽说七月十五与清明节、十月一并称为“三大鬼节”，然而中华民族的神鬼意识却在七月十五期间有着特别集中而突出的展示与培育，并以多样化的节俗活动为支撑。人们以祖先神鬼的名义完成七月十五期间的种种仪式活动，借以调谐现实中的人际关系和自身的心灵世界。这些仪式所以能够长期传承，是因为人们在其中寄寓着常在常新的生命情感与生活愿望，并在千百年间凝聚为一种群体意志，成为我国传统乡土社会中的某种整体性文化诉求。

作为一种文化设置，七月十五的意义绝不仅仅是休养生息，缓解疲劳，而是集中调理人际关系，包括整个人与社区的关系，还要借虚拟的饿人鬼关系调整个人的内心世界。如果社会生活中没有这种调理人类精神活动的文化设置，社区传统将难以为继，人的心灵世界也许会变得疑影重重。丰富多元、历史悠久的七月十五，由此对于国民的宗教观、生命观有着极为深厚的影响，也是理解中华传统文化的一个重要窗口。而附着其上的至为深厚的文化底蕴、社会功能，仍有待于我们的进一步阐释。

（本文作者为山东大学教授、山东省民俗学会副会长兼秘书长）

中元节俗拾零

王加华

农历七月十五中元节节俗活动主要包括两大主题，即祭祖祀先与普度孤魂野鬼。

这天家家户户准备各色瓜果美食及纸钱、燃香等祭品，或将祖先迎于家中祭拜，或到墓地致祭。在山东，中元祭祖习俗亦较为普遍。一般都是在午后或傍晚时分带着祭品到墓地上坟祭祖，祭品为各色时令瓜果及水饺、菜肴等。在单县，祭品尤为丰富，有竹子做的盂兰盆、纸做的衣帽及一大桌素食等。在鲁中地区的淄川、沂源、莱芜、新泰及蒙阴等地，则流行将祖先请回家中致祭，并在一些地方（如新泰、莱芜）形成仅次于春节的盛大节日，出门在外的人也必须要赶回家中，参加祭祖活动。这天早上，家家户户先将家堂轴子悬挂于正屋对门墙壁之上，再到大门之外焚香烧纸、燃放鞭炮请祖先回家过节，俗称“请家堂”。祖先进门之后，在桌上摆放各种供品，有酒、茶水、西瓜、葡萄及鸡、鱼、各色炒菜、馒头、水饺等。下午时分再举行隆重的“送家堂”仪式，再次焚香烧纸并燃放烟火爆竹，气氛庄重而又热烈。

俗谚说“七月半，鬼乱窜”。据说这天地狱之门洞开，众鬼魂汹涌而出。有家的鬼魂就回到各自的家，享受亲人的祭祀，而无家可归或无法回家的鬼魂则成为可怜的孤魂野鬼。由于害怕孤魂野鬼作祟人间，所以这天除祭祀祖先外，还要祭鬼普度以示安抚，并希望它们早日解脱。

在中元普度的主题中，一个非常盛行的习俗活动是点河灯、放河灯。河灯又被称为“荷灯”，种类很多，最常见的是荷叶灯，直接在带柄的碧绿荷叶上插蜡烛即可。中元节制作河灯是一件快乐的事情，尤其是对于孩童们来说。清代诗人庞垲就曾描绘过中元节小儿手把荷叶灯结伴游玩的情景：“万树凉生霜气清，中元月上九衢明。小儿竞把青荷叶，万点银花散火城。”荷叶灯外，还有西瓜灯和南瓜灯，还有的孩子直接在莲蓬上插香头做成莲蓬灯。晚间时分，小孩们三五成群，各举莲花、荷叶等灯，绕巷高声喊唱：“莲花灯，莲花灯，今天点了明天扔。”

放河灯，即将河灯放入江河湖海之中，目的在于济度孤魂野鬼，为照幽冥之苦。这一习俗在很多地方都成为一项盛大的活动。如在山东德州，中元节放河灯的场面就十分壮观。人们用瓜皮、面碗、纸张制成灯具，并以街巷为单位，制成特大纸船，置目连塑像于船上，到中元夜，便把灯具和纸船放入运河内，使其顺流而下，摇摆动荡，似天上点点繁星，与岸上提灯观望的人们相呼应。人们站在岸边看着河灯越漂越远，心中则默默祈祷。如果河灯沉没水中，就认为亡魂已经得到拯救，去投胎转世了。如果河灯在水面上踯躅不前，或被水草牵绊，就认为亡魂心中还有所牵挂，或恋念同伴，不愿离去。这时人们便赶紧想办法让河灯前行。人们都希望亡灵依附着河灯随波漂向远方，到达安乐的彼岸，得到彻底超脱。直到河面上的河灯越来越稀疏，夜色里的水面重新变得静寂，感到冷落的人们才离岸而去。

慰藉亡灵孤魂的盛节

王绍忠

在我朦胧的记忆中，农历七月十五，在故乡章丘相公庄大兴流放荷花灯。早饭后，祖母便用竹条、铁丝精心扎制成荷花形状，然后裱糊彩纸，在中心置灯。夜幕初降时，各家各户都提灯放行于庄北卧云河中。河面彩灯与夜空繁星交相辉映，随波荡漾，格外肃穆、庄重。祖母在桥畔为患肺痨27岁便仙逝的祖父燃香焚纸，默默祈祷，发送“钱粮”，然后再把荷花灯静静地搁于水面，送去幽远的思念和祝福。这是佛教中的超度幽冥，与诵经斋醮意义相同。

七月十五是民间的“中元节”，道教认为在这天地宫神灵降临，是阴曹地府赦罪之日，俗称为“鬼节”。在这天，阖家男女老幼到先祖坟茔前摆设供桌，“献瓜果、陈禾麻”(黄麻、谷子、绿豆、高粱、黍子)，焚香烧纸，叩首跪拜，虔诚祭祀。大户人家则用彩纸剪裁寿衣、冥镪(亡灵的被褥)，置于墓前焚烧，言之为先人“送寒衣”。

旧时，章丘绣惠镇(老县城)城隍庙僧人用竹木、铁丝、彩绸(或者彩纸)，扎制三丈长的“法船”，船上佛像神、桅篷、船帆俱全，还扎有目连手执九连环禅杖拯救其母的形象，要用一木舟护送。木舟启动时，和尚齐声诵经，锣鼓齐奏，并向绣江河焚烧衣服、冥镪，称之为：“慈航普度济孤魂。”木舟沿着绣江河顺水而下至五里之外，便将扎制的彩船烧掉。

清朝初年，明水百脉泉后有一处气势恢弘的梵王宫，宫后有寺院一处。每年七月十五在宫前扎高台一座，和尚在高台上“放焰口”（寺庙和尚做法事，对阴间鬼魂施食即称放焰口）。入夜，由八名和尚身披袈裟、手执乐器、吹歌弹唱、宣扬佛号，一直唱到夜静更深，人散方休。这项法事称曰“盂兰盆会”，也是为超度幽冥亡魂的。

中元节祭祀活动内容颇多，在章丘山后寨乡、曹范一带，村民百姓在这天则要设供聚众祭祀“五谷神”。

我认为，旧时，人们多因瘟疫、病患、天灾死亡，故祖先为此设立了“鬼节”，在农历七月十五这天，对亡灵孤魂进行吊唁和祭祀。自 20 世纪 50 年代初期，由于社会生活的改善、卫生防疫条件的进步，人口非正常死亡逐年减少，因而“鬼节”及其活动也随之自行取消。七月十五这天，家家户户只是到先祖坟茔上祭祀，隆重的祭拜活动要等到农历十月初一了。

中秋

关于中秋节的几个谜案

刘德增

一、唐与宋:中秋节形成之谜

一般认为,中秋节起源于唐朝。实际上,在唐朝,中秋仅是文人雅士的赏月活动,尚无节日的性质,中秋赏月,在南北朝时便有之。《昭明文选》卷三十所收南朝刘宋鲍照《玩月城西门廨中》即为中秋赏月之作。入唐,中秋赏月屡见于诗文。检索《全唐诗》,咏八月十五中秋之诗,计 110 多首,作者至少有 65 位。这些以八月十五、中秋为题之诗,其主题有二:一是玩月、望月、赏月,二是感伤岁月不再,思念友人。值得注意的是,玩月、望月、赏月活动,乃作者与同僚、知己的雅兴,但是,我们没有发现与家人玩月、望月、赏月之诗。

构成节日的要素，一是有约定俗成的时间；二是有特定的民俗活动；三是大多数人的共同参与，特别是民间节日，需要广大民众的参与。在唐代，中秋赏月仅是少数文人学士的雅兴而已。

入宋，文人学士中秋赏月、宴饮聚会成为惯例，市民阶层也竞相效仿，中秋逐渐形成一个节日。

孟元老《东京梦华录》卷八始有"中秋节"这一名称。孟元老是北宋末年人，他在《东京梦华录》一书中说："中秋节前，诸店皆卖新酒，重新结络门面彩楼，花头画竿，醉仙锦旆。市人争饮，至午未间，家家无酒，拽下望子。是时螯蟹新出，石榴、榅勃、梨、枣、栗、孛萄、弄色枨桔，皆新上市。中秋夜，贵家结饰台榭，民间争占酒楼玩月。丝篁鼎沸，近内庭居民，夜深遥闻笙竽之声，宛若云外。闾里儿童，连宵嬉戏。夜市骈阗，至于通晓。"

这是关于中秋节的最早的文字记载，那时中秋节已具雏形。

北宋亡，南宋偏安，人们倍感山河破碎、亲朋离散之痛，将家国团圆的愿望寄托于月圆中秋。于是，中秋节的"团圆"特征及其象征意义被凸显和强调。"团圆"涵义的加入，使中秋节俗内涵趋于完整，节日性质和地位终于确定。

二、赤山：新罗僧人"法华院八月十五节"之谜

日本仁明承和五年（唐文宗开成三年，公元838年）六月十三日，日本第十八次"遣唐使"从九州博多启航，45岁的日本佛教天台宗高僧圆仁随行。七月二日，圆仁一行到达扬州海陵县白湖镇桑田乡东梁丰村，由于唐廷没有批准圆仁去天台山求法的请求，圆仁滞留扬州多日，后来溯海北上，于开成四年（839年）六月七日到达登州文登县清宁乡赤山村，住进了赤山法华院。赤山法华院是新罗侨民在唐朝境内建立的规模最大的佛教寺院。圆仁在赤山法华院住了八个月，开成五年二月十九日才离开。

在赤山法华院期间，圆仁度过了一个令他难忘的"八月十五"：十五日，寺家设饨饼食等，作八月十五日之节，斯节诸国未有，唯新罗国独有此节。老僧等语云："新罗国昔与渤海相战之时，以是日得胜矣，仍作节乐而喜舞，永代相续不息。设百种饮食，歌舞管弦以昼续夜，三个日便休。今此山院追慕乡国，今日作节。其渤海为新罗罚，仅有一千人向北逃去，向后却来，依旧为国。今唤渤海国之者是也。"

这段文字告诉我们四个问题：

其一，开成四年八月十五日，赤山法华院的新罗僧人"设饨饼食等"欢度佳节。

其二，此节新罗名"八月十五"。

其三，八月十五日之节，唯新罗有之。

其四，八月十五日之节，是从新罗战胜渤海的庆典演化而来，前后持续三天。

中国的中秋节，民间亦谓之"八月十五"，这一点与新罗相同。但是，中国传统的中秋节的核心内容是家人团聚赏月，新罗人的八月十五日之节没有这项内容，他们的"八月十五"乃若干人的欢庆活动。

唐朝的外来侨民颇众，他们的衣食住行、歌舞娱乐等对唐朝产生了巨大影响，从王公贵族、文人学士到黎民百姓，对外来习俗情有独钟。唐朝文人学士尤喜与日本、新罗等外国文人学士交往，如大诗人李白、王维等与日本留学生阿倍仲麻吕的深厚友谊，崔致远与江东诗人罗隐、顾云的交往，等等。

圆仁来华前后，唐朝境内八月十五日有两种活动，一是文人学士的赏月，二是新罗侨民的节庆。新罗侨民的八月十五之节对于喜欢"胡俗"的唐朝人，不能没有影响。

笔者上述观点发表后，网上骂声四起，有网友甚至说笔者"俨然是韩国贿赂的文化强盗"云云。实际上，笔者只是认为：新罗侨民的八月十五之节对于中国中秋节的形成有一定影响，仅此而已。

三、"八月十五杀鞑子":月饼起源之谜

月饼是中国传统中秋节的标志性食品,中国民间俗传中秋节吃月饼与元末汉族人反抗元朝统治有关,如民国二十五年(1936 年)编纂的《牟平县志》卷十《杂志》云:"俗云:'八月十五杀鞑子。'相传当时各村皆置鞑子,管辖村民,横行无道,各村密谋杀之,先期以月饼裹文,互相馈送,约于八月十五,酒醉鞑子而杀之,故今中秋望夕,犹食月饼以为纪念。按此当为元末时事,虽不见正史,亦可为民族革命之一证。"

在蒙古族中,也曾流传这个传说。

今山东淄博市临淄区齐陵镇的刘家营村,聚居着千人左右的蒙古族人,他们是蒙古斡罗那歹氏的后裔。元世祖忽必烈时,斡罗那歹氏的一支来临淄驻防。元朝倾覆,他们隐匿了自己的身份,对外概称汉族,姓氏也改为"刘"——取"留"之意;村名为"留下营",后改为"刘下营",再改为"刘家营"。不过,家族内部口耳相传,他们来自漠北。

刘家营蒙古族刘氏相传,本族曾有纪念农历八月十五的活动。这一天,全族不吃不喝,静坐至深夜。族人相传,元代往某些村落派驻蒙古人,元朝覆亡前夕,被统治的村民用月饼传递信息,相约于八月十五晚上,杀掉驻守当地的蒙古族官人。这个事件给刘家营蒙古族刘氏留下了深刻的伤痕,从第五代到第七代,一直举行悼念活动。第八代以后,逐渐遵从当地风俗,按汉族的风俗过中秋节。

"月饼"之名最早见于周密《武林旧事》卷六《蒸作从食》,周密为宋末元初人,其《武林旧事》所记为南宋之典章制度与杭州之山川风俗,故"月饼"之名至迟于南宋时已有,"月饼"起源实与汉族人反抗元朝统治无关。从刘家营蒙古族刘氏五至七代的悼念活动看,应是当时人们利用月饼传递起事信息。

中秋跟着月亮走

荣 新

中秋节是我国仅次于春节的第二大传统节日，节日活动特别丰富，而且主要集中在晚上进行，包括吃团圆饭、吃月饼、拜月、赏月，以及在月下进行各种游乐活动和观月占候活动等，天上的圆月与人间的团圆、丰收联系了起来，赋予了节日美满、喜庆的气氛。

旧有“男不拜月，女不祭灶”之说，因月属阴，故而中秋祭月多由妇女主持、叩拜。近代以来，祭月人选多无禁忌，由家长带领全家人依次叩拜。

中秋赏月不仅是自家共享团圆的活动，还是社交联谊的好机会。当晚，邻里相邀或朋友欢聚，集于园亭或街衢，共同饮酒赏月，往往至夜半时分方散。更有风雅之士对月赋诗做对，富商大户宴席中唱歌演戏，竟至通宵达旦。妇女往往于是夜盛装结伴出游，称为“走月”、“走月亮”或“踏月”。有时在月下游走，往往走到鸡鸣时方才回家。盼子的妇女，还要走至某地触摸具有神力的象征物以祈子。如有的要行至孔庙，摸一下大门上的圆钉，有的则要过桥一行，并摸桥桩，以为宜子。在南方还有摸青、摸秋以祈子的习俗，即求子的妇女于中秋夜潜入别人菜园，偷摘瓜（一般为南瓜，取谐音“男”，也有的偷冬瓜）、芋头、青菜等，带回家吃掉，以此求子。川贵鄂地区讲究偷瓜人被怒骂方才灵验，“倘失瓜人从而骂之，其验甚速”，所以偷瓜人在偷时往往故意弄出些响声，以引起菜园主人的责骂，骂得越厉害越好。

孩子们则三五成群，在大街或田野上与月亮赛跑，边跑边唱“我走月也走，我跑月也跑”，并不时抬头看月，感觉月亮总是跟着自己在跑。

中秋节也是节关，即俗定的商家结账日。《历代社会风俗事物考》中即记载“凡钱债至五月节、八月节，必清结，谓之节关”。中秋是一年中第二次结账、还债的日子。节前，商户算账，给欠债的人送账单。到时，债主上门可以毫不客气地讨债，欠款者也会积极筹款，尽量还清债款。此外，这天也是老板与雇员续约或终止契约的时日。过节如同过关，所以有“节关”之说。在山东冠县、莱阳、郓城等地，农村地主人家一般在当晚宴请佃户，佃户之间也相互邀请，商议退佃或租佃等有关事项。

中秋节的占候活动十分普遍，人们认为若这天阴天或下雨，则预示着来年元宵节也必阴或雪。民间谚云：“八月十五云遮月，正月十五雪打灯”，或“云掩中秋月，雪洒上元灯”。

蒸月、念月和祭月

王怀玉

所谓“蒸月”，就是蒸“枣饼子”。因其状如圆月，又象征十五的月亮，故俗称“月”。这“月”平时见不到，中秋露姿容。蒸月，通常是家中婆娘们的事。中秋节前夕，她们便淘好麦子，磨取“头罗面”(精粉)，选取上好的红枣并煮熟。待到节前一两天，便下手做“月”。大的饼子直径 50 厘米左右，小的 10 厘米左右，一般 30 厘米左右，厚度 1 厘米～3 厘米。然后，取一张饼子，在上面密密麻麻摆满红枣，再在上面覆盖上一张同样大小的饼子，形成一个圆枣饼，这就是“月”的雏形。接下来，便开始装点“月”。装点分为两步：第一步是给“月”披“云肩”(似妇女的披肩)，就是做一层和“月”一样大小的带花边的薄面饼，紧粘在“月”表面；第二步是捏塑装饰物，就是用面做一些吉祥物造型，如西瓜桃梨、杏花菊花、兔猫猪狗等，并多用红枣点缀其间。这样，一个“月”就做成了。最后上锅蒸熟即可。巧手婆娘做的“月”，蒸熟后观之，“枣饼层层，面镂花千瓣”，简直就是一件艺术品！

"月"蒸好了，单等念了。念月，则是孩子们的事了。所谓"念月"，就是捧着"蒸月"，望着明月，做念念有词状。这可是孩子们一年一度的拿手好戏！十五的夜幕一降临，孩子们便捧着"月"，拎着坐杌，陆续走向街头空地或场院，面朝东方落座，把"月"摆放在面前，静等明月升起。当明月刚一露脸，孩子们便立刻齐声念道："念月了，念月了，一斗麦子一个了！念月饼了，好年景了！念煎饼了，骡子马子一大天井了！"宛如一曲"中秋童声大合唱"，此起彼伏，响彻云天！

中秋之夜，当孩子们都外出念月的时候，大人们便在家里洒扫庭除，准备祭月了。面朝东南，当庭摆开供桌，供桌上摆上香炉、月和月饼、瓜果梨桃等。此刻，明月高悬，香火缭绕，瓜果飘香，甚是舒爽！面对这良宵美景，百姓们每每瓜果香里说丰年，推杯换盏道团圆，文人雅士们则醉心于"歌明月之诗，诵窈窕之章"。孩子们呢？念月归来，意犹未尽，还要偎依在老人身边，听那"嫦娥吴刚"、"神兔捣药"的故事呢！记得有一年中秋节，我因感冒没出去念月，便依偎在祖母怀里望月问月。祖母边抚摩着我的面颊，边给我念了一首歌谣，至今我记忆犹新。祖母是这么念的："月嬷嬷，本姓张，骑着驴，挎着筐。谁家孩子得了病，俺就给他开药方。只要吃了俺的药，管保叫你更旺祥！"说来也怪，第二天我的病就好了，祖母说，是月嬷嬷给你治好的！

作为一个老潍坊人，我常常这样想：蒸月念月祭月，究竟为了什么？不就是为了"求圆"吗？不就是求个"家圆国圆天下圆"吗？

冬至

阳气升腾过“亚年”

王绍忠

提起过“冬至”，我就会想起“穷过渡”那阵子，因为这天可以改善伙食“打馋虫”——吃水饺了。那时猪羊肉是奢侈品、稀罕物，连想都不敢想。但祖母心灵手巧，会包地瓜面皮的两种素馅水饺，白菜芝麻盐和萝卜豆腐的随意挑着吃。那时肚子里没有半点油水，每人最少能“呛”吃两大盘。我二弟个头大，能装三大盘，非撑个肚儿圆不可。

直到我初小毕业，才知道“冬至”为农历二十四节气之一，乡村农户普遍都有当做吉日盛节的习俗。民间俗称冬至三刻阳气上升，有冬至阳生寿即归之说。章丘绣惠、宁埠乡镇一带村落，百姓便将摊煎饼、熬黏粥烧灶的秫秸灰，冷却后装入竹筒内，盛满后表面糊上一层白纸封严，隔夜查看白纸会自动撑破，以此法证明阳气升腾。

根据《汉书》中记述：“冬至阳气起而君道长，乃乱而复活之机，故贺。”乡村皆举办隆重礼仪庆典。冬至前后三日，君不听政，百官朝贺。乡村、城镇、官府内丝竹管弦合鸣，轻歌曼舞；官衙外则锣鼓唢呐齐奏，龙腾狮舞，一派热闹非凡的盛景。民间则三日歇市，学子休假，举办乡间娱乐活动共庆同贺。

冬至这天恰逢“交九”，有“冬至三九冰最坚”之说。这时，酷冬已临，寒风似刀，雪蝶纷飞。古人曾戏作“打油诗”云：“山河一笼统，井上黑窟窿；黄犬变白犬，黑狗身浮肿。”乡间还广泛流行《九九歌》：“一九二九不出手，三九四九冰上走；五九六九，顺河看柳（枝色泛青欲萌芽）；七九冰开，八九雁来；九九八十一，灶间做饭坡里吃（春耕在田间吃饭，为争分夺秒）；九九加一九，耕牛满坡走。”《九九歌》至今仍广为流传，成为耳熟能详、妇孺皆知的歌谣。

旧时冬至，至亲密友要互赠御寒棉衣，以示亲情关照。

在章丘北部刁镇、宁埠，南部胡山、曹范一带，土地宽满肥沃，农家多以男耕女织过活度日，庄户人家便纷纷举办“消寒会”。从冬至早饭后，当家人便开始洗菜做肴、杀鸡蒸馍、浸茶烫酒、置办酒席。每年冬至傍晚，我家堂叔便盛情邀集四邻八舍的开墒犁田的巧把式、推车拧水的壮劳力汇聚一堂、开怀畅饮、猜拳行令，姑嫂妯娌们则在火炉旁说说笑笑。一直热闹到夜半时分，一个个酒足饭饱，方才散去。俗说：“冬至笑闹夜无眠，吃香喝辣如过年”，所以冬至又称为“亚年”。

冬至饺子与张仲景

陈正宽

阴历一年三百六十天，每过十五天有个节气，一年中总共二十四个节气。春季的六个是：春雨惊春清谷天；夏季的六个是：夏满芒夏暑相连；秋季的六个是：秋处白秋寒霜降；冬季的六个是：冬雪雪冬小大寒。节气的龙头老大是立春，节气的小弟是大寒。阴历新年，后称春节，论节是年中之最大者，或称之为“过大年”。二十四节气中之冬至，是隆冬中之大节气，民间称之为“过小年”。二零一一，岁在辛卯。辛卯冬至，在十一月二十八，阳历是十二月二十二日。中国自古以农立国，对农历节气，向极看重。放到民间，对诸如此类地过冬至，更是无以复加。

老潍城有“冬至当日回”、“冬至一阳生”与“冬至日长一线”的谚语。只缘，地球围绕太阳公转，公转一周为365天多一点。从冬至当日起，日头开始直射北回归线，白昼始长，这样一直持续到夏至前一天。从夏至始，日头又开始直射南回归线，白昼始短，这样一直短到冬至前一日。表面看来，冬至似乎是冬之极，究其实，冬至却实在是春之始。为此，把“冬至”说成是实际意义上的“立春”，也许更恰当。可见，古人把冬至看成是除了过年之外的冬令大节，实在不过分。晚清道光年间，潍县翰林王之翰有《九九消寒歌》云：“一九冬至一阳生，万物自始渐勾萌。莫道隆冬无好景，山川草木玉妆成。”

基于这种冬至春始的隆冬节气，一到冬至，家家有祭，这便是冬至祭祖的渊源。凡读过鲁迅小说《祝福》的，可以此大致领略冬至祭祖的盛大场景与敬畏氛围：“鲁镇的年底，毕竟最像年底。村镇上不必说，就在天空中，也现出将到新年的气象来。”冬至祭祖的民间食俗，是供奉水饺，潍城叫扁食。冬至祭祖供扁食和冬至过节吃扁食，与古代名医张仲景治病救人甚有关系。冬至是阴之至，阳之始。此后尚有小寒大寒与数九寒天，接踵而至。因此，从冬至始，人们注意保暖，平添食温，成为系心命题。而据说，“冬至吃扁食”和“暖耳朵”相重合。“饺儿”谐音“胶耳”。冬至吃扁食，可以加护耳朵，以免冻坏。却也不知，此正为了纪念神医张仲景而设。

原来，东汉末年，军阀混战，天下大乱，民不聊生。神医张仲景当时在长沙做官，时在冬日，发现乡亲父老患了一种耳病。一向主张“不为良相、便为良医”的张仲景救人心切，让徒儿们搭棚，架锅，熬药。在冬至那天，当街舍药。所舍药名叫“祛寒娇耳汤”，即把羊肉、辣椒等暖性食物与一些祛寒药材放在一起煮，煮好切碎当馅儿，用面皮包成耳朵形状的“娇耳”食物，煮熟分给病人服食。每人分到“娇耳”两只，药汤一碗。病人吃过，浑身发热，血流通畅，两耳变暖。过后不久，耳病患者全都好了。由此，张仲景的“祛寒娇耳汤”世代流传，实则开了冬至吃水饺即扁食的先河，千古不绝。

直到如今，在鲁西及河南一带，民间仍有“冬至不端饺子碗，冻掉耳朵没人管”的谚语流传。在老潍县民间，也流行着“冬至扁食夏至汤，吃了不必开药方”的口头禅。

“混沌”之气　冬至去之

孙清鼎

立冬过后，小雪、大雪接着就到了冬至，有言“冬至大如年”，这个节气可不一般。少年时读《千家诗》，不解杜子美诗句“冬至阳生春又来”之意，以为冬至是“数九”的开端，农谚“一九二九不出手，三九四九凌上走”，这正是进入寒冬腊月之时，离立春还有好长时间，怎么是“阳生春又来”呢？后来才知道北半球冬至之后便是昼长夜短之始，表面看自然界日趋寒冷，实则物理运转已是阴退阳生，这预示着春天就要一步步地来临了。人们为盼望春满人间而从这一天开始“数九”，直到“九尽”花渐开。

一阳复始的冬至是重要的日子，古人在这一天有祭祀的习俗。供品由神灵、祖先享用之后，世人就要享受神灵、祖先的恩赐之食，由谁先来品尝？自然是受尊敬的老人和师长。这样由神到人，馈赠祝贺，也就成了节日。到了宋代，冬至之日官民同庆，在京师天子脚下生活的人，更是显得热闹非常。宋人孟元老在《东京梦华录》中说汴梁：“十一月冬至。京师最重此节，虽至贫者，一年之间，积累假借，至此日更易新衣，备办饮食，享祀先祖。官放关扑，庆贺往来，一如年节。”

中国较大的传统节日各有专一食俗，平民百姓常以吃某食来表示对某节的庆贺。当年的东京汴梁在冬至之日备办的是何种饮食，孟元老没有细述。后来有个自号“华不注山人”的周密在《武林旧事》中说，南宋的临安冬至：“享先则以馄饨，有‘冬馄饨、年馎饦’之谚。贵家求奇，一器凡十余色，谓之‘百味馄饨’。”与周密同时代的陈元靓在《岁时广记》里也记有“京师人家，冬至多食馄饨”之事。可知，在宋代冬至吃馄饨已经约定俗成了。

这个食俗流传到清代，富察敦崇在《燕京岁时记》中对冬至吃馄饨做了诠释：“夫馄饨之形犹如鸡卵，颇似天地混沌之象，故于冬至日食之。”此说并不透彻，馄饨形状如“鸡卵”的比喻也不那么相像。冬至阳生，恰如人之向往的混沌开窍，吃馄饨或许是取其谐音，有食下“混沌蒙昧”继而“万象清明”之意吧？

馄饨起源于何时？中国社会科学院考古研究所研究员王仁湘先生于《往古的滋味》书中说：“在山东滕州薛国故城的一座春秋晚期墓中，在一件随葬的铜器里见到一种呈三角形的面食，长五六厘米，这应当是迄今所知最早的饺子，只是它的形状还不是太标准，或许是最原始的饺子，它的样子更像是馄饨。”从文中插入的出土铜器内的食品形状图片看，还真像现在的馄饨。实际上在中国古代，馄饨曾被称作“混沌”或“浑沌”，有的样子就是水饺形状，直到唐代馄饨才不再“混沌”了，因形状不同，与饺子也有了区分，各取其名，以至于今，现已成了江南塞北四时皆有的一种名吃。

冬至阳生除了观察日光之外，人们一时是感觉不到“阳生”变化的，许多人更是不去深究“阳生”之理。自官府不再与民同庆冬至，黎民对这个当年曾称之为“亚岁”的重大节日也就冷淡下来。冬至又如何，还不就是一个节气吗？不把冬至当节日看，因而四时皆吃的馄饨于冬至之日未必去吃。虽如此，人们对冬至天气渐冷身体需要进补的“养生”却没有忘记，每到“数九”即大煮鸡鸭鹅羊，以求健康永年。如若仔细想一下，冬日食补对人体有益，冬日欢畅肯定对人增寿，倘把二者结合起来，那才是真正强身健魄的“大补”呢。这种有益身心的“大补”，古人已经为后人想到了，这就是一年之中合情合理安排的各个节日！

冬至阳生，其意不小，对这个传统文明节日不能等闲视之。冬至几乎家家都有新煮的鸡鸭鹅汤，不是正好吃馄饨吗？我看不仅要吃，还要吃得“混沌”压力、烦躁诸事离去，轻松、喜悦万般“阳光”到来，要把节日的欢欣气氛充满家中，充满社会。

量太阳

李贞寅

“冬至包子夏至面”这句话是家乡父老乡亲们的传统习惯说法，这里说的包子就是饺子。过了“冬至”白天一天长一天，人们盼望日子一天比一天好起来。“冬至”这天家家户户包水饺吃。包水饺的馅有个传统风俗，要包“胡萝卜肉”馅的，“胡萝卜”意味着日子过得“红红火火”，“肉馅”意味着日子越过越“肉头”、“富裕”。

我的家乡地处东南的山峪中，这里的人们有个家家每年要种胡萝卜的习惯。人们各自在自家的山坡地里种上胡萝卜。种胡萝卜的地块都是旱地，所产的胡萝卜水分少、甘甜。这里的人们在入冬后、上冻前，各自收刨自家的胡萝卜，运回家中，在自家庭院里挖个地窖，把胡萝卜储存起来，喝一冬春的胡萝卜地瓜黏粥，或者包水饺用。

过去过冬至还有一项重要活动是我一直记得的，那就是每到“冬至”这天的正中午，父亲就要用丈量布匹的木制老布尺，量太阳射进北屋门内的阴影。我家的北屋坐落正南正北，建房打地基是用“罗镜”(指南针)指方向定位的。中午12点钟，太阳的光线正直射进屋门内。这时,父亲用早已系好绳子的老木制布尺,挂在北屋门框的门鼻上,量太阳射进屋内布尺的阴影。父亲在阴影的两端画上杠杠,然后取下木尺子,量太阳折射的阴影。俗话说:“一尺七饿死鸡,一尺八不大差,一尺九掉死狗。”阴影越长,表示冬天越冷,第二年的年景就会有好收成,反之,冬天会暖和,来年的农业会减收。

我庄里的有识之士都是在“冬至”这天正中午用木制布尺量太阳射进北屋门内的阴影。父亲把每年量太阳的阴影数据,用铅笔记在屋内光滑的墙壁上。从他记载的几十年的数据看,每年的影子都略微缩短,便产生了疑问:“太阳是否逐渐在向北移?”父亲对我说:“冬至这天量的阴影长些,这个冬天会冷些,冬天天气寒冷,地里的冻土层就会加厚,藏在地下越冬的害虫就会被冻死,第二年它就不会再损害农作物。天冷,土层冻得厚,来年开春化冻后,土壤会变得更加松软,有利于农作物生长,这一年就会取得好收成。”我听后,觉得确实有一定的科学道理。我说:“怪不得人们常说‘该冷不冷,不成年景’呢!”

眼下,“冬至”又到了,家乡的父老乡亲们还在按传统的风俗习惯包胡萝卜肉馅水饺吃吧?人们还在用老木制布尺量太阳阴影、预测冬天的冷暖和来年的收成吗?

腊八

腊八扫屋

马洪利

进了腊月，推碾推磨；过了腊八，就到年下。在以前生活条件落后的时候，一进了腊月门儿，家家户户都忙着推石碾、推石磨。推碾推磨的主要任务就是碾谷子、磨米面，为了摊煎饼、蒸干粮，也就是“办年”（筹备过年）。在我们长清东部山区一带，农历腊月初八便是忙年的开始，家乡腊八节的民俗主要以“扫屋”为主，兼有腌制腊八蒜、腌制腊肉、做腊八粥等习俗。

在我们这里，“腊八节扫屋”的说法叫得很响亮，简直就像炮打不动的民间“法定日”一样，家家户户都在这天忙着大扫除。因为平时是不能随便扫屋的（除非是为了布置新房娶新娘)，生怕招惹得罪了“宅神”。而腊八节这天就可以放心大胆、毫无顾虑地扫屋了。据老辈们说，这天是“宅神”的“卫生环保日”，也到了该干净干净的时候了。

“腊八扫屋”是为了把一年来的灰尘与晦气通通打扫干净，村里很多人在几天前就早早地把扫屋的笤帚绑在长杆子上做好了准备。为了便于扫屋，清扫起房间来不碍事，把房子的里里外外、角角落落、旮旮旯旯都彻头彻尾地清理干净，必须把屋内的诸多家具逐一抬出来。男爷们忙着在屋内打扫，女人们则趁机在院子里忙着擦洗家具、收拾餐具、整理衣物等等。在乡下，最难扫的就是“饭屋”(厨房)，因为农村人生火做饭大都以烧柴草为主，满屋都是烟熏火燎的黑色灰尘，扫屋的人必须穿上破旧的衣服，并戴上草帽、口罩、眼镜等，挥动着“长柄笤帚”用力扫。如果谁家在腊八节这天确实没时间扫屋的话，那只好等到腊月二十三打发灶王爷上天的时候一块扫了。在扫完屋子之后，还要忙着“投烟筒”、“刮锅底”、“糊炉灶”、擦门窗等等，这叫做面貌一新迎新年。

腊八蒜经过腌制后，大蒜会变成绿色，这是蒜绿素。蒜绿素是一种抗氧化物质，具有良好的抗氧化、防衰老的作用。

再就是腌制腊肉。进入腊月之后，从初八这天开始腌制的猪肉就可以名正言顺地称作腊肉了。其实，腌制腊肉的方法很简单，先把猪肉洗净晾干后，切成大小适宜的方块放置在瓷坛子里，再用适量藿香秆、薄荷叶、花椒皮、姜片、八角茴香及食用盐，熬制成“五味香料盐水”(“五味香料盐水”的多少要根据肉量而定)，然后把“五味香料盐水”浇在坛子里的猪肉上。为了防止腌制的腊肉因为咸度不足而出现变质变味或储存时间过短的情况，最好再在猪肉的表面上多撒些盐。这样腌制出来的腊肉不仅质美味香，而且还能吃到来年的五一节前后。

家乡的腊八真好，浓郁的年味儿里渗透着浓厚的文化味儿。

过了腊八就是年

连永升

“馋老婆你别馋，过了腊八就过年”、“过了腊八，先生（旧时对老师的尊称）不打”，这些生动诙谐的胶东民谣，传递着浓浓的节日情怀。腊八，即腊月初八，是中国传统的腊八节。

腊八节，旧称腊日祭、腊八祭、王侯腊，与中国古代祭祀有关。据考证，“腊”字含义有三：一说，“腊者，接也”（见《隋书·礼仪志》），寓新旧交替之意；一说，“腊者同猎”，指田猎获取禽兽以祭祖祭神，“腊”字从“肉”旁，即以肉“冬祭”；一说，“腊者，逐疫迎春”。东汉许慎所著《说文解字》载：“冬至后三戌日腊祭百神。”可见，冬至后第三个戌日曾是腊日。此为腊日冬祭的重要佐证。

过腊八，要喝腊八粥。关于腊八粥的起源，说法不一。一说源自印度。传说佛祖释迦牟尼入深山苦修六年，于十二月初八之日悟道成佛。佛教传入中国后，腊八节亦称“佛成道节”。这一天，各地佛寺作“浴佛会”，诵经，并效仿释迦牟尼成道前牧女献乳糜的传说故事，用香谷、果实等煮粥供佛，称“腊八粥”，以后便在民间相沿成俗。

不过，龙口当地流传的有关腊八粥的故事，倒是颇有生活情趣。相传很久以前有户人家，小伙子游手好闲，媳妇屡劝不听。到了腊八这天，家里实在揭不开锅，饥肠辘辘的年轻人遍搜米缸、面袋，只搜得些许杂粮米粒，下锅熬了一顿粥喝。最终小伙子悔悟，明白了勤劳才能过上好日子。老人们常在腊八节把这个故事念叨给晚辈听，借此教育子女勤俭勤劳，同时又祈盼丰衣足食的好年景。这个传说使龙口的腊八节多了几分警世的意味。

腊月初八清晨，家家户户熬腊八粥。腊月初八，适逢隆冬，此时食粥进补，对身体大有裨益。清代李渔在《闲情偶寄》中就有“食之养人，全赖五谷”之论。普通人家抓些麦粒、小米、大黄米、高粱米、绿豆、豇豆、黄豆等入锅。殷实人家注重养生，腊八粥里少不了莲子、栗子和大枣。后来，粳米、花生等逐渐加入熬腊八粥的食材中。

“冬不推，腊不轧”是龙口百姓深谙的一句民谚。意思是说，冬至日这天，不能推磨；腊月初八当日，不能上碾轧谷米。其实，传统意义上的“推年磨”（旧时指为过年准备米面而推磨），早在十月各家早已完成。旧时，石磨、石碾属白虎、青龙之列，民间出于星辰信仰，忌讳在冬至、腊八祭来推磨轧碾。老人们说，磨的上扇为乾，下扇为坤；碾的碾砣为乾，碾盘为坤。乾，又谓之阳，天也；坤，又谓之阴，地也。先民们在冬至、腊八、年头岁尾等重大节日里，深恐天地交会，又忌讳阴阳磨合，故有此说。

旧时，龙口民间还有“躲腊八”的习俗。腊八节，新媳妇不能呆在婆家。腊月初七下午，新媳妇就得动身，要么奔着姨家去，要么去姑姑家。但等腊月初八这天过去，便可返回婆家。这一民俗现象，民间习称“躲腊八”。究其原由，说法不一。一说，新媳妇是为躲避听到铲子与铁锅的撞击声；一说，为了不让新媳妇看到婆家无米下锅的窘境。如今，这一习俗在当地已绝迹。

腊八节是农历腊月里最重大的一个节日。旧时的胶东百姓对此节日非常重视。可以说，从腊八节开始，许多人家便开始忙年了，打豆腐、杀年猪、宰公鸡、打冻儿、蒸饽饽，置办各种年货，年的气氛逐渐浓厚起来。

腊月二十三

杨家埠的灶王年画

陈正宽

腊月二十三(长江以南是腊月二十四),灶王爷上天,潍县叫做“辞灶”(即祭灶)。在老潍县年画之乡的杨家埠,过年就印一种非常鲜艳的灶王年画,民间称作“灶马”。农民忙活一年,赶年集,办年货,说什么也得“请”(不能说“买”)张灶王画,供奉在锅台上,新派新色,图个好看。笔者曾经考察过,杨家埠这种灶王年画,比起天津杨柳青、苏州桃花坞的年画,可以说独具特色:

一是开张大方,神气饱满。它为长条,宽 39 厘米,高 68 厘米。全画分为上头灶马头(22 厘米)、下头灶马画(46 厘米)两个部分。灶马头属于文字部分,实是挂在灶头的农时节气的挂历，宜于农事操作。

二是神像造型富态端正。在这46厘米的空间里，分了三组。中间一组为“灶君府”，这是主题。有灶王夫妇分别坐在聚宝盆两边，两边对称，有四位侍女侍男。在灶王顶上，为文财神（说是比干），对称陪侍有六个童子，展示出“招财童子至，利市仙官来”的对联。在灶王底下为武财神（说是关老爷），对称两边各有五位侍卫。而在这年画的两边，对称并排着八洞神仙。你看，过年供神，有了灶王，有了文武财神，又有了八洞神仙保佑，作为农民的信仰，全然满足了。

三是用色鲜艳，望着打眼。杨家埠年画是农民画，极具农民的审美趣味。使用的品色大红大绿、大黄大紫，浓墨重彩，倾力泼洒，所谓年味，全部显露出来。

农家过年，一是喜欢画面的满（讨厌留白），一是喜欢画面的艳，一是喜欢画面的全（人物全无残缺），一是喜欢价码的贱（请张灶王年画不过毛儿八分的）。这些，都是构成杨家埠年画行销几百年而长盛不衰的原因。

欣赏杨家埠灶王年画，画面一共三十二个人物（神祇），有两匹马，一只狗，还有一只鸡，马行千里，鸡鸣犬吠，满满当当，人气壮旺，七彩晃眼，年味夸张。这样的民间艺术品，挂在农家灶台上，要说审美，还有比这更为高雅俚俗的么？

说不完的灶王爷

纪慎言

“腊月二十三，灶王爷上天。”这是在我鲁西北老家一直流行的民谚。如今，许多地方的人们把腊月二十三这一天都称作“小年”并且过了起来，不论大小好像都算是年了，闲着也是闲着，“大年”尚不到，“小年”先过着。

我们家乡没有过“小年”的风俗，现在包括小孩子在内可能也没几个人会吵着“过”的。但是，从古到今，我们那里的人们都选定腊月二十三为“扫房”日，即要在这一天里全家上下齐动员，男女老少齐动手，把屋里屋外房顶墙面等等一切犄角旮旯进行一次大扫除。这个时候，被贴挂在靠灶台南边墙上已经为全家人的伙食操心受累又被烟熏火燎了一年的灶王爷，也到了换届离别的日子。“辞灶”一词就源于此举吧。

灶王爷是个俗名，按文言应该叫灶君或者灶神。叫君也好称神也罢，按说他的官职还赶不上现在的村干部，只能称得上是个“家官”或者“户主”什么的而已。按侯宝林大师相声里说的，虽然灶王爷是“一家之主”，但是户口本上却找不到他。然而灶王爷又得算是个好官，按分工他掌管着一家人的福财二气，可他耐得住寂寞，不占不贪，每天也就只闻闻锅里冒出来的热气而已，酸甜香辣都得让给自己值守的这一家人吃喝。而且他还得严格把握自己的行为，绝对不能办离谱的事，不然老百姓就有怨愤，就会骂街。有两条歇后语为证："灶王爷流鼻涕（或打喷嚏或尿尿）——你看弄得这一锅！""灶王爷打飞脚——离板儿了！"而且灶王爷不专权、不恋官，这家人的事由这家人自己做主，从不乱插嘴、乱发指令；每年腊月二十三到届了就立马走人，毫无怨言！

其实，灶王爷的清正廉洁很可能与和他仅一墙之隔驻守在"天地堂"里的天爷爷与地奶奶对他的零距离监管有关。我们那里各家都在北房门口东侧的墙上开设个"天地堂"，里面供奉着"天地神君"。"天地堂"的位置正好与屋里墙上贴挂的灶王爷背靠背对应着。所以细想一想，一是天爷爷、地奶奶可以回手一敲墙就能够随时给他们的下属灶王爷提几条告诫；二是灶王爷也没必要非得腊月二十三这天才辛辛苦苦跑老远上天庭找老天爷汇报工作，平时有个大事小情一转身就能够对着领导的屁股全说了。

想归想，做归做，老百姓的年该怎么过还是怎么过。哈哈哈哈！

后 记

李秀珍

做编辑有个好处，就是可以一边工作一边学习。二十多年的副刊编辑做下来，之所以没有厌倦，没有懈怠，而且一直乐此不疲，盖因一日日沉浸于各种文化的滋养之中，获益多多。

比如编辑这个《文化传统与当下》专题。说实话，当初接下这个任务时，是无比为难的，因为题目太大，"文化传统"这是一个内涵无比博大外延又无边无际的概念，处处是题目，处处是话题，却又难以一下子找到合适的切入点，感觉如老虎吃天般无从下口。

还是那句话说得好：没有做不到只有想不到。民间的智慧是无穷无尽的，只要开门办报，广大的读者和作者是强大的后盾。启动之前，我们首先邀请省城高校和文化界的专家学者，举行了一个小型但高端的座谈会。山东大学孔范今教授、冯建国教授、山东师范大学魏建教授、山东教育学院刘德增教授、省府机关的周鲁霞先生等热情莅临，他们不吝赐教，当场就“碰撞”出很多可行的方案和题目。比如可以开设大众普及性栏目，比如可以开设一些名家专栏，比如可以组织与读者互动的“我身边的传统”征文，等等，这些都给我们很多启发。

“文化传统与当下”专题于2010年9月下旬第一届尼山论坛召开之际正式启动，刊头题字为山东大学特聘教授、当代著名哲学史家庞朴先生卧于病榻之上题写。庞老可是真正大师级学者，据介绍，他的研究硕果累累，先生曾提出了“火历”说，发现遗佚已久的上古历法，主张文化的民族性和时代性，推动了20世纪80年代的文化研究热潮。先生还提出了“一分为三”说，揭示并发展了古代辩证法思想。“文化传统”与“传统文化”两个概念的区别，我也是从先生的一篇文章中读到的，由衷佩服。由之，先生的支持弥足珍贵，起码说明这个选题是可行的，是有意义的，让我们有足够的信心开篇并坚持做下去。

于是，一年多做下来，我们感觉还是向读者交出了一份较为圆满的答卷。因为，作为第一读者的我，就读到了很多堪称经典的好文章，有时情不自禁地感叹一声“说得真好”，有时有茅塞顿开甚或醍醐灌顶的震撼。这些文章或来于高端，像赵启正、刘长乐、许嘉璐、陈来、星云法师等名家大师的访谈，他们对文化传统都有长期而独到的研究，赵启正先生说“文化传统是我们民族的原动力”，刘长乐先生说“儒家文化在世界上还是一种弱势文化”，毛佩琦先生说“国学就是中国人之所以成为中国人的学问”……他们并不是简单地推崇国学、痴迷儒家，他们的研究一直立足当下、面向未来。

曾亲临现场聆听冷成金先生做的题为《论语的精神》的讲座，他于开篇无比痛心地说，再不振兴我们的传统，再不重视我们的文化，看看我们的今天都乱成什么样子了？还有人讲诚信吗？各行各业还有道德的底线吗？中国人还有敬畏吗？一系列的困惑和疑问让你寒从心底生。

真的，现代化让我们得到了很多，也让我们踏入了种种发展的陷阱。身在其中，我们不能再熟视无睹，不能再讳言逃避，只有积极地寻求解决的办法和路径才是正途。最喜欢读叶小文的“小文当下谈”、何中华的“感悟经典”，还有鲍鹏山的“被误解的孔子系列”，三个名家专栏各有千秋，但几乎篇篇皆精彩。

来自民间，与读者互动的栏目，我们也陆续推出了好多。“身边的传统”、“传统大家谈”、“节日与传统”、“旧词新解”等，得到了读者的热情关注和支持，看得出人们心底对文化传统都深藏着一份眷恋和传承。

今天捧出的这套书，是齐鲁晚报《文化传统与当下》大型专题的优秀篇目结集。不是结束，回望历史，展望未来，“文化传统与当下”的话题仍层出不穷，精彩不断，我们还会继续。

2012 年 9 月 30 日

图书在版编目(CIP)数据

文化传统与当下．身边的传统/李秀珍,王慧主编．—济南:山东人民出版社,2012.11
ISBN 978-7-209-06451-4

Ⅰ.①文… Ⅱ.①李…②王… Ⅲ.①文化史-研究-山东省 Ⅳ.①K295.2

中国版本图书馆 CIP 数据核字(2012)第 118958 号

责任编辑:常纪栋
封面设计:张晓曦

文化传统与当下:身边的传统
李秀珍 王 慧 主编

山东出版集团
山东人民出版社出版发行
社 址:济南市经九路胜利大街 39 号 邮 编:250001
网 址:http://www.sd-book.com.cn
发行部:(0531)82098027 82098028
新华书店经销
山东省东营市新华印刷厂印装

规 格 16 开(169mm×239mm)
印 张 13.5
字 数 170 千字
版 次 2012 年 11 月第 1 版
印 次 2012 年 11 月第 1 次
ISBN 978-7-209-06451-4
定 价 48.00 元(共 2 册)

如有质量问题,请与印刷单位调换。电话:(0546)6441693

文化传统与当下

庞朴题

传统大家谈

特邀顾问/庞　朴

主编/李秀珍　王　慧

山东人民出版社

国家一级出版社　全国百佳图书出版单位

编委会

蓝　海　孙应琢　吕　鹏
冯建国　郭海涛　丁　莉

序

这些年来，我与山东的《齐鲁晚报》有些接触和联络，他们开设了“文化传统与当下”这样的专题栏目，采访了很多在传统文化领域卓有建树的专家学者。各位专家学者面向大众，谈节日，说民俗，话传统，聊孝心，从不同的角度、不同的层面阐述了各自对于传统文化与当代生活的观点。近来他们要把这些文章结集出版，会是一件有意义的事。

百余年来，中华传统文化面对近代化、现代化、全球化，曾经表现得很不堪，人们有过失落也有过绝望，以致出现了“五四”狂飙突进式的对中华传统文化的全面否定。正是这种否定，推动了中国社会的变革，使中国与现代国际社会的接轨成为可能。革命之后的中国，面对的是一个加速发展的全球化过程。作为一个中国人，我们每个人身上不管自觉不自觉，愿意不愿意，都传承着中华传统文化的因子。这是我们确定自己文化身份的根本，是建立民族自信、文化自信的基础。充分了解我们的传统文化，学习传统文化的智慧，汲取传统文化的养分，不是要回到过去，而是为了更好地面对当下和未来，也更有利于我们参与到这个不可逆转的全球化进程中去。也因此，我们发掘传统文化，学习传统文化，不能忘记邓小平同志提出来的“要面向现代化，面向世界，面向未来”，只有这样，我们才不会在学习与弘扬传统文化的过程中迷失自己、迷失方向，而是真正做到取其精华，去其糟粕。

我相信大众报业集团齐鲁晚报这次出版的丛书对我们正确地学习传统文化会有所助益。

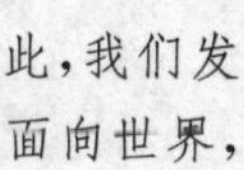

2012年9月于北京

目 录

大家访谈

名家专栏

当下小文谈 叶小文

感悟经典 何中华

大家访谈

许嘉璐：我们想回归自己的传统

齐鲁晚报记者　韩适南　张宏磊

2010年9月26日，一场以弘扬中华文化、促进中外文化交流为目的的论坛在尼山圣源书院盛大开幕。

许嘉璐在开幕式上上台致辞时，没有像其他人一样鞠躬微笑，而是向台下施以中国式的抱拳，这让现场所有人都稍有些惊讶。抱拳在中国古代作为一种见面的礼节，犹如现在的握手，这里有着“久仰”、“幸会”的内涵。作为对中国传统文化研究颇深的学者型官员，许嘉璐的这一举动，无疑是对中国传统文化的宣传。2010年9月26日，齐鲁晚报记者在圣源书院采访了第九届、第十届全国人大常委会副委员长许嘉璐先生，对文化传统与当下的关系，他给出了自己的思考与见解。

一个民族也要“三省吾身”

记者：我们对中国传统文化进行重新挖掘与创新，意义何在？

许嘉璐：在经济全球化的影响下，在西方文化畅行无阻地进入中国大地若干年后，中国人民在反思，想回归我们自己的传统。经济全球化和科技迅猛发展也挟裹着一些不适合中国的，甚至是不适合人类的文化形态和理念，这对整个世界来说都是一种折磨。世界各国人们也在反思，我们的祖先想告诉我们什么？当有人回顾过去时就会发现，原来在公元前的那个时代，一批伟人、哲人的思想在今天还是适用的。现在我们却忘记了他们，背叛了他们，所以才遇到这个问题。

记者：在弘扬传统文化的同时，我们应该怎样对待其他文明？

许嘉璐：中华文化是流动的，每个时期都要有新的内容、新的形式来充实、完善，以适应当前的社会，在这时候学外国是不可少的。那我们怎么去学习？必须以我为主，要有选择地学，要学习对我们有用的东西。同时还有一点，要听听外国学者怎么看中国文化。他们的文化背景，他们的素养，他们的训练有可能使他们和我们有不同的视角。要认识自己就要有镜子。就像一个人，看自己，呀！腿美，手也美，但整体如何？一照镜子，呀！原来整体不好看。要借助世界各国著名学者的方法、视角、学术工具来反思自己，认识自己。《论语》中说，“吾日三省吾身”，一个民族也要“三省吾身”。

砸碎只要一秒，重建要三年

记者：在如今世界各国政治、经济、文化交流越来越频繁的时候，我们该用怎样一种态度来对待这种交流？目前其他国家对我们的文化理解到什么程度？

许嘉璐：《论语》上说，“有朋自远方来，不亦乐乎”，为什么乐？不像到饭馆吃一顿，就乐了。朋友远道而来是带着新的思想来与我们切磋的。“有朋自远方来，不亦乐乎”是接着“学而时习之，不亦说乎”的，远方的朋友是来学习，交流的。我们中华民族也好比一个人。“学而时习之，不亦说乎？有朋自远方来，不亦乐乎？人不知而不愠，不亦君子乎？”现在世界上有许多人不了解我们，我们不要生气，要反省自己，可能是我们宣传得不够。

记者：传统文化的弘扬要靠下一代，但现在我们的教育中有一种缺失，没有把传统文化的营养给孩子们，对此您有什么建议？

许嘉璐：我想通过《教育发展改革纲要》，逐步适当增加传统文化在教育中的分量，这样的情况会有改观，虽然路还很漫长。其实什么东西都是这样，砸碎它只要一秒钟，但重建要三年。我相信，只要目标已经明确，何愁路不通畅。

文化振兴要靠“文化自觉”

记者：现在中国在世界上的地位发生了很大的变化，随着我国经济等其他实力的增强，我们要复兴传统文化，要走一条什么样的路子？

许嘉璐：一个民族文化的振兴要靠民族的文化自觉。“文化自觉”是费孝通先生提出来的。文化自觉就是一个民族要对自己的文化，有清醒全面的了解。

中华文明对世界和人类的贡献将有三个阶段，现阶段我们在向世界输出劳动力，这不是根本性的；下一步是贡献知识，包括自主创新技术；最后一个阶段是智慧，把我们延续了几千年现在又发展了的传统文化包含的理念介绍给世界。要到达最后一个“智慧阶段”，恐怕要等到三四百年以后。

只靠知识精英对话，打不下什么天下。中华文化的复兴，力量还要靠民间，这是一条很长的路，但现在我们还是要做，为子孙铺一点石子路。

赵启正:文化传统是我们民族的原动力

齐鲁晚报记者 郭静

世界开始聆听更多的“中国声音”,在这种声音中,我们的传统文化有着怎样的表达?中国传统文化的弘扬,对于当下有着怎样的意义?当代的年轻一代如何对待我们的传统文化?2010 年 10 月 4 日,齐鲁晚报记者专访全国政协常委、全国政协外事委员会主任赵启正,听他阐述了其有关文化传统与当下的见解。

文化传统也要“与时俱进”

记者：当下大兴“国学热”，不少专家学者大力弘扬传统文化，您如何看待这种现象？对当下有何意义？

赵启正：现在很多人的确比较注重中国传统文化，特别是先哲的箴言、教导。这到底有什么意义？首先我们要问，中国人从哪里来？中国人到哪里去？回答很简单，中国人从“过去”来，到“未来”去，这是显然的。

“过去”是我们民族的根本，是源头。假设我们中国人不了解中国人的文化传统，那么这个民族的发展就缺少了原动力。当然，这里的“传统”，指的并不是中国话，也不是中国书法、京剧，或者中国小说等文化载体。我指的是我们的信念，我们的价值观，甚至表达方式。这些都是古人留给我们的，我们不能丢了祖宗的东西。

比如说“仁义礼智信”，这些为人处世的原则，我们今天不能忘记。具体到这个“信”上，现在多少人不讲诚信？多少人违背诚信原则？所以我在很多演说中讲到，现在有句话，叫“时间就是金钱，效率就是生命”，我说不妨与时俱进，改成“时间就是金钱，诚信就是生命”。最为典型的例子就是一些企业家，弄虚作假，坑害了多少百姓？当然，造假的下场必然是垮台，其实做人也是一样。

记者：那么，如您所说“与时俱进”的话，我们的文化传统应该如何适应目前的时代变化？

赵启正：中国传统文化中有没有糟粕？当然也存在，但是要看怎么解释。

比如说，随着时代发展，“忠孝节义”这些东西就不能按照文化传统去解释了，现在没有皇帝了，还去忠什么君？古代的君是代表国家、社稷，现在的话就是我们的国家，自然“忠君”的“忠”就发展为爱国了。忠于国家，忠于国家利益，这种爱国主义思想是不会落伍的。

“节”，这里面也有糟粕，比如古代女性丈夫死了，要守节，不能再嫁，甚至要上吊、烧死自己,争取一个节烈牌坊,只有这样,才对得起自己的名誉,才是“节妇”。这当然不适应现在的社会,但是现在的“节”可以是对家庭的一种忠诚和责任感,这是需要的。

因此说,并不是传统文化中有糟粕就要摒弃,而是要与时俱进,看你怎么去理解,怎么去吸收。但不管怎么样,文化传统是不能丢失的。

个别人精神危机并不代表中国人精神危机

记者:是不是说一旦丢失了文化传统,中国人就会失去中国人的特质了?

赵启正:是的,假设没有中国的文化传统,中国人就不能称为“中国人”了。打个比方,假设把一个中国人放在鲁滨孙的岛上,给他吃给他喝,让他长大成人,但他还能是“中国人”吗?已经不是了,他是原始人。如果一个中国人生下来就送到国外去,不接触任何中国人、中国文化,他长大后再回到中国,也只能是长了中国人的样子,但不是“中国人”,中国人的礼仪、文明举止、某些文化特色,在他身上是体现不出来的。

所以,历史的传承就是要保持这个民族的精神,这个是万万不可丢失的。现在大家对于国学的“热”,其实就是要挖掘国学中的精华之处,糅合时代精神,结合我们自己的时代特征,进一步发扬我们民族自己的东西。

我们这个时代正处于经济高速发展时期,充满着变化的力量,但历史的传承要继续,中国的精神要保持,这样中国人走向未来,就会保持住自己的文化和特色。因此,在今天来呼唤文化,呼唤传统,既很必要,也很重要。

记者:有人说,当下部分传统的失落,导致中国人失去信仰,产生了精神危机,您怎么看?

赵启正:我不这么认为,我觉得用“精神危机”这四个字来描述中国人的精神现状,过于严重了。

首先,中国人是有信仰的,我们有传统的价值观,有传统的信念,现在我们也在维持这种信仰和信念，并没有将其丢掉不要。

另外，即便有个别人出现精神危机，但并不能说明我们整个中国人都有精神危机。现在有这么一个现象，比如说，有人在谴责贪污腐败，有人在打假，有人在跟不正之风斗争，大家对于社会问题都很愤慨，都在谴责。

所以说现在社会上对于精神上的堕落，或者对于精神上的崩溃现象是具有很强的批判力的，由此可以判断，这个社会就没有精神危机。目前出现的一部分人的精神困惑，只能说是出现了精神方面的问题，甚至是严重问题，但不是“危机”。

“80后”应继承一切优秀的中国传统

记者：那么，在您看来，精神危机的表现是什么呢?

赵启正：如果说不谴责了，认为腐败就腐败吧，反正不是我的钱，个人不检点就不检点吧，碍我什么事？什么都不关心了，无所谓了，那才是可怕的。

一个民族出现精神危机的话，那是相当的数量、大多数人出现严重的精神问题。因为个别人的精神危机和整个民族的精神危机是不同的，所以我觉得说中国人出现精神危机这话，有些夸张。

记者：也有人说，“80后”乃至“90后”是迷失的一代人，因为他们对于传统批判得太多，您怎么认为？对于他们，您有什么样的寄语?

赵启正：说“80后”、“90后”是迷失的一代，我会断然否定这种说法。因为我本身接触过他们中的不少人，说他们迷失，没有理由。

时代在进步，他们也在进步，不过是他们对某些事物的看法或者表现形式不同于我们而已。比如说，他们可能穿的衣服比较时尚个性，可能他们追求的东西跟我们不一样，但他们内心是有追求的，是有自己的信念的，只要有这些，就谈不上迷失。

即便是有些人，比如独生子女比较顾自己，但等他们长大成人、结婚生子后，他们也会发生变化的。

所以我不处于一个教导他们的位置。我只是提示两点：一个是，年青的一代要成长得快，要获得成功，必须具备足够的知识和智慧。当然，多数人是具备平均的知识和智慧，但一部分人，可能 30 岁具备 40 岁人的知识和智慧，那他成功的可能性就大一些，如果 30 岁的人具备 20 岁人的知识和智慧，那他成功的可能性就小些。因此我只能对“80 后”说，要学习、学习、再学习，要向长者学习，向优秀者学习，甚至向身边的父母学习，学习他们的知识和智慧，这是比较高效的成功之路。另一个是要读好书，读凝聚着人类智慧的好书，这样可以成长得更快一些。

记者：那么，对于文化传统，他们可以汲取哪些东西？

赵启正：一切优秀的中国传统都应该继承，比如说“仁义礼智信”，就应该继承。一些箴言、圣贤教导，都可以在现代年轻人身上继续发扬光大。另外，中国的传统和外国的传统并不“打架”，比如说他们爱自己的父母，我们也爱，可能爱的方式和内容有所差别，但本质是一样的。

陈来:心灵的依托不能靠外来文化

齐鲁晚报记者　韩适南

国学渐热,传统愈显。当下我们为什么要弘扬传统,当下我们应该怎样来学习国学?当中国在世界格局中的位置发生变化时,我们需要复兴什么样的文化?我们的传统文化是否已经做好了复兴的准备?宏大的文化对我们个人,有哪些切实的影响?2010年10月21日,齐鲁晚报记者专访了清华大学国学研究院院长陈来先生。对这些问题,陈来先生给出了自己的思考和见解。

记者：在许多人看来，文化研究只是书斋里的打闹，是一种阳春白雪式的情调，和民众的距离太远，比如，这些研究能帮我们解决住房问题与交通拥堵吗？能帮我们更好地解释中美关系吗？能让生活压力巨大的我们找到一丝精神慰藉吗？

陈来：文化是不能要求直接的功利性的，所有文化都一样。贝多芬的音乐能解决住房问题吗？《荷马史诗》能解决就业问题吗？唐诗宋词了解得多，就能帮人们面试了吗？不能。

但人生的需求是非常丰富的，是多层次的。例如，信宗教就能解决所有问题吗？当然不能，但能改变你认识问题的态度。为什么宗教能一直存在？就因为它一定能满足人生命中的一些需要。

不能说文化没有实际作用，只是我们对什么是实际要有一个全面了解，不能这么直接。黑格尔讲“存在的就是合理的”，既然这么出现了，就有一定的价值。

许多40岁以上的人，在自己的专业领域有相当的成就和建树，也来参加一些国学班和文化班，就是因为随着人生的发展，他们对文化和精神的需求越来越丰富。

记者：我们到底需不需要弘扬传统文化？直接借鉴西方国家的优秀文化不可以吗？这个问题从清末以来就被反复讨论，您的态度是什么？

陈来：这百年来，对待文化的观点也是有些起伏变化，不能说这百年来都是全盘西化。

五四时期，在思想界、文学界兴起了新文化运动，其中最重要的一支是新文学运动。后来发展到全盘西化，但时间不长，十年多一点的样子。

五四时期正如《新青年》一样，代表青年的文化。青年的文化在当时成了主导文化。老一点的人说不上话，全是二十几岁的人。但随着年轻人的成长，他们自己就会变。结了婚，生了孩子的人和一个大学生说话根本是不一样的。

接着就是“九一八”了，这时“五四”在主流文化里基本被甩掉了。这时不是民主，不是自由，而是团结。团结主要是依靠内在的传统。抗战中用来动员大家的资源是什么？是传统文化，此时，传统文化就发挥了这样巨大的作用。

每种文化都有优秀的东西。弘扬传统文化和借鉴西方文化并不冲突，也不矛盾，比如我们对印度文明的吸收就是例子。没有人要拒绝西方文明，主要是怎么摆它。

弘扬传统文化不能解决我们所有的问题，所以我们必须不断学习西方文化来帮助我们，但有的东西是很难替代的。中华民族的民族精神，这不是外面的东西可以代替的。

精神家园的建设，心灵的依托，也不是靠外来的文化就能解决的。我们更喜欢跟自己的文化亲近，找到自己的精神家园，稳定自己的心灵。

记者：从世界格局来说，中国的地位发生了深刻的变化。我们讲中华复兴，有一条是文化的复兴，那么我们应该复兴哪些文化？面对世界格局的变化，我们在文化上有没有做好迎接复兴的准备？

陈来：对我们来说，确实要复兴中华文化。一段时间以来，中国人是处在挫败的、自卑的状态之中。总体来讲，文化复兴是讲三千年以来中华文化的伟大创造，一些世界观、价值观，以及认识世界的态度、对世界的审美的观念。

传统文化复兴，不是传统文化一家独大，是和现在已有的文化、自己创造的文化、其他优秀的文化一起复兴。

不能说我们做好了文化复兴的准备。这个口号提了十几年，现在有一些准备，不能说做好了，因为对文化的复兴，还是认识上有差异，有人停留在20世纪五六十年代的想法，许多做和传统文化有关的事的人，还有这样的想法。有人认为，古代文化只有放在博物馆的作用，是死文化，和现代社会没有连接。从这个角度来讲，没有做好。

当然有许多人在积极提倡。我觉得民间的反应不错，没有诸多限制，没有各种条条框框。

记者:温家宝总理最近在联大推介中国,现在的西方对于中国的认识到了什么程度?中国对西方的了解呢?许多人一直强调中国真正的复兴,是价值观的输出,而不是廉价商品的输出。如果我们要输出价值观,该输出什么样的价值观?是改造后的儒家吗?

陈来:中国人对西方的了解,大大超过西方对中国的了解,这个差距非常大。从国际的关系来讲,我们与外界发生了许多冲突,一个方面就是外界对中国不了解,对中国当代的政治不了解,对中国的历史不了解。因为中国当代许多东西是从古代来的。

现在没有文化输出的提法,我们主要做的还是让西方了解我们。十年前我们是韬光养晦,现在我们虽然有孔子学院,但主要是以教授语言为主,没有有意识地宣传中国文化,主要是让别人了解我们。

就目前来讲,许多人对中国的了解非常偏颇。有人对中国的理解还停留在18、19世纪。

我一个在美国的朋友告诉我,他的一个学生生长在美国,因为这个学生经常去上海北京,所以对中国有很好的了解,但这个学生的历史老师,还是把中国人讲成18、19世纪的样子。学生告诉历史老师他讲得不对,但老师不能接受。现在中国人是很急切地了解外面,而美国等一些国家的一些人对中国有偏见。

记者:国学逐渐成为显学,但是许多人对国学的学习,还是以“旧典章”为主。在当下,我们应如何学习国学,弘扬传统文化,让国学对我们产生实质有益的影响?

陈来:典章是和制度联系在一起的,典章制度和价值是没有直接关系的。现在大家读得比较多的还是经典,就是经书。

不光是儒家,法家、兵家大家都在读,现在读孙子的人可能比读四书五经的还多。杂家,还有道家也有好多人读,读这些书的人,大部分都和现在的管理有关联。

也有一部分是从文化教育出发，基本上是强调儒家文化经典，主要是四书。这个是不变的。现在有好多读经活动、读经班，广义上来讲，经典的还包括一些文学的作品。整体来看，文化方面、教育思想方面、典章制度的学习比较少。

刘长乐:儒家文化还在复兴中

齐鲁晚报记者　郭静

刘长乐,凤凰卫视董事局主席兼行政总裁,这位创造了“凤凰传奇”的山东人,一直景仰中国传统文化并孜孜以求。有人称,刘长乐在经营凤凰卫视时灵活运用了中国传统文化的高超智慧。正是源自于中国传统文化的智慧和力量,让刘长乐有了自己的高远目标,那就是“在英语一统天下的媒体事业中打造出一个华语的天空”。

在这个被公众称为“和商”、“佛商”以及“太平绅士”的媒体界精英身上,到底有着怎样的文化底蕴?目前传统文化掀起新的热潮,刘长乐对此有着怎样的见解?借

2010年9月第一届尼山论坛举办之机，齐鲁晚报记者专访了刘长乐。

儒学没有向外输出和布道的优势

记者：今年的9月26日，您参加了在济宁举办的首届尼山世界文明论坛，参加对话的初衷是什么？您认为这样的世界文明之间的对话，对于中国传统文化的推广有着怎样的意义？

刘长乐：这次参加尼山论坛是应许嘉璐副委员长之邀。我跟许嘉璐副委员长是忘年交，之前就有过很多合作。举办世界文明论坛，这个想法非常好，非常符合现在国民的期盼，符合现在文化发展的需求。

我自己是山东莱芜人，也愿意在自己家乡做一点事情。除了对尼山论坛的电视转播，还有阮次山这样的重量级评论员参与，在跟尼山论坛的合作中，传播了传统文化，同时也对媒体所承担的责任提出了更高要求。

我认为，这具有里程碑的意义，通过这次文明对话，更进一步把儒学推向世界。其实，目前儒学已经开始走向世界，只是还缺少像这样的高起点的高端对话，这对儒学的推广来说是很好的切入点。

记者：儒学既然需要大力推广，是否说明其本来还是一种弱势文化？那么弱势文化的特点是什么？强势的文化又具备怎样的特征？

刘长乐：只有当一个国家的文化与价值观在国际社会广为流行并得到普遍认同，这个国家的软实力才算是真正提升了。因此，目前来说儒家文化还是一种弱势文化，或者说是正在复兴中的文化。文化复兴应该是每个中国人自觉的责任，媒体尤其要承担这种责任。

弱势文化的特征很显然是在世界文化中占的份额不够大，或者是传播中的份额不够大，缺少对外输出的力量。所谓强势文化，比如西方文化，市场份额和实际人口规模是不成正比的，它所具备的力量已经超越了人口的规模，就像基督教，在世界人口的比例已经占得相当大。

另外，强势文化具有强烈的占有欲望，具有非常强烈的输出欲望和优势，具有强烈的布道的优势。按照这个标准来说，儒家、佛教都没有向外输出和布道的优势。

当然，这也不能说儒学完全是弱势的，儒学的特点是跟时代结合得比较强。经历过“五四”以来对儒学的伤害和摧残后，现在很多人开始呼唤儒学的回归，但还没达到扩张和输出的地步，应该说目前连回归都没有做到。

西方对中国文化的猎奇和蔑视还会长存

记者：儒学文化中是否具有向外输出的因素？中华民族的真正崛起，应是经济实力与文化实力同步为世界所瞩目。面对目前严重滞后的文化软实力，如何提高中国文化在世界的影响力？

刘长乐：我们这次和基督教对话，就带有一定的寓意了。因此我强调不能单纯说儒学就是弱势的，它是正在复兴的文化和正如日中天的基督教文化的对话，这应该是儒学走出去的起始，只是儒学在世界上的传播还刚刚开始而已。

现在有个观点，认为软实力不走出去，硬实力永远成不了中流砥柱，因此我们的软实力是希望走出去的。中国文化软实力的问题我一直比较关注，这也是作为一个媒体人所应关注的问题。记得季羡林先生曾说过，“文化软实力是非常重要的国力，是民族的生命力”。应该说，在取得令世界瞩目的经济腾飞的成果的同时，国家文化软实力的提升已经成为我们的共识。

现在中国政府已经推出了《文化产业振兴规划》，已将文化产业的建设和中华文化软实力的建设提升到国家战略的高度，我想我们在最近一个时期是能够有所作为的。

记者：那么，儒学在走出去时，会不会引起西方世界的质疑？比如说“中国威胁论”等言论。

刘长乐：是不是具有威胁力，这跟一种文化的特质有关。而儒学向来讲“和”，讲“中庸之道”，因此不具备侵略性。我觉得儒学走向世界，只是一种文化的影响力在扩大，它在走向世界的过程中，代表了中国根本的文化特色，它会让世界知道什么叫“和为贵”，什么叫“己所不欲，勿施于人”。如果这样的话，“中国威胁论”是站不住脚的。

振兴文化产业迫在眉睫

记者：中国传统文化和西方文化有比较强的异化性，那些对本国文化有优越感的外国人，您认为他们会如何接受中国的文化？

刘长乐：为了好确定，我们大体上可以把文化分为东方文化和西方文化。西方文化和东方文化有很大的不同，你说的异化性的问题是完全存在的。在西方人的观念中，西方文明至上是根深蒂固的。

但是我们也能看到，随着中国在国际社会中的形象和影响力不断提升，它带来的直接效果就是外国人开始对中国文化和中国人刮目相看。但是我们也要看到，西方文化对中国文化的这种猎奇甚至蔑视还会存在很长一段时间，在很大程度上，可能包括了他们的种族主义倾向，包括了他们的价值观所带来的优越性。

因此，我们作为中国文化的弘扬者，要想向世界推广中国传统文化，首先要做好两种文化的沟通，而这就需要更多高端的对话。沟通和对话是很必要的，而仅仅用民族的东西来包装文化用来输出，则可能适得其反。

记者：您刚才谈到用民族的东西来包装，是否指的本土化的过程？在文化提升的过程中，这种本土化应该如何处理？

刘长乐：我认为要宣扬中国文化，本土化是肯定的，但是包装的外壳用什么方式很重要。也就是说,这个外壳可以不那么本土化。举个例子,比如迪士尼拍摄《花木兰》、《功夫熊猫》等,这些是中国的故事或代表形象,但他们完全用了好莱坞的方式来演绎。

有些人认为我们老祖宗的东西被外国人给糟蹋了,其实我认为不管什么样的变化,宣传了总比什么都不做强。当然,如果有中国化的包装,中国人可能更好接受,但是外国人是不是能接受就很难说了。

另外一个问题是文化产业的问题。很多人都说,最赚钱的文化产品大多数不是我们自己的。电影跟好莱坞有一大段距离,卡通也比不过迪士尼,一个《阿凡达》就能让美国人赚得手软。这说明什么?这说明我们的经济虽然高速发展了,但是我们的文化还没有腾飞,说明我们的民族文化还没有振兴。这不是耸人听闻,振兴文化产业,真的是迫在眉睫。

人间佛教走的是文化的路子

记者:您与星云大师的对话录《包容的智慧》,广受好评。您是不是通过这种文化传播方式,把"包容"、"平和"等传统文化的智慧传递给世界?

刘长乐:中国传统文化的精髓的确可以归结为"东方智慧",这种东方智慧最突出的特点就是文化包容性。

中国传统文化中儒释道三家一直并存发展,一个山上可能同时供着好几种佛像和道教祖师,这就是一种多元的包容。中国文化历史的发展证明了,中国文化对外来文化采取了包容的态度。比如印度佛教文化的传入,就成功地融入了中国文化,并深刻影响了中国文化,同时中国文化也给予了包容。如今佛教在中国的地位和影响力,已经说明了这点。

从人类文明的历史来看,世界从来没有被某一种文化所统一过,文化永远都是多元的、交流的、互通融合的。"有容乃大",世界上任何一个国家、一种文化想要发展强盛，就要“泰山不让土壤，河海不择细流”，越是能包容多种文化，这个国家、这种文化就越是发达。

记者：目前，在经济大发展的情况下，有些国人出现了精神浮躁和迷惘，中国传统的文化在不断弘扬的过程中，如何来启迪现代人的现实生活呢？

刘长乐：人们除了衣食住行外，肯定还有精神的需求。过去人们吃不饱，顾不上，现在衣食无忧了，需要更多精神上的东西。这种精神的需求是文化或者宗教给予人的一种安抚和慰藉。人，作为高级动物来说，这是其本能的需求。如果吃了睡睡了吃，那跟动物就没什么两样了。因此，弘扬正宗的儒学或者宗教，这是社会的进步，不是倒退，也不是迷信。因为这是按照人的本身规律来的，如果不去引导和弘扬，就会有邪教乘虚而入。

还有人有一种错觉，认为信仰佛教或者学习佛教，都会成了信徒信众。其实不然。比如我钟爱佛教，但谈不上是信徒。还比如佛教到底是有神论还是无神论，也存在争议。原始的佛教是无神论，因为信仰的释迦牟尼本身就是历史上所存在的人物，他不是神。

佛教修的是一种处世哲学，修炼的是真善美，是大慈大悲，是人类在精神世界比较阳光明媚的那些东西。而星云大师所倡导的人间佛教其实走的是文化的路子，是伦理道德的路子，在当下有着非常现实的意义。

当然，儒学是一种文化，其弘扬的东西很多内容都是跟现实相关的，它本身是入世的，是跟时代命题息息相关的，弘扬儒学，弘扬传统文化，其实就是弘扬一种健康积极、阳光明媚的文化生活和精神状态。

颜炳罡：数千年中国文化之门何以开启

2011年10月29日，由齐鲁晚报社和山东省图书馆联合举办的“大众讲坛”邀请复圣公颜子七十九代孙，山东大学儒学高等研究院副院长、教授、博士生导师颜炳罡先生做了题为《孔子和他的弟子们——数千年中国文化之门何以开启》的讲座，为听众解读孔子和他的弟子们对中国文化的贡献。

今天，我借助这个讲题，想告诉大家两条信息：首先想告诉大家，在礼崩乐坏、“滔滔者天下皆是”的春秋末期，孔子不是一个人在战斗，而是带领一个庞大的文化团队与流俗战；其次，想告诉大家，孔子上承六经，下开诸子，他与他的弟子们共同开启了中国文化传承之门，造就了中国文化史上第一个黄金时代，即诸子并作、百家争鸣文化高峰的到来。

无孔子则无中国文化

著名的史学家柳诒徵先生曾言，“孔子者，中国文化之中心也，无孔子则无中国文化。孔子以前数千年之文化，赖孔子而传；自孔子以后，数千年之文化，赖孔子而开”。把孔子与整个中国文化的有无联系起来，认为没有孔子就没有中国文化，这个评价是相当高的，同时也是切合实际的。

孔子离今正好是 2562 年。中华文明上下五千年，孔子恰恰处在五千年的一个中间点上，由此有学者说，前 2500 年的文化，都收在孔子那里，后 2500 年的中国文化，都由孔子开出。由此说来，孔子在中国文化史上起着承上启下的关键作用。

孔子最伟大的意义在于实现了华夏文化自觉。孔子是实现文化自觉之第一人，或者说是将华夏文化的传承自觉担荷起来之第一人。孔子之前，有尧、舜、禹、汤、文、武、周公，但这些人物都以取得政权或保有政权为自己的使命，没有将文化传承视为自己的使命。换言之，他们是政治人物，不是文化人物。孔子虽然也以平治天下为自己的使命，但他更以文化传承为自己的使命，孔子不同于古圣往贤之处在于：他是文化人物，不是政治人物。

“文王既没，文不在兹乎？”意思是说周文王已经死了，华夏礼乐文化不就在我这里了吗？“斯文在兹”是何等的气魄与担当！孔子自觉地将传承华夏文明作为自己的历史使命，自称是“述而不作，信而好古”。“述而不作”就是继承、阐述而不妄作。删

《诗》、《书》，定《礼》、《乐》，赞《周易》，修《春秋》就是孔子所“述”。《诗》、《书》、《礼》、《乐》、《周易》、《春秋》号为“六经”。“六经”皆先王之旧文、历史之文献，孔子平生工夫就整理、传承这些文献，用它教育学生，所以说他是“述而不作”。不少学者指出，孔子之述就是孔子之作，孔子通过整理“六经”，赋予它新生命，给它以新的意义，这种述无异于作。孔子乃中国经学之开祖，经学就是以述代作之学。

孔子将古代的文献整理出来，不是私有或传给子孙，而是把它还给整个社会，还给我们这个伟大的民族。“孔子以《诗》《书》《礼》《乐》教，弟子盖三千焉，身通六艺者七十有二人”(《史记·孔子世家》)，正是孔子用它教育自己的学生，所以让“六经”传承下来了。没有孔子，“六经”可能亡佚了。“六经”就是现存的前孔子时代的文献总汇。

有了孔子，中国才有了真正意义上的师生关系

前孔子时代，教育为贵族阶层所垄断，孔子兴私学，打破了“学在官府”的局面，开创了中国文化传承的新纪元。孔子的私学就是民办教育，民办教育的兴起使文化下移，教育向全民开放，也就是“礼乐教化”向全民开放。随着民办教育的兴起，一种以文化传承为纽带的新型人际关系即师生关系出现了。有了孔子，在中国才有了真正意义上的师生关系。有了私人的师生关系，文化传承的重心就由官府转移到了民间。如果文化承传完全依靠官僚体系，那么官僚体系一旦解体，必然会造成文化延展的断裂。文化下移，文化承传的责任由全社会尤其是民间力量来担当，这样才使得中国文化历尽劫难而不绝。东汉末年到魏晋南北朝时期，中国社会长期动荡不安，战祸不已，官学体系几兴几废，而民间私学甚至家学传承不绝，故而隋唐以后中国本位文化才得以再度复兴。

孔子和他的弟子是一个以道义担当为使命的文化团队，也是一个以德性感召为凝聚力的情感团队。孔子在人类教育史上第一次提出了“有教无类”的教育方针。“有教无类”就是教育面前人人平等，人人有受教育的权利。孔子的学生既来自四面八方，又来自不同阶层，来自不同的年龄段。他的弟子既有鲁国人，也有齐国人；既有卫国人，也有吴国人；既有陈国人，也有楚国人等等；既有贵族，也有贱人；既有富商，也有穷人；有的弟子只比孔子小6岁、9岁，有的则比孔子小48岁、53岁等等。孔子讲学没有固定的道场，在山巅，在水涯，在居所，在途中，无处不可以为教，无时不可以为教。《庄子》所谓的孔子“游于缁帷之林，休坐乎杏坛之上。弟子读书，孔子弦歌鼓琴”，其中的“杏坛”只有象征意义，并不是孔子固定的道场。

孔子善教，学生善学，孔门弟子个个都非常优秀。《史记·仲尼弟子列传》这样说：孔子的弟子，“皆异能之士也。德行：颜渊、闵子骞、冉伯牛、仲弓。政事：冉有、季路。言语：宰我、子贡。文学：子游、子夏”。德行、政事、言语、文学是孔门四科，四科就是四个专业。德行相当于义理之学，即哲学；政事，相当于经济之学，以培养治国平天下之能臣为宗旨；言语，有人认为相当于辞章之学，其实是培养外交家的；文学是属于今天的历史文化专业。

孔子的文化团队当时人绝不敢等闲视之。孔子与弟子们相去楚国，楚昭王打算封给孔子一个方圆七百里的地方让孔子及其弟子进行治理。楚国的宰相子西就向昭王进谏：“王之使使诸侯有如子贡者乎？”曰：“无有。”“王之辅相有如颜回者乎？”曰：“无有。”“王之将率有如子路者乎？”曰：“无有。”“王之官尹有如宰予者乎？”曰：“无有。”子西说，大王如用孔子，“则楚安得世世堂堂方数千里乎？”昭王乃止。孔子及其弟子在当时不见用，不是没有才能，而是才能太突出了；当时统治者不是不想用，而是不敢用。

孔子与弟子是千古师生的典范。他视伯牛之疾，哭颜回之丧，叹子路之死于非命，今天读来都令人感伤。他唯一的儿子死的时候，并没有史料记载他是如何悲痛，但是他心爱的学生颜回死时，他却“哭之恸”！连呼：老天爷要我的命，老天爷要我的命。

孔子死后，弟子们皆像失去父亲一样，为其服心丧三年！三年之后，子贡再回到孔子的墓旁，又守三年。孔子的这些弟子有的在做官，有的在讲学，有的在经商发财，这些社会精英为什么可以为一介布衣的老师守心丧三年？只为心安，不这样做心就会不安！所以，孔子与他的学生是一个德性相感召的情谊团队。孔子与他的弟子共同创造了中国文化的辉煌，或者说为中国文化第一个黄金时代的来临奠定了基础。

正是孔子及其学生的努力，使文化迅速下移且广为传播

孔子还在世的时候，他的许多学生就开始讲学，传播老师之道。孔子的学生澹台灭明"南游至江，从弟子三百人，设取予去就，名施乎诸侯"。孔子听说之后，大为感叹。澹台灭明少孔子 39 岁，他有学生，孔子的其他弟子如颜子、曾参、有子等在孔子在世时都可能有自己的学生。孔子死后，七十子之徒散游四方，走到全国各地去，大者为师傅卿相，小者教士大夫，或办学从教，或隐而不见，这样就将中国文化传播开来。

正是孔子及其学生乃至再传学生的努力，使文化迅速下移且广为传播，一大批社会底层人士由于接受教育而由农、工、商转化为士，"文士"阶层开始活跃于中国历史舞台。如果百家争鸣是中国文化史上的第一个高峰的话，孔子和他的学生就是这座高峰的基石。

春秋战国时代，是诸子蜂起、百家并作的时代。这个时代也是中国文化的典范时代，以后两千多年的中国文化史都是对这一时期思想的再诠释和再发挥。从这个意义上讲，孔子及其弟子开启了中国文化之门。

所谓诸子百家，不过儒家、墨家、道家、佛家、名家、阴阳家、纵横家、杂家、农家、小说家等十家而已。依《汉书·艺文志》的说法，这些家都是"六经"之支或流裔，而"六经"是先秦一切诸子的总源头。"六经"是经过孔子删削过的"六经"，没有孔子及其学生或再传学生的文化接力，"六经"是无法传下来的。

如若"六经"断灭，这样先秦诸子的出现、百家争鸣的形成是不可想象的。从这个意义上讲，孔子是先秦诸子的总源头。

人们常说，孔子是儒家学派的创始人。不过，孔子本意并没有想去创立一个什么“家”。孔子只是以文自任，将中国文化继承下来，传播开来，延展下去。如果硬说孔子是儒家学派的创始人的话，那么孔子所代表的儒家也是中国文化的主流，而其他家如墨家、道家、名家、阴阳家、法家等都是与这个主流文化相关的支流。

在先秦时期，两个学派影响最大，即儒家与墨家。墨家的创始人是墨子。《淮南子·要略训》说：“墨子学儒者之业，习孔子之术。”显然墨学源于儒家，或者说是从儒家阵营中出走的反对派。没有孔子“有教无类”的办学方针，像墨子这样出身于社会底层的人不可能成为一代文化宗师。

孔子与道家。长期以来，不少人一直认为，道家的创始人老聃是孔子的老师。其实，孔子问礼于老聃的老聃与著《老子》五千言的老聃是两个人。两个老聃的思想观念、价值取向，完全不同。孔子问礼的老聃是精通礼、信奉礼的人，而著《老子》的老聃是强烈批判礼的人，甚至视礼为祸乱之首的人，人们会问：孔子会向一个强烈批判礼的人去问礼吗？

墨家是从儒家走出来的反对派。墨家许多观念是针对儒家而言的，而道家又是针对墨家而言的，由儒家到墨家，再到道家，是一个逻辑上否定之否定过程。墨家强调有为，老子主张无为；墨家强调辩，老子是弃辩；墨子贵义，老子弃义；墨子尚贤，老子不尚贤；墨子尚同，老子小国寡民；墨子“天志”，老子“天地不仁”等等，概无一不相反也。从这个意义上讲，《老子》一书应受到孔子间接之影响。

道家学派真正形成于庄周。章太炎、郭沫若、童书业等先生认为庄周思想是源于颜氏之儒即孔子的大弟子颜回所开创的儒家的学派。这个考据既合逻辑，也有史料支撑，我们认为是可信的。

至于法家，郭沫若先生认为法家的始祖是李悝。李悝就是李克，李克是子夏的弟子，商鞅是李悝的学生。法家理论的集大成者韩非和法家理论的具体实践者李斯，都出自儒家人物荀况门下。如果郭沫若先生的研究属实的话，我们完全有理由相信法家源于儒家或者法家是儒家的变异。

孔子与阴阳家是什么关系？邹衍本来就是儒家。顾颉刚先生说：“我很疑驺（邹）衍亦儒家。”顾先生的观点是有根据的。其实章太炎早就指出：阴阳家“乃儒家之别流也”。我们认为，阴阳家就是阴阳家，不是儒家，但源于儒家。

至于名家，史学家早已指源于孔子的“正名”之说，而纵横“以读书为专业，以揣摩为手腕，以取尊荣为目标”（顾颉刚语）根本不配为家，而杂家是“兼儒墨、合名法”，难以立家。由是我们指出，孔子是上承六经，下开九流。孔子对诸子之影响，有直接之影响，有间接之影响。先秦诸子有的是直承孔子而来，有的是孔外别传，有的是反孔而起。孔子及其弟子对中国文化贡献可谓大矣。

王大千:向孔子学习快乐的智慧

齐鲁晚报记者　赵丽

孔子文化的精髓是什么?在社会转型期,我们能从中得到哪些教益?中国传统文化的弘扬,对于当下有着怎样的意义?学习、传播传统文化时,要注意什么问题?2010年11月16日,齐鲁晚报记者专访中国孔子基金会副秘书长、《中国儒学年鉴》主编王大千,听他阐述了有关文化传统与当下的思考。

■关于“论语普及工程”：已经编辑出版的有《社区论语》、《公务员论语》、《手机论语》、《公交论语》、《酒店论语》等。

记者：近年来，中国孔子基金会推出了“论语普及工程”，将孔子文化推广、渗透到多个社会领域，您能介绍一下这项工作吗？

王大千：以前，孔子基金会注重传统文化的学术研究，现在在组织专家研究的同时，注重与普及、推广和传播相结合，向传统文化社会化、生活化、现代化、国际化、产业化方向发展。现在，我们的“论语普及工程”已经开始三年多了，先后出版了《酒店论语》、《社区论语》、《手机论语》、《公务员论语》、《公交论语》等等，还结合上海世博会编辑出版了《世博论语》。

在这个传播品牌工程中抓了几个点，还是比较成熟和成功的。一是与济南公交公司联合推出了《公交论语》，这本书已经再版了三次，作为企业管理与传统文化的结合，在全国公交系统都是有影响的，上海、深圳的公交系统纷纷前来学习，后来又推出了“论语进车厢、进站点”等活动，在市民中反响也很大。

另一个点是“论语社区”，典型例子是历城区的祝甸社区。祝甸是由传统农村转型为现代城市的社区，在这里推广《论语》，主要是想帮助居民适应现代生活、塑造新型邻里关系，将孔子文化引导成为一种社区文明。在这里打造了“论语广场”、“论语长廊”，《百家讲坛》的主讲人之一曾仕强教授等学者都去做过讲座。

社区的另一个典型是历下甸柳社区，它和祝甸不同，本来就是一个全国知名的学习型的社区，在甸柳推广《论语》，有助于提升它的品牌和形象。此外，还有四川成都的“西贵堂”、章丘的“山水泉城”，这两个新楼盘在建设中就贯穿了“孔子住在隔壁”这一理念，按照“君子之居”的目标打造，甚至连地下车库里都是孔子文化的学习场所。

在济南天桥区，由一个“中学诵读经典”扩展到一个全区的“读书节”。此外，还有九阳集团、用友软件等企业，以及一些酒店、旅行社，也在企业文化中借鉴融合了孔子文化。

说到国际化，现在时机很好，国际国内的大环境很好，我们和孔子学院战略合作，将汉语学习与传统文化传播结合起来，已经出版了英、日、韩、德、俄等8个语种的《论语》版本。另外，文化变成产业才更有动力，在文化产业运作上，我们旨在打造孔子核心文化品牌，包括推广孔子像、汽车版《论语》(CD/光盘)、家书工程、孔子书包等动漫衍生品、文化礼品、汽车挂件等，现在已经有十几家公司在做孔子文化产品，形成了聚集效应。

■关于《论语》与孔子文化："一个中心，三个基本点。"

记者：您研习孔子经典多年，能描绘一下孔子在您心目中的形象吗？

王大千：因为工作的原因，我也是这几年才开始系统学习传统文化的，可以说是补课。孔子是一个非常鲜活的人，坚韧而不乏幽默，博学而又充满智慧，他的性格就是中华民族性格的写照，所以生命力也更强。我觉得，孔子文化是能带给我们快乐的智慧，是能够让我们在困境中通过自我调节获得内心充盈的文化。这种文化能让人安身立命，安已达人，是有现实意义的，不是虚无缥缈的。

我们读《论语》，这里面有很多道理，其实贯穿始终的是一个"乐"字。我把它总结了一下，可以概括为"一个中心，三个基本点"。"一个中心"就是"快乐"，人生就是不断获取驾驭幸福的能力，告诉你怎么去获得幸福；"三个基本点"对应着《论语》开篇的三句话，我的理解，《论语》开宗明义，就是讲人的一生要处理好三个问题。第一句是"学而时习之"，这是在谈知与行的关系，谈学习和实践的关系，从中找到学与习的乐趣；第二句"有朋自远方来"，是讲处理好人与人之间的沟通、交往，说的是人与人、人与社会的关系，从中得到快乐和温暖；最后一句是"人不知而不愠"，这说的是什么？我觉得是强调心态的重要性，没有人能使你不快乐，心态决定一切，快乐来自内心。

■关于传统文化与当下："欲望超过能力，就会浮躁，犹如一地鸡毛，而传统文化就像书桌上的镇纸一样，使你安宁。"

记者：您觉得，孔子、儒学和传统文化对于当下有着怎样的意义？

王大千：我觉得这些与时代是相融相通的，我们现今的民族文化、民族性格与传统是一致的。比如我们说"和谐社会首先是内心的和谐"，这与儒家的"修己以安人"就是相通的，只有先使自身的心灵安定、平和，才能安天下、安百姓。再比如，"90后"、"00后"所谓的"新新人类"，如果你说他"这是个小人"，他也会不高兴，向善之心、做君子之心是每个人都有的，并未因时代变化而断绝和割裂，我们的价值观依然与古人相通。你比如电视上《非诚勿扰》之类的征婚节目，那是"80后"、"90后"人的择偶选择，但里面也充满对"仁义礼智信"的看重。看这些节目，你会发现通常那些谦虚的人、老实的人、有担当的人、孝顺的人成功率比较高。所谓"刚毅木讷近仁"，那些巧言令色、骄傲自大、夸夸其谈的人一般不会受欢迎。这说明今天青年人的基本价值观是正面的，正确的。

其实，现代社会和圣贤生活的时代，虽然有着很大的区别，但是根本上应该是一样的，都会面临竞争、压力和焦虑这些东西。孔子经典里讲的快乐、寻找精神家园、乐天知命、关注当下这些理念，对回答现代问题很有启发。

当下社会处于转型期，经济发展了，但很多人忙忙碌碌，心态浮躁、迷失，精神空虚、惶惑。这些状况为什么出现？因为社会发展太快，而个人选择太多，各种欲望太强，让人无所适从，无法安定心灵。孟子有言，"行有不得者皆反求诸己"，要解决这些困惑，需要重新审视、反思自身，求助于自己的文化传统，去做文化上的回顾和观照。

当欲望超过能力，就会出现浮躁，犹如一地鸡毛一般，这时就需要停下来，静一静，就像《大学》中说的，"知止而后有定，定而后能静，静而后能安，安而后能虑，虑而后能得"。传统文化就像书桌上的镇纸一样，往上一放，它有分量，纷乱的、飘摇不定的情绪就给“镇”住了。

■关于传统文化的学习:“这就好比吃中药,需要慢慢调养,不能急功近利。”

记者:有人说传统文化是需要浸淫其中慢慢品味的,否则只能得其皮毛,难得精髓,因此教育和学习时应该在“细水长流”的状态下进行,您是怎么看的?

王大千:古人讲修养就是这个道理。要修,要养。修养不是一日之功。学习传统文化好比吃中药,需要慢慢调理,不能急功近利,这不是开个会就可以解决的事,并不能马上见效,需要结合社会阅历、生活经验去体会、参悟。《论语》就像健脑补心丸,在不同的年龄段读起来有不同的感受,30岁、40岁、50岁去读感悟都不会一样。这样的学习不能空对空,“学而不思则罔”,需要身体力行,在实践中成为一种生活方式,来自传统,回归生活。

现在我们的人文教育、人格教育相对缺失,学校太强调传授专业知识,但缺少思想、理想、价值取向方面的引导。其实,你看孔子对务实的东西基本不讲,他不讲专业技术知识,他看重的是自我的提升和价值判断力。现在的教育,则是教得多,育得少。我常说现在的孩子是“有气无力”——有脾气、有娇气、有怨气,无学习力、无执行力、无判断力。我觉得年轻人的培养,应该学会四点——学会学、学会听、学会看、学会干,然后在实践中找到自己,找准定位,找到方向和方法,成功就是不断地坚守,只有驾驭好自己,才不会在纷繁的社会中迷失。

李铭：古建筑是可以触摸到的历史文化

齐鲁晚报记者 董从哲

“海右此亭古，济南名士多。”作为中华文明的重要发祥地之一，济南这座蜚声海内外的历史文化名城，有一代代风流雅士在此留名，更有一片片历史街区和优秀古建筑在城内遗存。

然而，在近年求高、求大、求新的城建开发热潮中，一片片历史文化街区被挖掘机夷为平地，相当多的特色古建筑未来得及解读便惨遭灭顶之灾。

高都司巷、县西巷片区、大明湖片区、卫巷、宽厚所街及舜井街片区、鞭指巷及省府前街片区、苗家巷、魏家庄片区、普利街片区和岱宗街周边都先后拆迁……

数千年的历史和保存尚好的老街区，促成济南评上“国家级历史文化名城”，随后它们就好像被济南这座城市遗忘，被房地产开发商们漠视。

但总有一些人，他们更能读懂这些老街巷、老建筑所蕴涵的历史文化信息，更能懂得它们独特的文化价值，也更为它们的逐渐远离而痛心。他们在不断地呼吁，抢救，挽留，珍藏……

济南市考古研究所所长李铭，一位地道的济南人，从事文物考古和文物保护工作三十余年。本着“对济南这座历史文化名城的热爱，对地上老建筑基于专业性了解所产生的真挚感情，一个文化界人士应有的古建筑审美视角”，李铭对济南老街巷、老建筑的保护不遗余力，不计得失。

利用工作和业余时间，他走遍济南城的各个角落，搜集资料，研究整理这些独特的历史文化资源，拍摄了大量的珍贵图片，出版了多本相关著作。他为被列入拆除范围的一片老街巷、一座老建筑的命运而奔走呼吁，也为能最大限度地保留那些被拆除建筑的文化信息而记录整理……

2011年11月初的一天，这位老济南人接受了记者专访。就老济南历史文化片区的整体价值，济南城老建筑所承载的历史文化内涵，以及保护这些老建筑的深层意义，李铭进行了通俗的阐释和解读。

老建筑是最鲜活的文化传承载体

记者：作为一位文化界人士，一位负责本地文化考古工作的官员，您怎么看待济南的历史文化名城现状？为什么您一直在呼吁最大限度地保留那些历史建筑和街巷片区？

李铭：我一直有一种深深的焦虑感。我干了三十多年的文物考古和保护工作，对地上和地下的文物遗存了解越多，越对济南本地历史文化资源不断销蚀产生焦虑。

这种焦虑来自我对这项工作投入的感情，对这座城市的热爱，对古建筑富含的文化信息的不断解读，对中国优秀传统文化和道德精华传承的内心感受。

古建筑、老街巷，是济南这座历史文化名城的根基所在。它们是直观的历史，是可以触摸到的历史，对人的感染力比平面的历史强很多倍。从简单的文化传承和道德精华养育上来说，它们直观性强，说服教育力大，是一种有生命的建筑物。所以我认为，这些东西不能从物质形态上消灭，而应该尽力予以原地保留。有人说，为这些老街巷、老建筑录像留存了，不也是一种保留保护？我说不是。这是一种资料保存手段，不是文物保护办法。我们不能简单地将它们理解成一种建筑物。

传统的建筑形式可以告诉我们很多。中国古代统治者以"忠孝"两字治理天下，这俩字也深深渗透进了中国人的文化血液里。无论是皇城布局还是济南传统的四合院，其实都是以中轴线布局方式一以贯之的形式变化，尊长者总是居住在最重要的方位，其余处在偏侧和从属的地位，这种排列本身就有一种思想的影响。建筑，无形中成为忠、孝、做人态度等最直接的说服教育手段。我们说忠，不见得是原先对皇帝的忠，也是对祖先的忠，对做人本分的忠，继而演化成工作中对职责的忠，对事业的忠。一旦没有了忠和孝，文化传统、国家和意识形态都会乱，牵涉到整个国家的安全、发展和文化传承。

虽然没有做过皇城，但济南城和它的建筑都是中规中矩不越礼的。大院进深和房屋间数都是按规程来做，众多民宅古建筑中，从未发现有违规使用斗拱的，都是谨守本分。这里面，包括已经拆除了的丁宝桢的宅邸，但丁宅和民宅却还是设计出了截然差别，显得守礼却不失威严、大气。可是这些都拆掉了，后人再也没有机会去感受这些传统文化的感染力。建筑能告诉我们很多，但我们对它们了解还太少，我们不了解它们之前更要善待它，留待子孙后代再去体会、解读。

济南拆除了很多不该拆除的历史文化街区，建起来的建筑千城一面，毫无特色。在以前，三四百里不同俗，现在，你坐上火车，需要跑到上千千米之外才能看到点地域差异。这是国内城建的败笔，也是对本土文化失去坚守、本地建筑大拆大建之后的可悲。

建筑里面凝聚的是精神或信仰

记者：我们注意到，一些市民对现有的建筑质量不满意，而那些老建筑，虽然经历那么多年风雨，拆起来却很费力气，仍然很结实。这说明什么？这里面有什么文化含义？给我们什么启发？

李铭：中国的古建筑，多是以砖木结构为主、框架结构的体系，墙并不承重，所谓墙倒屋不塌。它们使用最简便的材料建造最复杂的建筑，而现在的高楼大厦，建筑形式上没有超过以往，却是以最复杂的材料和工艺搭建最简单的建筑，再高的楼，也是简单的堆砌而已。

古建筑有传统美学的丰富体现。它们外观以曲线为主，大屋顶，大气漂亮。无论从建筑美学角度还是质量角度，都经历了数百年上千年的时间验证，证明是成功和科学的。现在的建筑，不仅仅面临建筑工艺的失传，更重要的是，面临着建筑质量的传承损失。

古代建筑，表现的是一种对忠孝文化和诚信文化的建筑理念的遵循。那时候的工匠不仅仅是建筑工匠，他们普遍有“职业道德”——对事业的敬重，对行业祖师爷的尊崇，对“建设方”即东家工钱的真诚回报……在这种建筑信念支配下，这些工匠的作品就不仅仅是一座建筑，而是要力争极致完美的良心之作，因而建筑质量是令人放心的，不会有什么“楼倒倒”、“楼歪歪”之类。而现在一些建筑者，没有敬畏之心，没有忠于本职工作的思想信仰，甚至为了金钱利益罔顾道德，建筑质量怎么会让人放心？没有精神的人建筑的大楼就没有思想内涵，就谈不上有质量。

一个群体的精神体系垮了，一切高尚的东西都会滑坡、垮塌，建筑还是一个时代的整体精神面貌的直接体现。所以说，保护古建筑、传承古建筑、解读古建筑，在精神文明建设工程中是相辅相成的，需要一些人更多地懂得这一点。

20世纪五六十年代的建筑值得保护

记者：在媒体的报道中，我注意到您对一些20世纪五六十年代的建筑也极力保护，请谈谈这个年代的建筑有什么特点，说明了什么？

李铭：国家有超前的规划，20世纪的文化遗产文物也需要保护。前面讲过，建筑是当时社会文化、精神的凝聚。20世纪五六十年代的建筑，是有精神的、有信仰的建筑，是人民当家做主后，人民得解放的精神状态下力量、智慧的体现。

前段时间济南拆除中国电影院，我感觉可惜得很，到现场不下十余次，拍片研究。越了解它，我越发现这座(20世纪)五六十年代的建筑令人感动。它的部件很到位，美感十足，结实得很，屋顶上，工人用大锤都砸不动。60多年了，屋顶的绿瓦都不脱釉，外墙砖就像磨过一样平滑，那时候砖制作得好，垒砌得好。为什么？建筑时，工人们倾注了对社会主义中国的深情和信仰，不惜力气，不惜材料，不惜智慧，赋予它一座有生命和精神的建筑。你看它的宽屋大顶，那是皇家建筑、寺庙建筑才能使用的建筑形式，现在建成了人民自己的休闲场所电影院，人们也能享用这样的漂亮建筑了，你说，这样的建筑包含着多少意义在里面？包括泉城路上原先的百货大楼都一样，是有精神的建筑，漂亮的建筑，值得济南保留的建筑。

研究发现，这些建筑还有一个特点，那就是它们朴实、大气、几十年不落后，功能拓展性强。你看，南郊宾馆现在不是也很好用，不落伍？可是很多当今的建筑建成不久就被淘汰了，原因是它被证明不合用了。又比如那时代的电影院，可以被轻松改造成其他功能的设施，比如饭店、宾馆，等等。可是你要改改现在的电影院试试？

采访中李铭认为，无论是学者还是政府官员，还是普通市民，都应热爱自己的家庭，热爱自己的民族，热爱自己的祖国。每个人都要热爱自己的家乡，热爱自己城市的建筑，那是前人或者祖先留下的东西，值得我们尊重。尊重它们，就是尊重自己的传统、文化，哪怕再“土”，再“不重要”。那是我们的本土文化，是能让别人尊重我们的东西。

星云大师：慈悲是没有敌人的

齐鲁晚报记者　郭静

星云大师，1927 年生于江苏扬州，12 岁剃度出家，21 岁时出任南京华藏寺住持，授记为临济宗第 48 代传人。1949 年赴台湾，1967 年创建佛光山，广设道场和佛教学院，培育佛教人才，主张以出世的思想做入世的事业，“给人信心，给人欢喜，给人希望，给人方便”。1991 年成立国际佛光会，被推为世界总会会长。于五大洲成立 170 余个国家地区协会，成为全球华人最大的社团。著述有《释迦牟尼佛传》、《星云禅话》、《迷悟之间》、《包容的智慧》、《星云大师讲演集》、《佛光教科书》、《往事百语》、《佛光祈愿文》、《舍得》、《宽心》、《包容的智慧Ⅱ　修好这颗心》等。

星云大师,无疑是一位带有传奇色彩的高僧。

12岁进入佛门,至今73载(至2011年——选编者注),一直孜孜不倦地向世间传播欢喜。40年前喊出了"人间佛教"的口号,经历过一系列的被攻击、丑化之后,至今这一理念已获得普遍认同。何谓"人间佛教"?星云大师最简洁的解释是:"凡是佛说的,人要的,净化的,善美的;凡是有助于幸福人生增进的教法,都是'人间佛教'。"

这是一个最好的时代,也是最坏的时代。在经济高速发展中,尽管不乏物欲横流、礼崩乐坏,然而也有精神洋溢、信仰重建的希望之火。在这样一个希望与失望并存的时代中,我们何以自处?2011年3月27日,在江苏大觉寺,星云大师面对记者,对人生的信念、现实的困惑、未来的希望等进行了开示。

人生要制造更多的欢喜

记者:著书立说是传播思想和信念的重要方式。作为佛教作家,您一直孜孜不倦从事写作,《释迦牟尼佛传》、《玉琳国师传》两书印行高达数十版,而新近在大陆出版的自传《合掌人生》也颇受欢迎。您写作的精神动力是什么?

星云大师:我没有上过学,因为童年的时候家里穷,学习的日子不超过50天。12岁出家后,寺庙里有很多书,在一个老师的教导下,我就开始学习。其实这个老师是不会教书的,后来我开始慢慢地研究,字怎么写,怎么读,所以我就是这个不会教书的老师教的。由此可见,世间不一定所有的事通通是健全的啊,只要我们的心朝好处想就可以了。

我的文章到现在可能不止两千万字了,讲演也有几千场。日本一个企业家松下幸之助也是佛教徒,当他创业的时候他有一百多名员工,他说我就经常合掌感谢大家来帮助我,后来他有了几万名员工的时候,他说我就是跪下来感谢他们来陪伴自己创业的道路。我一想确实是不错的,人生在世间,对父母要恭敬,对别人要恭敬,对每一个人都要恭敬。我们经常说士农工商，我觉得他们每一个人都对我有帮助，所以我们应该要合掌。

记者：除了佛教信仰理念外，您的书里还有没有其他的内容？

星云大师：文以载道。我觉得我们活在世间，一定要勇敢，要珍惜。父母生养我，他们没有给我什么财富，但是比财富重要，他们给了我忍耐的力量，给了我做事的勇气，给了我慈悲心，给了我勤劳的性格，给了我信用，给了我守时的性格。我们每一个人一定要守时，时间一到没有人敢迟到。所以我们要守时，守承诺，守信用。

人生的欢喜是很重要的，我们不要制造烦恼，不要有仇恨，这都是我在书里写的内容。

我要“给”，而不是我要“要”

记者：您把人生比作一条路，您觉得什么样的路才是一条智慧的路？另外，您觉得真正会“走路”的人应该具备什么样的条件？

星云大师：我有四句话：慈悲喜舍遍法界，惜福结缘利人天，禅净戒行平等忍，惭愧感恩大愿心。

慈悲是没有敌人的，我们要给人欢喜、信心、希望、方便，这就是“四给”。人要惜福，福不享尽，也就是力气不要使尽了，使尽了就没有力气了。我们要广结善缘，笑脸好话就可以帮你的忙，给别人路走也就是给自己路走。很多人问给人家什么样的路呢？我觉得给人家什么样的路就是给自己什么样的路。

禅不是佛教的，禅是每一个人心里的宝藏，懂禅就是一种智慧。一个金代禅师，他很喜欢兰花，爱之如命，有一次出门的时候就嘱咐他的弟子要好好地照顾兰花，然后走了。弟子一不小心打烂了兰花，他很害怕，师傅回来了，这个弟子就说师傅请不要生气。师傅问为什么，弟子说我把兰花打烂了。这位师傅说，我种兰花一是为了美化环境,二是为了供养佛祖,而不是为了生气而种的兰花。那么,你们交朋友是为了生气吗?你们做事业是为了生气吗?你们养儿养女是为了生气吗?肯定不是为了生气而做的,其实这就是禅。

日本的一休禅师带徒弟外出,遇到一座桥梁断了,河水暴涨。后来来了一个小姑娘,也要到河那边,看到桥断了,很着急,一休和尚就把这个姑娘背了过去。徒弟想不通了:师傅平时跟我们讲男女授受不亲,今天怎么背小姑娘了?但是徒弟不敢讲。之后过了三个月,这个徒弟终于忍不住了,问:师傅,弟子有一个问题总觉得放不下。师傅说:什么事?弟子说:你不是教我们男女授受不亲吗?你怎么可以把女人背过河呢?一休师傅听了以后,一拍桌子,说:你太辛苦了,我把那个女人背到对岸就放下来了,你怎么把她背在心里三个月呢?这就说明了我们的心理负担很重。

我刚才讲的"禅净戒行平等忍",我的戒就是不侵犯你,不杀就是尊重生命,不偷就是尊重财富,不邪淫就是尊重身体,不妄语就是尊重名誉。人世间什么最宝贵?是平等,佛经里面讲男女平等、众生平等、贫富平等。现在海峡两岸要来往,要和平,和平就要平等,平等的和平就永久。

记者:都说忍字头上一把刀,您所说的"禅净戒行平等忍"中的"忍"是什么意思?

星云大师:"忍",不是忍苦、穷、困难、饥饿,这些是没有什么了不起的。这个"忍"的意思是认识,你要有智慧。我们要能接受,要能担当,要能负责,要能化解。人要生活,要生存,最重要的条件就是忍。我从什么地方来,认识了好坏,我也能接受,我也能负责,也能替你化解,这个忍在人间很重要。我们不是比力气,比的是心的力量,也就是慈悲的智慧。

还有最后一个是"惭愧感恩大愿心"。12 岁的时候我希望求聪明拜智慧。20 多岁以后,我就不求佛祖了,我不能这么自私。到了 30 多岁之后,我想的就是请你保佑我的师傅、父母、信徒们，让大家都快乐、健康。40 岁之后，我就祈求世间人民离开苦难，能够风调雨顺、世界和平。50 岁以后我觉得我怎么这么没有出息，天天让佛祖保佑世界和平呢？我自己是干什么的呢？我到 60 岁的时候想的就是人间的苦难让我来担当，看看你有没有资格为佛陀服务，为世间的苦难服务。

你要自觉，要自己来觉悟，让自己来觉醒，我要给，而不是我要“要”，我要进步，我要更好，要自己来教育自己。

自己做自己的贵人

记者：《合掌人生》描写了您传奇的经历，有人说它是一本让人活明白了的书，如果用一句话来表达，您最想说什么？

星云大师：用一句话来说明我的想法和原则，很难，但是也不难。不难是因为我常常被人家问到这一句话，只让我讲一句。

我用佛教的话来讲，佛陀悟道，悟的什么道？是真理。什么是真理？缘。缘是什么东西？条件。我经过这样的解释以后，就回答你一句，你缘到了就成功，你缘不到就不可能成功，所以要给人因缘。

还有一个字：空。四大皆空。但是这个空是很好的，茶杯不空，茶壶的水放到哪里？这个房子没有这个空间，我们在哪里讲话？我的鼻孔、口腔、肠胃不空我能活得下去吗？空才能有茶水，空才能有人，空才能集大容，空才能建大楼，空很重要，虚空才能容万物。我们有了空就是爱真理，空是没有形状的，是无相的，是可以变化的。

人也是有智慧的，所以我们不要执著和拘泥，要留一点余地给别人。这里有一个故事，在安徽有一个人和别人争土地，然后想到北京去告状，他爸爸就对他说：万里投诉只为墙，让他三尺又何妨，万里长城今犹在，不见当年秦始皇。所以人的心量有多大,成就就有多大,你能容下家庭就可以做家长,你能容下乡镇就可以做镇长,你能容下团体就可以做会长,你能容下国家就可以做领导人,所以自己就是自己的贵人。

记者:刚才您讲到“空”的妙处,那么您怎么看待“无”呢?如何让很多人放下心中过多对物质的牵绊?

星云大师:我是以不要为有,以无为有,以空为乐的。比如说,有一个人打碎了茶杯,这个人就骂了,谁把这个茶杯放在这里的?然后放茶杯的人就说是我放的,谁让你把它打破的呢?如果是另外一种情况,打破茶杯的人说对不起,是我不小心打破了;另外一个人说不怪你,我不放在这里就好了。这样不就没有事了吗?所以你对我错,你大我小,你有我无,你乐我苦,妙不可言。

说到钱,我个人是没有钱的,也不要钱。我们现在有常住的寺院,寺院给我们衣食住行,我们和尚是出家无家处处家。佛门的人也是人,他也是在众生之中,我们也是众生当中的一分子。在人生当中,人生本来是很辛苦的,我自己就去做和尚了,因为做和尚最快乐,可能会很忙,但是我不辛苦,我就是人忙心不忙。我的心里没有负担,我放下了。

记者:那么,您怎么看待权力呢?有人称您为政治和尚,说您的社会评论特别多,您怎么看待?

星云大师:我觉得政治和宗教不是一个关系,政治是政治,宗教是宗教,政治有政治的道路,宗教有宗教的道路。但是我不能不关心众生,因为政治是众生之事。所以在人间我们要有益于社会,对人类作出贡献就好了,政治不政治的不重要。

我现在在建的寺院,都不是我的钱,我没有保险箱,我没有存款,我没有一块地在我的名下,这些我都没有,我一生没有开过抽屉,我根本就没有抽屉。我没有上街买过东西,因为我现在不要东西,我不要买,我不要钱,我要的是因缘,我认为有缘分者能助成。

我母亲到佛光山去过，她说一切都是佛光山的，一切都是佛教的，都是社会的，都是大家的，我们都是过客，只是暂时用一下而已，所以我很佩服我的母亲。有一次我请母亲到台湾，当时是两万人的集会，我请母亲讲两句话，她说：你们很有福气，你们在佛光山修行，我没有东西送你们，我就把我的儿子送给你们吧。下来之后我给我的妈妈说：妈妈我已经不是你的儿子了，你已经把我送人了。这真是一位伟大的母亲。

许纪霖:心怀敬畏才不会突破底线

齐鲁晚报记者　郭静

用激情和理性来形容许纪霖恰如其分,在这位著名的华东师范大学紫江学者身上,充溢着知识分子的担当和勇气。

但他却绝不是冒进主义者。在面对各种社会问题和不公大声疾呼的同时,他也看到了“以天下为己任”中“天下”之复杂。因此,他提出不能改变这个世界,但可以改变自己的课堂,从改变周围的人做起。他说,不要把所有的责任都推给政府和社会。

在即将登上齐鲁大讲坛之际,2011 年 12 月 2 日,他接受齐鲁晚报记者专访,谈他眼里的中国社会现实和问题,以及解决之道。

道德教育要提供实践空间

记者:有人称,在经济快速发展的同时,国人精神上产生了浮躁,您怎么看待这一观点?

许纪霖:我们曾做过一个全国抽样调查,大概在2006年,当时有一个问题是:您是否经常认为有些事情没有好坏、对错之分?结果让我非常诧异。居然有近70%的被调查人回答"是"。如果一个社会没有了道德的秩序,完全遵循实用主义原则,那这个社会会是什么样子?当然,有人会说现在还在打假,还在反腐败,说明还有良知和是非。但是现在造假的现象还是经常出现。

记者:您认为改善这种不良风气,我们应该做出哪些努力?

许纪霖:两个方面,一个是教育,另一个是实践。而后者相对来说,我们做得还远远不够。现在从小学到大学,很多学校都开了公民道德的理论课程,但是仅限于理论灌输,缺乏道德的实践。

我们的道德教育不要搞成知识灌输的教育,而是要提供道德实践的空间和机会。比如说上海大火,10万多群众自发去献花,这本身就是道德实践。如果没有实践,只有知识的教育,那很容易流于虚伪,说一套,做一套,更可怕。

社会分配不合理必须改变

记者:现在沿海和内地、城市和农村、社会的上层和底层之间的差距越拉越大,您曾说过这不仅是收入分配的差距,那么这种差距意味着什么?

许纪霖:中国经济高速发展,的确取得了很大的成就,但是也产生了两个最大的问题,一个是腐败,一个是严重的分配不合理。尤其是后者,已经到了必须改变的时候。

比如说福利制度,中国的这项制度很奇怪,跟西方的有很大不同。我们的福利制度是越向上越好,住房补贴、医疗保障等,底层百姓享受的是很基本的,有的甚至还没有，但上层社会享有的就很高了。这是很奇怪的，本身就是加剧社会不平等的一个因素。

改善不平等还要靠教育

记者：福利应该也是收入分配中的一部分，除了这个不平等外，还会带来什么？

许纪霖：人活在这个世界上，不仅要有钱，还要有身份和尊严。而除了收入分配上的不平等，文化上、身份上的不平等同样不可忽视。这种不平等的改善还得靠教育。

中国的教育在理论上是平等的，它实行高考制度，我曾经说过，高考是“迫不得已的荒谬之举”。高考给所有参加考试的孩子提供了一个相同的平台，不管是农村的还是城市的，不管父母是谁，都有这个权利参与，相对来说是平等的，因此它得到很多家长的支持。

但其实教育的过程是不平等的，因为身份、背景的不同，孩子从一出生就面临着不平等的竞争。一种好的教育制度，是人尽其才，各有发展。因为人的资质和天分是不同的，有的人善于读书，有的人手巧，不能用同一个教育模式。

现在看一个孩子优秀不优秀，往往用是否上了名牌大学来衡量，其实这个标准不应该是唯一的。对于相当一部分人来说，未必上大学，他们一样可以获得成功，得到社会的尊重。

根据地区差异进行改革试点

记者：那么，在这种社会环境下，如何避免或者改善这种社会不平等的现状？

许纪霖：那需要两条腿走路，首先是进行改革，改变目前收入分配不合理的现状，并且出台切实可行的措施来扭转这一局面。另外要改善外在的大环境，从文化方面和社会价值观方面改变，比如一个蓝领的收入和受尊重程度跟白领差不多，那人才和收入的分流就会正常化。

记者:近年来,政府也注意到了这种不平等的现象,也正陆续出台一些措施进行改革。您认为成效如何?

许纪霖:从目前来看,没有一个改革的方案是通用于全国的,因此我认为,可以容许一个地方进行针对性的改革,因地制宜,而不是搞一刀切。现在中国需要的就是大胆实验、谨慎推广,中国现在需要多元化,各种各样的模式同时进行试点,根据各个地区不同的差异进行试点。尽管改革难免会带来震荡,但这不会形成大的动荡,因为大的框架不会变,中国发展的大方向也不会变。对于这个,国家政府的控制力还是足够的。

心怀敬畏才不会突破底线

记者:在这个过程中,传统的文化和价值观念是否可资借鉴?

许纪霖:一些基本的价值观,在各大文明和思想中是相通的。中国传统中的很多思想都是可以拿来用的,比如"己所不欲,勿施于人"、"以和为贵"等。这些价值观已经存在,不用重新创造新的文明。最关键的是我们要心怀敬畏,敬畏这些价值观。

记者:"敬畏"这个词儿,在谈及传统文化和价值时被不少专家引用,您认为这是否成了一种共识?

许纪霖:这并非共识,而是常识。对于传统文明,对于老祖宗的东西,我们当代人当然应该怀有敬畏之心。只有敬畏,才会知道善恶是非,才不会忘本,才不会突破道德的底线。

记者:对于每一个个体来说,在当前的社会现实下,如何完善自我、发展自我?对您自己来讲,又为此付出了什么努力?

许纪霖:每一个制度的背后承载的都是一种文化,我们目前需要的既有制度的继续完善，更有文化的慢慢渗透。如果一种文化能深入到人性，那么就会形成一种稳定的社会风气。这需要长时间的教育和熏陶，因此我说做中国人要有耐心，不要抱怨，要从内心改变。

当然不是让大家去忍耐，而是从自身做起，从改变周围的世界做起。我呼吁教育改革十年了，但是现在看不到我所期待的效果。改变这个世界是非常困难的，并非一己之力能成。因此，我说要改变我的课堂。每个人都有自己所影响的圈子，我从课堂开始，从我的学生开始，这也是一种改变。

记者：您能用一句话概述一下您坚持不懈的动力所在吗？

许纪霖：知其不可而为之，我骨子里是很有儒家精神的。

毛佩琦:历史的通俗解读要有底线

齐鲁晚报记者　师文静

2012年2月25日,中国人民大学历史系教授、博士生导师,央视《百家讲坛》著名主讲人毛佩琦做客齐鲁晚报社与山东省图书馆共同举办的《大众讲坛》,作了题为《从〈大学〉〈中庸〉谈国学》的报告。以此为契机,齐鲁晚报独家专访了毛佩琦先生,就“明史热”、明朝文化与当下、国学热、通俗历史读物热等热点话题展开对话。

历史学者的责任是纠正不准确的历史认识

记者：毛老师，外界称您为"明史翻案第一人"，您否认了这个说法。此外，还有人称您是"明史热第一人"，如果您在大众文化领域传播明史的目的不是为其翻案的话，又是为什么？作为一位明史研究学者，在大众媒体上讲解通俗的明史，您希望能给明史带来什么？

毛佩琦：历史专业学者的责任是什么呢？我想，除了本身职务的责任以外，在广义上说还有社会责任，每个人也承担着非工作单位所赋予的任务。作为历史研究者，学了这么多专业历史，干什么用？就要有责任把知识传递给大家。学术研究是历史学者的重要成果，但是这与大众文化稍微有些距离。而面对社会上众多不了解明史的读者来说，若有机会，历史学者要给大家讲清楚，把自己所学的告诉大家。

外界称我为"掀起明史热的第一人"，是因为我赶上了这样一个时机。前几年清史热掀起了高潮，清史电视剧也有所泛滥，使一些观众产生了诉求，也使另一些观众产生了厌恶。与此同时，观众也在追问清朝的前代，即明朝的历史。在这种情况下，就需要把明史的知识告诉大家，把那些不太真实的历史认知，帮大家弄真实。

这是拨乱反正，但不是翻案，因为没有什么案件可以翻。我只能说把大家认识不清楚的帮大家弄清楚，把大家认识不太准确的纠正准确。

明朝有相当大的言论自由

记者：从非制度层面的文化来看，明朝历史中哪些文化因素延续至今，并还在影响着当下的中国？有哪些文化思潮、哪些文化艺术门类还在传承、流行呢？

毛佩琦：明史距离我们并不远，三百多年的历史，三位百岁老人的年龄加起来就到明朝了。在文化传承方面，如当下白先勇大力提倡、已是现代一个文化符号的昆曲《牡丹亭》就是明代的，它来源于明朝汤显祖《玉茗堂四梦》的其中一部。而《牡丹亭》所反映的人类感情也已非常超前，它表现了一个生死之恋的故事，青年人为幸福而不懈地追求，展示出当时人不愿意受传统道德价值观念的约束，开始追求不受拘束的情感。

明朝开放的态势是自上而下的，反映在意识形态、文学艺术等各个方面。而在经济层面，随着海外贸易的发展，城市商业的发展，出现了新的社会世态。在政治上，他们集会结社，要求表达自己的声音，干预政治，公然对政治提出批评，明朝甚至可以批评皇帝，有相当大的言论自由。但是明朝的转型还伴随着它特有的社会问题，出现了很多颓废的东西，比如假酒、假白银、假书籍，诈骗的案子也层出不穷，恶棍横行、黑社会捣乱等，都是明朝后期同时存在的。每个朝代都给当代留下很多东西，都可以拿来作为借鉴，或者是警醒，或者是教训。

每个人都有权利解读历史

记者：过去我们解读历史，多是用一种阶级斗争、矛盾分析的方法来论证历史的必然性。而今天包括史景迁、黄仁宇等在内的历史学者所写的历史书籍，更多地关注历史细节，关注历史的偶然性。对于这种历史观，您的判断是什么？这是否是一种进步？

毛佩琦：阶级斗争分析法是评价历史的方式，用阶级斗争的规律来解读历史，应该是解读历史的重要方面，但是它是唯一的吗？不应该是唯一的，如果是唯一的就可能导致唯阶级斗争论，就会成为以阶级斗争为纲，这就走向极端了。

历史是什么？历史是过去人的生活。它跟现在人的生活没有两样，也许两者穿的衣服不一样，吃的东西多少有一些区别，之前没有汽车、电话和网络，但是他们是有血有肉的人，我们为什么不去关心这些有血有肉的人，却用抽象的概念来概括历史呢？

这些年历史研究突破了抽象的学术概念，更多学者开始去关注历史发生的偶然性，这才是丰富的完整的历史。只有对历史有完整认识才可能很好地指导当下。

现在很多大众写手或者是通俗历史作者用自己的方式来记录历史，这是大众的需要。《二十四史》看不懂怎么办？就需要通俗解读。既然范文澜、郭沫若、胡绳都写了自己的感悟，那为什么不能让“当年明月”写自己的感悟？每个人都在写自己的感悟，只不过用的语言不一样，风格不一样，有的是学术语言，有的是通俗语言。但是通俗解读是有底线的，要实事求是，要保证学术的品位，态度应该是严肃的，文本是通俗的。通俗不等于媚俗，不等于烂俗，通俗也不等于玩世不恭。解读历史的时候不能传达错误的认识、错误的历史事实。

历史专业研究者们也应该热情地支持那些非专业的人去解读历史，关注他们对历史感兴趣的问题，扶植那些业余草根作者和写手。

明史热没冷却，是常态化了

记者：前几年从电视到电影再到小说兴起的“明史热”好像是逐渐过去了。您作为明史专家、“明史热的第一人”，怎么看待这股热潮？大众文化领域内的“明史热”给大家带来了什么？留下了什么？

毛佩琦：当明史热的时候，就有人问我明史能热多久？我说不会热太久，一个东西总是保持高热度的话，是不是说明我们中国的文化很单一？果然这个热度过一段时间就转移了。“明史热”一个原因是因为明史曾经很冷，如若明史之前热，那么它必定现在冷，这是规律。

“明史热”给我们带来什么？第一，它引起了大家对明史的关注和重视。以前不重视、不关注明史的人，开始关注了。有了关注了，就有利于常态化。明史不再永远是个没人去涉及的黑洞。第二，是不是我们把明史问题都解决了呢？也不见得。引起了大家的关注，大家有些印象了，大家就知道看书从哪儿入手了，就有更多机会了解明朝的基本状况。第三，明史热，也多少纠正了大家对明史的一些偏见。通过这一热潮，大家知道了历史上对明朝的评价是“治隆唐宋，远迈汉唐”，明朝比唐朝宋朝还要好，远远超过汉唐，那我们之前对明朝认识的偏颇就被拨正了一些。

明史现在不热了，但是也不能说是冷了，而是走向常态化了。这两年明史著作出版了不少，我就至少给三本明史著作写过序言。明史热虽然走向一种常态化，但是它还是留下了自己的轨迹，也有一定的效果。

胡编乱造的“穿越”应注明纯属虚构

记者：2011年一个很重要的流行文化现象就是“穿越”题材剧，“穿越”遍布荧屏和网络，虽然有人称“穿越”只是披着历史的皮毛而已，但它似乎与历史有些关系。您作为历史学者怎么看流行文化中对历史的这种无厘头演绎？

毛佩琦：我觉得穿越剧作为一种文艺形式未尝不可。我们可以把穿越剧和穿越小说当做剧和小说来看，但是不能当做历史来看。不能当历史来看，因为它不是历史上发生的事情。要当做文学作品来看待，这我完全不反对。穿越剧最大的特点在于它沟通了古今，它把现代人的观念置于古代，让现代人去体验、感悟、解读历史。我想这实际上是用另一种形式去评价、参与古代事物，我觉得这是可以的。就文学与娱乐来说是完全可以的，但这与历史是两码事。

但是不能老搞穿越剧，作为一个艺术门类和品种，在文艺领域里别具一格就够了。如果到处充斥着穿越剧，我们除了穿越没有别的可看了，这就不行了。

记者：因为穿越剧都是偶像剧，它的观众基本上都是青少年，您觉得这种对待历史不严肃的态度，会对青少年有影响吗？您担心吗？如何去纠正这种偏差的认识呢？

毛佩琦：穿越小说和剧可能会给观众一些错误的认识，这是要担忧的。穿越剧，通过不同的穿越来吸引人，但是最好不要虚构基本事实。否则，它就与历史没关系，就一定要声明：本故事纯属虚构。要写纯属虚构，就像烟盒上要写着“吸烟有害健康”一样，否则就是误导大众。

胡编乱造可以，但是要告诉大众这就是胡编乱造。观众可以看，一乐嘛。娱乐与历史是两码事儿。我们不反对娱乐，但是反对将娱乐当成真实的事情。

提倡国学应先去除糟粕

记者：很多人在多种场合曾经说过，中国人没有信仰，没有可以依托的东西。同时，近年来的"国学热"似乎在传递一个信号，就是我们的信仰需要到国学、到传统中去追寻。不知您同意此看法吗？"国学热"给我们的启示是什么？

毛佩琦：现在中国处在一个转型期，可能大家发觉我们曾经信奉的东西没有价值，或者说我们曾经坚信的东西是虚伪的，那么我们从什么地方去建立新的道德、新的尺度、新的信仰呢？这个时候，在回顾中国传统文化的时候，我们感觉它非常宝贵，在中国的传统文化中有很多很宝贵的东西可以解决我们现实的问题，可以回答未来的问题，可以来解决面对全世界的问题。它可以帮助我们建立道德，建立人生价值，指导人生的意义，所以大家从这里面找营养也是可以理解的。

同时应看到，不是中国人之所以成为中国人的那些东西都是好东西，中国人很多东西受到外国人批评，我们自己也不满意。我们的传统文化中有很多糟粕的东西，所以提倡国学的时候，应先去反对糟粕。一定要分清哪是糟粕，哪是精华。反对愚昧，反对落后，反对愚弄百姓，坚持进步，这是必须牢记的。

冷成金:当下文人地位滑落是必然

齐鲁晚报记者　师文静

2012年3月24日,中国人民大学中文系教授、博士生导师冷成金做客齐鲁晚报社与山东省图书馆共同举办的大众讲坛,作了关于《论语》的讲座。冷成金是以文化角度评史的学者,是电视剧《苏东坡》的总编剧,还将金庸武侠小说纳入其研究范围。19日,冷成金接受齐鲁晚报记者采访,对当下大众文化领域内历史题材、武侠小说创作的不足以及当下的文人精神提出了自己的见解。

读史一定要有道德批判

记者：您的《读史有智慧》、《读史有学问》等历史杂谈选择从文化的角度评史，是不是学者的评论尺度更加"自由"了？文化角度评史的独特性在哪儿？

冷成金：从文化角度评史是相对"自由"的。

从文化角度评史就是从历史的本来面目出发，从最大的善和美的文化理想出发，对历史加以审视、评价，揭露假、恶、丑，歌颂真、善、美。但问题在于，当下让人认识什么是文化意义上的假、恶、丑和真、善、美是很困难的，如对于《论语》，当下很多人对其真正的文化合理性并不了解。

记者：您书中曾提到五代时期一个叫冯道的人，他本来是反面人物的典型，但是却被人写文章称为"官场上的楷模"，您批评这篇文章很有害。您也严厉批评当下大众文化领域不少历史题材的作品没有道德。得出这种结论，也是与您坚持从文化角度评史有关系的吧？

冷成金：道理很简单。如果一个民族的历史是一片黑暗，那么这个民族到底是凭借什么走过了漫漫历史长河，经历风风雨雨，走到今天？如果此刻以前全是黑暗，我们拿什么在彼刻开始寻找光明？难道我们的民族是"恶之花"？

现在的大众文化中关于历史题材的故事只讲细节，只讲如何整人害人，只讲细节和方法，没有，甚至排斥道德和价值评判，有的甚至污蔑、诋毁历史上的英雄人物和道德模范，在事实上形成对负面价值的褒扬和对正面价值的贬损，给人们造成了我们民族的历史一片黑暗，只有自私自利才能"成功"、才"天经地义"的印象。

这种做法授之读者以实施阴谋诡计的具体方法，助长了当下的民族虚无主义、历史虚无主义、道德虚无主义。与此形成鲜明对照的是，古代人讲历史题材故事，却注重道德、价值评判，讴歌忠孝节义，批判自私自利、阴险狡诈等负面价值。

当下所谓知识分子大多已功利化

记者：您的学术研究涉及古代诗词史中的“三苏”，您还是电视剧《苏东坡》的总编剧，您把苏轼的精神定义为一种“文士道”精神，就是所谓“不唯书、不唯上、不唯权、不唯私，而是唯民、唯真、唯善、唯美”，而且您也说文人就应该是这样的人，这应该就是我们理解的“文人风骨”吧？那么联系当下，相对于传统文人，当下中国文人需要具备怎样的品质？按照传统文化的标准，怎样的人才能算是一个真正的文人？

冷成金：著名学者康菲诺认为知识分子有五个特点：“一、对于公共利益的一切问题都抱着深切的关怀。二、这个阶层常自觉有一种负罪感，因此认为国家之事及上述各种问题的解决都是他们个人的责任。三、倾向于把一切政治、社会问题看做道德问题。四、无论在思想或生活上，这个阶层的人都觉得他们有义务对一切问题找出逻辑答案。五、他们深信现状不合理，应当加以改进。”中国古人早就对此有清醒的认识，如孔子多次说“士志于道”等，孟子更认为“无恒产而有恒心者，唯士唯能”。

当然，这是知识分子的理想状态，不能拿来要求每个知识分子，况且今天的所谓知识分子绝大多数已经专门化、技术化和功利化，与传统的知识分子概念有很大的差异。但也要看到，这种现代意义上的公民化知识分子有其一定的现实合理性，不能一概否定，这里要强调的是，传统知识分子的人文精神在当下丧失得太多了。

文人地位不应该那么高

记者：当下所期待的知识分子或者文人应该是敢于发声、有独到见解且能引领思潮的人。但是个人感觉，当下小部分大学教授，在微博、媒体上说一些不靠谱的话，像某北大教授的言论就引起社会诸多争议，从而也影响大家对所谓知识分子的评价。当下文人地位的滑落，是不是与缺少古代文人的风骨有关系？当下文人的最大危机是什么？

冷成金:很好的问题。你说的现象正是人文精神失落的表现。

人文学科是有严格的科学性的,不是谁说都可以。我曾说过,“百家争鸣”的前提是首先要是家,不是家就是“百人争说”。有道德学问的人未必是教授,教授也未必都有道德学问,这是常识。

文人地位的滑落原因很多。一是过去不应该那么高,文人地位过高就会造成文人的“独断”,使大众失去思想,怀疑自己的感觉和常识,结果是政治往往让人看不懂。附带说一句,让人看得懂的政治未必是好政治,但让人看不懂的政治一定不是好政治。因此,文人地位的滑落是必然的,也是合理的。二是近几十年来以经济建设为中心,文人在政治和经济上被边缘化。三是价值的多元化使文人失去了部分精神优势。四是文人的自我定位不准确。文人本来就应该以道德和学问影响社会,而不是借助政治和经济来干预社会。最后,是大众对文人的期待和要求太高,仿佛文人就应该引导自己,自己就天生要被人引导。

而当下文人最大的危机是人文精神的丧失。

记者:您在一篇后记中写道:“学术只可用来立命,不可用来安身。薪薄俸微而又薪桂米珠,靠学术安身,恐怕其身不安,其学也就难正。”是什么激发您有这样的感慨呢? 您能否详细地谈谈以上这段话的深意?

冷成金:这是《中国文学的历史与审美》后记中的一段。孔子曰:“古之学者为己,今之学者为人。”即古代的人学习是为了提高自己的道德修养,而现在的人学习是为了治理别人。人文学术具有其特殊性,即追求精神价值,而精神价值的追求是要抛弃功利的,这与现在单纯的学好技术找工作的理念完全不同。

因此,我觉得学习人文学科的人必须具有献身精神,必须明确的是,这种献身精神不是简单的忘我工作,而是指“舍生取义”。张载讲“为天地立心,为生民立命,为往圣继绝学,为万世开太平”,正是人文学者全部的生命价值和意义。

金庸武侠小说暗合了我们民族重塑文化本体的百年祈盼

记者：您从古代诗词研究到金庸小说研究的跨度挺大，为何有这个跳跃？

冷成金：如果我们不带“傲慢与偏见”，会发现20世纪80年代以来席卷大陆的“武侠小说热”是一种不容忽视的文化现象，其读者范围之广、流行时间之长、潜在影响之大在中国文学史上非常罕见。

金庸小说能够在文学史上取得相当的地位，最根本的原因是他的武侠小说对传统文化进行了苦心孤诣的梳理，尽管其中难免有偏失和迷误，但总的说来暗合了我们民族重塑文化本体的百年祈盼。金庸小说塑造的大侠形象为我们树立起了一批文化人格的楷模，对于现实人格的选择和构建有着深远的意义。如果我们能够认识到历史上每次文化重建都是自“下”而“上”地运行的话，也许能够正视金庸小说的价值，并使其发挥更好的作用。

记者：当下的武侠小说原创可能就是几本刊物、几个年轻的作家在支撑局面。而近几年网络游戏则大力拓展武侠题材，更多关注的是“武侠暴力”，一些中学生读物也涉及武侠，但是内容低俗不堪。大众普及阅读武侠的局面更是早已消退。作为一位最早在课堂推广金庸小说的研究者，您曾经评价武侠小说是“大俗大雅，至幻至真”。您对当下武侠创作鱼龙混杂的局面怎么看？

冷成金：现在除了拜金狂热和娱乐至死的狂热，别的什么都不太热，也不只是武侠不热。但从先秦至今，武侠“热”似乎一直未彻底消退，我也不相信它会彻底消退。

但是，现在的“武侠”已进入“玄幻”阶段，可以毫不客气地说，这已经入了“魔道”。我历来都不保守，更不是“九斤老太”，而是非常喜欢学生，喜欢青年，也喜欢新潮，比如对美剧《生活大爆炸》和中国的《爱情公寓》我都很喜欢，但我对于很多游戏对青少年的异化深感忧虑，对给青少年造成的精神戕害深感愤怒。

你所提到的低俗武侠小说在明清都存在。正气不足，外邪必入，解决的方法是要扶正祛邪。

我很同情当下被热议的“80后”、“90后”

记者：网上有您的贴吧，还有您的上课语录。其中一条语录是：“我日日面对的年轻的学子，他们大多是在楼房里出生，在楼房里生长，如今又在楼房里学习，将来还要到楼房里工作，他们的精神家园在哪里？”您还写了一篇文章《中国真正的希望，或许在“80后”一代》，为什么这么关注“80后”的精神世界？

冷成金：我是说过这样的话，我也说过我喜欢这一代人。中国人的精神家园与宇宙情怀相关，现代社会使人割断了与自然的丰富情感联系，而我们又没有外向超越的价值观念，因此会有精神家园的空没感。

我很同情当下被热议的“80后”、“90后”，对于他们而言，“旧根”已逝，“新根”未生，他们处在悬浮状态。但他们也有我们当年所没有的优势，他们没有父辈和祖辈们禁锢的思想，他们不像父辈和祖辈们那样要在无穷而又无谓的争论乃至斗争中搞明白什么，他们只需按照人类最本能也是最正确的方式来寻找和体味自己的精神家园。

于是，热爱祖国、热爱民族、利他奉献、沉着理性、真诚直率、勇敢执著，成了他们的精神主流。我热爱他们，是因为我必须热爱他们。

郭齐勇：今天提倡国学是提倡理想人格的追求

齐鲁晚报记者　师文静

2012年5月20日，武汉大学国学院院长、博士生导师郭齐勇先生来到济南，在齐鲁晚报社与山东省图书馆联合举办的大众讲坛作了题为《中国文化的根基与核心价值观》的讲座，齐鲁晚报借助本次机会整理郭齐勇教授访谈，以飨读者。

作为国际中国哲学会前会长、中国哲学史学会副会长、中华孔子学会副会长以及国务院学位委员会哲学学科评议组成员，郭齐勇教授多年研究中国哲学与文化。在以下的访谈中，郭齐勇教授重点阐释了中国传统文化中的“亲亲相隐”、“亲属容隐制度”与宪法修正案的关系、儒学与当代社会以及国学的教育推广等问题。

没有真情实感的公共理性和法治建设会迅速被工具化或者虚无化

记者：您多年撰文，与人探讨中西方容隐制度，并多次与人就儒家的“亲亲相隐”观念展开讨论。并且我们了解到，在刑事诉讼法大修中，“大义灭亲”让位“亲亲相隐”与您也有一定的关系，您能详细地谈谈这个过程吗？

郭齐勇：多年以来，我不断著文呼吁修改现行刑法、刑事诉讼法、民法、民事诉讼法、行政诉讼法、刑事诉讼规则等鼓励亲人相互告发的相关条款。这些条款中，阶级斗争为纲的痕迹很重，修改这些条文是为了保障公民的人权、亲情权、容隐权、缄默权、隐私权。

2007 年，我的同事与朋友、全国人大代表彭富春教授向全国人大常委会办公厅提交了《关于尽快恢复亲属容隐制的建议》。这个议案是我起草的，彭代表同意后，修改并提交上去了。该建议即被转送到全国人大常委会法制工作委员会和最高人民检察院。2007 年 12 月，这两个单位给彭代表复函表示感谢，肯定关于修改刑法、刑事诉讼法等相关条文，建立“亲亲相隐”制度的建议，并说他们将在修改有关法律的过程中认真加以研究。这是彭富春教授与我共同的努力。其实，法律界有不少专家与实际工作者早就有而且不断有修改的呼声。

记者：今年（2012 年，选编者注）春，第十一届全国人大五次会议已经通过了刑事诉讼法修正案，规定：“经人民法院依法通知，证人应当出庭作证。证人没有正当理由不按人民法院通知出庭作证的，人民法院可以强制其到庭，但是被告人的配偶、父母、子女除外。”您如何看待这次修改？

郭齐勇：目前刑事诉讼法修正案中有关恢复传统“亲亲相隐”法律制度中的合理因素的内容还是很少的，是初步的与有限的，但这是一个开始，算是起步了。我们往往习惯于过去的一些做法，过多关注办案效率，而忽略了保障公民亲属容隐权的重要性。相信未来我国修订法律，亲属容隐的范围与程度将更为扩大，更为彻底，更有实际意义。

这一点，要向我国台湾地区学习，台湾一直沿袭清末以降修订法律的成果，在《六法全书》的基础上，将亲属容隐的原则落到实处，维护亲情，不鼓励告奸。这是儒家法律的传统，与法家法律的传统是背道而驰的。一方面，台湾地区把“亲亲相隐”的观念与法律制度及实践一直坚持下来了；另一方面，台湾地区前领导人陈水扁因贪腐而锒铛入狱，由于其家属涉案，其家族腐败案也进入了司法程序。可见以上两者并不矛盾。有人认为，“亲亲相隐”就是绝对的腐败，实行容隐制不利于反腐。其实这是把两件事混淆起来了，不了解儒家“亲亲”伦理的意义。

记者：有人认为讲情感固然重要，但目前中国恰恰是人情太多，公共理性和法治建设不健全，因而理性和法治是首先要强调的，您觉得这种说法是否合理？

郭齐勇：儒家的理念是：“缘人情而制礼、法”，“王道本乎人情”。先儒说过，人情与情面不同，大抵人情是公，情面是私。现在有些人所说的人情大概指的就是私情或情面。其实，人情是人的真情实感，是人的真实处境及其相应的情感，它也是人性的一种体现。

就拿过去我们所说的“五伦”来看，其实提倡“五伦”之情在现在仍有意义。当然，“人情”和“五伦”也不完全是情感的东西，他们都是人的基本处境，是存在论的概念，有此处境或社会人伦关系，才有相应的情感。“五伦”之情，看似是私，其实是公德之基，绝不能废，所谓“老吾老，以及人之老；幼吾幼，以及人之幼”。

至于裙带关系等不顾天下公义、谋求一己之私的行为，则是私情、情面，可以看成是任何社会文化中都有的现象，需要制度上的规范。就儒家本意而论，它是反对的。把这些强加在儒家的头上，似乎儒家伦理导致或专门鼓励人们的自私心理，乃至鼓励贪腐，显然不合事实。我们不能因为社会上存在讲情面导致的腐败问题，就连带取消人情。

在防范腐败的同时,还是要保护人情,这是可以和公共理性、法治建设达成一致的。否则,公共理性、法治建设也无从谈起,没有真情实感的公共理性和法治建设会迅速被工具化或者虚无化,社会冷漠离心,看似公正,其实是没有人性的。有关情理与法理的问题,近几年我谈得很多,合情合理才是好法,良法绝不悖人情。

在剔除历史局限之后,儒家的人文精神可以治疗现代社会的病症

记者: 您认为儒学将迎来现代的大发展时期。在目前准备时期,我们应该从哪些方面做一些实际工作?

郭齐勇: 第一,澄清与批判"五四"以来,20 世纪 50 年代初期以来,特别是"文化大革命"以来的一些对儒学的似是而非的看法,拨乱反正,正本清源。长期以来,中国文化,特别是其中的儒学,被妖魔化、矮化了。

第二,教育与社会推广。从基础教育、民间教育抓起,从娃娃抓起,培养学生,培养一代代青年,把"四书"的教育放到中学去,让全体中学生都学习"四书"。到企业去,到社区去,用儒学与中国文化协助建构企业伦理、职业伦理,提振民间文化。把"仁爱"的理念与"仁义礼智信"等核心价值在民间再植灵根,恢复中国人对儒学与中国文化的自信与认同。

第三,发展对话,尤其是儒学与现代化,与马克思主义、自由主义、生态环保主义、女性主义,与基督教、伊斯兰教等宗教的对话,相互批评与沟通。调动儒学思想资源,用于当代公民社会的道德建设。

第四,深入发展儒家学术研究,特别要重振"经"与"经学"。"五经"、"十三经"是中国文化的根柢,需要培养青年学子学习、研究。钱穆先生讲,"五经"是中国政治、教育之本。"五经"、"十三经"为中国最重要的经典,其中有中国人的信仰系统,有中国精神文明(包含制度文明)的最重要的内容。经学、儒学不是死的,不是博物馆与图书馆,而是活的，有不少内容具有普遍的、永恒的价值，有很多内容则可以创造转化为现代世界与中国的精神食粮，或作为参鉴。中国与世界要得到健康发展，一定要回到孔子，回到“五经”、“四书”。孔孟之道是世界文化的康庄大道！

记者：您认为不能把中西之别都讲成古今之异。您觉得儒学可以给发轫于西方的所谓“现代文明”的缺失提供哪些资源？

郭齐勇：当前的科技革命、电子网络等各方面的发展，问题很多，涉及处理各种关系的生命伦理、环境伦理、家庭伦理、社群伦理、网络伦理、空间伦理等，甚至是全球伦理都亟待建设。唐君毅先生曾经说，现代人所面临的荒谬处境是“上不在天，下不在田，外不在人，内不在己”。中华人文精神，特别是儒家的人文精神，可以救治现代人的危机。它强调用物以“利用厚生”，但不会导致一种对自然的宰制、控御、破坏；它强调人文建构，批评迷信，但不消解对于“天”的敬畏和人所具有的宗教精神、终极的信念与信仰。

儒家并不脱离生活世界、日用伦常，相反，恰恰是在庸常的俗世生活中追寻精神的超越。外王事功，社会政事，科技发展，恰恰是人之精神生命的开展。因此，中华人文精神完全可以与西学、与现代文明相配合，它不反对宗教，不反对自然，也不反对科技，它可以弥补宗教、科技的偏弊，与自然相和谐，因而求得人文与宗教、与科技、与自然调适上遂地健康发展。

儒学为经济全球化可能提供如下的精神资源和人文智慧：礼乐文明的再创，文化空间的开拓与社会文化资本的积累和人的情商的培育；儒家核心价值观念“仁、义、礼、智、信”、“己欲立而立人，己欲达而达人”、“己所不欲，勿施于人”、“敬业乐群”等对于建构现代全球伦理、社群伦理、家庭伦理、职业伦理和新的人与人之关系具有积极的意义；“人与天地万物一体”、“民胞物与”等理念有助于建构新的生态环境伦理和可持续发展的战略规划；天命、天道、神圣、敬畏感与人的终极信念，“极高明而道中庸”所透显的圣凡关系与现代性问题密切相关。

中华人文精神提倡的"仁、义、礼、智、信、忠、孝、诚、恕"等价值，在剔除其历史附着的负面性效应与历史局限之后，完全可以提炼、转化其合理因素，渗透到今天的社会生活中去，进而作为价值指导，治疗现代社会的病症，恢复人的尊严，重建人的意义世界，重建人与"天、地、人、物、我"的良性互动的关系。传统伦理经过时代的转化、洗汰与我们自觉地批判继承，可以与现代化的新的伦理价值——个性自由、人格独立、人权意识等——整合起来。儒家核心价值观念与现代人权、平等、尊严、理性、道义，都不乏可以沟通之处。这些道德资源与民主政治的制度与观念恰好可以结合起来。一定要认识到传统儒家型的社会，社会空间很大，民间自治的程度很高，相反，政府很小。

"孔仁孟义"不构成中国人走上现代的阻碍，相反是一种宝贵的资源与助力

记者：20世纪以来各家对于国学的定义都有自己的理解，您提倡的国学的意义是什么？

郭齐勇：我们不能把国学狭隘化。第一方面，国学不只是汉民族的学术文化，它包含了历史与现代少数民族的语言、文字、学术、文化及其与汉民族的交流史；第二方面，国学不只是上层精英传统，还包括小传统，如民间民俗文化，各时段各地域各民族的传说、音乐、歌舞、技艺、建筑、服饰、礼仪、风俗、宗族、契约、行会、民间组织等，有如今天的某些非物质文化遗产；第三方面，国学还包括历史上中外地域文明的交融，如外域文明的传入，西域学、佛学及其中国化，西学东渐与中学西传的内容与历史过程等，都属于国学的范围。国学、经史子集等，并不是汉民族的专利，其中包含、汇聚了历史上多民族的智慧与文化，是多元一体之中华各民族共同创造的、共同拥有的文化精神资源。

我理解国学，大约有这么几个层面。

第一是常识层面，即国家民族历史文化的ABC。

第二是学术与技艺层面，即传统文化各门类各方面，尤其是地方文化、民间技艺、学术传统之传承。要通过微观精细地研究，抢救、整理与继承绝学，古为今用，推陈出新。

第三是道德价值与人生意义的层面。按梁启超的说法，《论语》、《孟子》是两千年国人思想的总源泉，支配着中国人的内外生活，其中有益身心的圣哲格言，一部分久已在我们全社会形成共同意识，我们作为这社会的一分子，总要彻底了解它，才不致和共同意识产生隔阂。今天我们提倡国学，主要是提倡理想人格的追求，克服工具理性的片面膨胀所导致的人文精神的萎缩或失落。

第四是民族精神，或国魂与族魂的层面。提倡国学与吸纳西学并不矛盾。对于传统文化的价值理念、生存智慧、治国方略，我们体认得越深，发掘得越深，我们拥有的价值资源越丰厚，就越能吸纳外来文化的精华，越能学得西方文化之真，这才能真正使中西或中外文化的精华在现时代的要求下相融合，构建新的中华文明。正如鲁迅所说："外之既不后于世界之思潮，内之仍弗失固有之血脉。"失去民族之本己性、个性的现代化，绝对不是成功的现代化。

学习国学更重要的是把握中华人文精神与价值理念，了解中华民族与中华文化融会的过程，以及其可大可久的所以然，堂堂正正地做一个中国人。

记者：很多认识您的人都知道，您不仅从事儒学研究，更以儒学为自己的生活方式，是一位里里外外地道的儒者。同时，您又提倡国学，国学不仅是儒学，又涵括释、道等多方面，您是怎样看待国学与儒学的关系的？

郭齐勇：道家、道教，中国化的佛教，都是国学的重要内容，儒学也是。儒学的范围也很大，但相对于国学来说当然要小得多，我们不能把这两者等同起来。但另一方面，儒学又是国学的重要组成部分。传统中国社会的历史文化是流动与变化着的，儒家文化传统也是流动与变化着并与其他文化传统相交织的。

但两千五百年来，儒学渗透到全社会上下，适应、调节着社会经济的发展并指引人们的生活，落实在政治制度、社会风习、教育过程以及私人修养与性情陶冶之中，是中国人的生活方式、行为方式、思维方式、情感方式和价值取向的结晶，是朝野多数人的信念信仰，乃至到了百姓日用而不知的地步，极具草根性。儒学实际是东亚与我国走上现代化的基础与铺垫，它在未来社会的发展中将起着越来越重要的作用。故我们可以说，儒释道是互补的，儒学是国学中最重要的内容。我们不必把国学讲成儒学，以儒学取代国学，但也不必排斥、贬低儒学。

记者：近年来，从小学读经到《百家讲坛》的热播，到有声国学读物在年轻人中间流行，国民对于国学的关注逐渐呈上升趋势，但您认为现在的国学热只是假热。为什么这么说呢？

郭齐勇：一方面，民间存留着很多善根，国学确有草根性；另一方面，我们又不能不看到，由于社会巨变所发生的诸多新问题，特别是强势的西化趋向的影响，百多年来文化观念与全民教育的某些失当，国人对于国学又相当地陌生、隔膜。

从上面讲到的四个方面来看，首先，国人对于祖国历史文化的一些常识，包括《四书》、《老子》等，不少研究生、大学生都感到陌生。其次，传统文化各门类、各方面，包括民间技艺、经史子集等的传承上，有相当大的断层。“五四”以来，片面的、平面的西化思潮和教育、学术之结构与体制，使得我们这一代甚至前后几代人逐渐丧失了解读前现代文明（或文献）的能力。第三，利欲、金钱、经济利益挂帅，腐化着全社会，使得人文价值、人生意义更加边缘化、狭隘化。第四，有很多知识分子对于自己民族的文化及其经典缺乏应有的起码的敬畏、尊重和虚心的态度，狂妄自大，数典忘祖。更可悲的是，自鸦片战争以来，国际国内政治、经济、军事的问题、国势的问题常常被简约化为文化的问题，传统文化被迫要替现代人所犯的错误负责，文化问题被简约化为进步与落后的二分法，传统与现代被打成两橛。

实际上"孔仁孟义"、礼乐文明不仅不构成中国人走上现代的阻碍，相反是一种宝贵的资源与助力。现在从幼儿到博士所受教育的制度安排，基本上是西化的，青少年学习英语的时间与精力大大超过了学习母语、国文的时间与精力。所以说，现在的国学热只是假热。

曾振宇:探本溯源儒家孝道

2012年9月8日,在山东省图书馆与本报联合主办的大众讲坛上,山东省"泰山学者"、中国孔子研究院特聘教授曾振宇作了关于儒家孝道的讲座。本文是其讲稿的一部分。

●孔子孝道建立于父子人格平等与独立的前提之下。缺乏人格独立性与平等性的孝道,恰恰正是孔子所极力反对的。

从历史学与民族学的角度看,在我们人类历史的漫长岁月中,存在着一个与"孝"伦理观念完全背离的"欺老"与"食人"的历史阶段。摩尔根发现,在人类尚未掌握种植淀粉类食用植物技术的蒙昧时代,"食人"之风在全世界普遍存在。孝观念是伴随着父系制家庭以及父子关系的明确而产生的。随着以男子为中心的个体家庭的出现和私有制的产生，随着社会分工协作出现不平等的社会关系，孝观念终于“破土而出”。在孔子仁论思想体系中，孝是逻辑性出发点与前提性条件。孔子孝道有以下基本内涵：

1. 养亲。从物质生活层面赡养双亲、照料双亲，是孔子“孝”论最低层面的规定，也是人之所以为人的基本道德义务：“事父母，能竭其力；事君，能致其身；与朋友交，言而有信。”(《论语・学而》)昏定晨省，嘘寒问暖，是每日应行之礼节。为双亲提供一个良好的物质生活条件，是须臾不可忘怀的养亲之道。传承孔子孝道的曾子进而认为，子女养亲应有紧迫感，安身处世应以如何才能奉养好双亲作为基本价值尺度。因此，曾子提出了一个入仕原则：父母在时，子女应不择官而仕。“故家贫亲老，不择官而仕。若夫信其志，约其亲者，非孝也。”(《韩诗外传》卷七)官位虽低，俸禄虽薄，但能供奉双亲，人生价值已得到实现，如果一定要等到高官厚禄、荣华富贵之时才想到奉养双亲，那是一种不孝行为。

2. 敬亲。孔子孝论并不单纯是指赡养行为，更重要的，它是一种情感，一种根源于血缘关系的自然亲情。《论语・为政》篇载子游问孝，孔子回答：“今之孝者，是谓能养。至于犬马，皆能有养；不敬，何以别乎？”“敬亲”是区别人之孝与犬马之孝的分水岭，同时也是区分君子与小人的道德判断：“小人皆能养其亲，君子不敬，何以辨！”(《礼记・坊记》)所谓“敬”，是指出于自然亲情基础上的中心敬爱之心。这是“人猿相揖别”的开始，同时又意味着后天知识学习与道德践履的正当性。孔子曰：“啜菽饮水，尽其欢，斯之谓孝。”(《礼记・檀弓下》)尽孝其实很简单，哪怕每天喝豆浆饮清水，只要能使父母亲天天心情舒畅，这就是孝。

3. 谏亲。孔子主张应将孝亲建立在敬亲的自然情感上，但由此而引发出一个问题：父母有过，子女应曲意顺从，还是应该劝谏？如何做方符合孝道？曾子就此请教过孔子，孔子非常重视这一问题，并做了回答：“父有争子，则身不陷于不义。故当不义，则争之。从父之令又焉得为孝乎?”(《孝经》卷十五)父母有讽谏之子,可以帮助双亲避免蒙受不仁不义之恶名。坚持正义原则,保持独立人格,绝不盲目顺从父志,是孔子在这一问题上的原则立场。因此,父母有过,向其讽谏非但合乎孝道,而且是孝子应尽之义务。

●孔子是反对“厚葬”的。孔子主张应根据各家的经济实力办理丧事,切不可片面追求丧礼的隆重,关键在于对父母是否有一颗至真至切的孝敬之心。

鲁国原是周公的封地,是保存周礼最完整的国家,孔子就出生在这个有浓郁的文化氛围的国家之中,十六七岁就以知礼而闻名于鲁国。周礼是在夏商两代礼仪制度基础上增删改善而成,内涵丰富,所以孔子说:“郁郁乎文哉!吾从周。”(《论语·八佾》)孔子认为有四件事情非常重要:民、食、丧、祭。前两项表明他是一位民本主义者,后两项则与孔子的孝论有关涉。孟懿子问孝,孔子回答说:“无违。”“无违”是指“无违礼节”,孔子对此有一个具体的诠释:“生,事之以礼;死,葬之以礼,祭之以礼。”(《论语·为政》)以周礼善待亡亲,也是孔子孝论基本规定之一。在孔子心目中,周武王和周公就是这方面的典范。他们懂得孝的内在精髓,因为所谓孝不仅体现在生前如何孝敬父母,也表现于父母死后如何继承前人的遗志,完成前人未竟之事业。“敬其所尊,爱其所亲,事死如事生,事亡如事存,孝之至也。”(《礼记·中庸》)实际上,孔子之所以非常重视丧祭之礼,其原因并不仅仅在于其间渗透着“事死如事生,事亡如事存”的孝道精神,更重要的在于这种丧祭之礼可以起到“教民追孝”的社会伦理教化作用。

必须辩明的一点是,孔子是反对“厚葬”的。孔子主张应根据各家的经济实力办理丧事,切不可片面追求丧礼的隆重,关键在于对父母是否有一颗至真至切的孝敬之心。颜回去世时,71岁的孔子哭得全身抽搐颤抖,但是,当同学们提出要按照贵族规格厚葬颜回时,孔子却明确表示反对。当孔子听说颜回最后还是被学生们厚葬之后,一再

申明:“回也视予犹父也,予不得视犹子也。非我也,夫二三子也。”(《论语·先进》)

谈论孔子儒家的孝论,其中有一点是至关重要的:孔子孝道建立于父子人格平等与独立的前提之下。缺乏人格独立性与平等性的孝道,恰恰正是孔子所极力反对的。有一次,曾参和他父亲曾皙在地里干活,曾参不小心把一根豆苗锄断了,曾皙勃然大怒,操起木棍把曾参打个半死。曾参苏醒过来后,也不反思其父是否过于残暴、是否合乎礼义,而是向父亲道歉,并且弹琴为他父亲消怒。孔子听说这事后,非常生气,批评曾子这种毫无原则的逆来顺受表面上看来似乎是一种大孝之行,但实际上是“陷父于不义”的不孝之举。

●古代法律除了允许父母可以根据家法自行惩处“不孝”子孙外,为了保证子女对父母的绝对服从,还赋予父母用不孝罪名向官府控告子女的权利。

两汉以后的行政法、诉讼法、民法和刑法等都深受儒家孝论之浸润,其中民法与刑法尤其具有代表性。

1. 父母依法享有殴打子女权。《说文》云:“父,矩也,家长率教者,从又举杖。”《白虎通·三纲六纪》解释说:“父子者,何谓也?父者,矩也,以法度教子也。”“矩”意味着法则与权力,因此父亲殴打子女具备合法性。唐律规定,亲属相殴,如果是卑幼侵犯尊长,则按斩衰、期亲、大功、小功、缌麻等不同亲疏关系分别处以斩、徒二年、徒一年半、徒一年和杖一百之刑罚。但是,如果是尊长殴打卑幼,则不负任何法律责任。明清律关于亲属相殴的处罚原则仿效唐律,只是刑罚稍有差异。

2. 父母依法享有送惩子女权。古代法律除了允许父母可以根据家法自行惩处“不孝”子孙外,为了保证子女对父母的绝对服从,还赋予父母用不孝罪名向官府控告子女的权利。只要有此类自诉案件出现,唯原告意志是从。

3. 父母依法享有对子女婚嫁的决定权。《礼记·曲礼》说:“男女非有行媒,不相知名。”中国古代社会男女婚姻的成立，必须具有“父母之命，媒妁之言”。《礼记·昏义》记载，古代婚事有“六礼”，即纳采、问名、纳吉、纳征、请期、亲迎。“六礼”中体现出来的是父母权利的神圣不可侵犯和婚姻当事人权利的丧失。家长对子女婚姻的决定权不仅为全社会所公认，而且受法律保护。子女如果违背家长意志，自己做主婚配则被视为非法与犯罪，将科以刑事处罚。古代法律中所谓的“主婚权”，实际上就是意味着子女合法权利的被剥夺。主婚人无需征得婚姻当事人的意见就可定夺，当事人不管如何反抗都无济于事，甚至还有可能受到法律制裁。东汉鲍永是有名的大孝子，但只因为其“妻尝于母前叱狗，而永即去之”(《后汉书·鲍永传》)。往往因为一件小事而被父母冠以“不孝”罪名，并强行解除婚姻关系的事例，在中国古代社会是不胜枚举的。

4.“不孝”是“十恶”大罪。严惩不孝是古代法律重要任务之一。《孝经》云：“五刑之属三千，而罪莫大于不孝。”何谓“不孝”？《唐律疏议》曰：“善事父母曰孝。既有违犯，是名‘不孝’。”凡子女违背父母意志或侵犯父母之尊严者，均被视为“不孝”。礼、法合一，违反伦理道德就是犯罪，是中国古代法律文化内在特质之一。“不孝”罪名在《周礼》中已存在，属乡八刑之一。《隋律》开始将“不孝”列入“十恶”条目。《唐律》总括其成，对列为“十恶”恶逆的“不孝”重罪作出了详尽的解释：其一，子孙不得控告、谩骂、诅咒尊长，违者即为不孝，“皆以谋杀论”(《唐律疏议》卷一)。其二，祖父母、父母在世，子孙不得分居另住、自蓄财物，家庭财产的所有权归尊长所有，违者即为不孝。其三，对祖父母、父母供养不得有缺。其四，父母丧期为二十七个月，在此期限内，子孙不得自身嫁娶、作乐及释服从吉，违者即为不孝。其五，不得闻祖父母、父母丧而匿不举哀及诈称祖父母、父母死。唐律在将“不孝”罪条分缕析为五种的同时，为了保证子女对父母绝对顺从，还从法律上赋予父母用不孝罪名控告子女的权利。不仅如此，甚至子女对父子关系、家庭行为有些议论，都有可能被控以不孝罪。孔融曾与他人议论道：“父之于子，当有何亲？论其本意，实为情欲发耳。子之于母，亦复奚为？譬如寄物中，出则离矣。”结果被定为大逆罪,下狱弃市。

●回归先秦孔子儒家孝道。注重自然亲情,强调“以正致谏”,追求人格独立与平等,孔子儒家孝道在现代社会,仍然具有蓬勃的生命活力。

从秦汉开始,由孔子、曾子创建的原始儒家孝道发生了“变异”。儒家所坚持的“以正致谏”的原则萎缩了,儒家孝论中所彰显的父子人格平等与独立的终极关怀夭亡了。换言之,儒家孝道的精华逐渐丧失了,播下的是龙种,收获的却是跳蚤。代之而起的是子女对父母的绝对顺从,顺从即孝,儒家的“孝”思想从汉朝开始已被悄悄地偷换,并出现了两种不正常的社会风气:

其一,“愚孝”风气。“吕升,莱州人。父权失明,剖腹探肝以救父疾,父复能视而升不死。冀州南宫人王翰,母丧明,翰自抉右目睛补之,母目明如故。淳化中,并下诏赐粟帛。”“日照民江伯儿,母疾,割胁肉以疗,不愈。祷岱岳神,母疾瘳,原杀子以祀。已果瘳,竟杀其三岁儿。”(《孝义列传》)面对这种“割股不已,至于割肝,割肝不已,至于杀子”的社会愚孝风气,元明清有些统治者虽然也认识到这种伦理价值导向“灭伦害理”,并企图从法律上加以制止,但是,潘多拉魔盒一旦打开,任何努力都是徒劳的。

其二,宽宥复仇。从西汉开始,对血亲复仇的态度与立场开始发生大逆转。“礼:父母之仇,不同戴天;兄弟之仇,不同国。”对复仇者宽容、赦免与奖掖的结果,客观上形成了道德高于法律、法伦理化的社会局面,人们崇尚复仇,甚至于恃法专杀。武则天时代发生的徐元庆案是一则非常具有代表意义的案例。徐元庆之父被县尉冤杀,徐元庆为父报仇,将该县尉杀死,然后自首。武则天怜其为孝子,想赦免他,但陈子昂认为不妥。他的理由是:在复仇问题上自古以来存在着二元标准。依据伦理标准,复仇是仁、是义、是德,是烈士之举;依照法律标准,复仇则是犯罪行为,犯罪者不得游离于法律准绳之外。柳宗元不同意陈子昂的观点,他主张徐父如果并未触犯国家法律,官吏徇私枉法，则应肯定徐元庆的复仇之举；假若徐父确实犯罪，官又不愆于法，则不能复仇。方其如此，才能达到礼刑一统的社会理想境界。从表面上看，似乎两人的观点针锋相对，势若水火，其实不然。两人的区别仅在于：陈子昂对复仇作了无限的肯定，柳宗元则对复仇作了有限的肯定。概而论之，历代哲人对复仇问题的思考始终陷于道德与法律二元对立的思维定式中而不能自拔。始终未能认识到法律精神与伦理精神在正常情况下往往是相互协调，甚至是合二为一的。因为伦理精神是法律制度内在的支撑，法律条款是伦理精神的国家强制性形式。立足于“罪刑法定主义”现代法理高度反思与衡评古代复仇问题，我们不难发现，困扰了人们数千年的伦理与法律如何兼顾的问题，实际上是一个伪命题。在现代法治社会中，这种问题早已失去了其合法存在的前提。

在全球实现经济一体化的同时，全世界实现“全球伦理化”是否可能、如何可能已成为中国全社会讨论的热门话题。由此而来衍生的一个问题是，在“普遍伦理”这块大蛋糕中，中国传统伦理文化将占据多大的份额？实际上，在回答这一问题之前，中国人先关起门来“盘点”自己的“家当”是非常必要的。具体就传统孝文化而言，做好两方面的阐释是必不可少的：

其一，回归先秦孔子儒家孝道。孔子儒家孝道注重自然亲情，强调“以正致谏”原则，追求人格独立与平等。孔子儒家孝道在现代社会，仍然具有蓬勃的生命活力。

其二，回归家庭伦理。“孝”的初始含义是“敬老”。在孔子思想体系中，孝是仁学体系的逻辑起点，孝只是家庭伦理。回归家庭伦理不仅具有“求真”层面的哲学意义，也具有“求实”层面的现实意义。

名家专栏

当下小文谈

叶小文

作者简介：

中央社会主义学院党组书记、第一副院长，中华宗教文化交流协会会长，著名学者，著有《小文百篇》、《多视角看社会问题》、《化对抗为对话》等多部著作。

两个圣者的相遇

假如孔子和耶稣两个圣者在今天相遇，一定会警示人们：重重压力已迫在眉睫，切不可再不管不顾地按照旧方式生活下去了。

2010 年 9 月，在首届尼山世界文明论坛的多场对话中，有一场来自中美英韩的学者以“孔子与耶稣”为题的对话。

孔子与耶稣，一圣一“神”，相距五百年，分属东西方，但殊途同归地关切过同一命题：

孔子在东方提出：“己所不欲，勿施于人”，“己欲立而立人，己欲达而达人”。这一“仁者爱人”的准则，推广到社会，就是安邦利民的原则；推广到自然界，就是“与天地合其德，与日月合其明，与四时合其序”的法则。

耶稣在西方教导：“无论何事，你们愿意人怎样待你们，你们也要怎样待人。因为这就是律法和先知的道理。”

当代德国哲学家雅思贝尔斯把孔子和耶稣的时代，称为人类文明的“轴心时代”。因为几乎同时而又相互隔绝地涌现了很多光耀千秋的哲学界或宗教界的圣者，他们共同“意识到整体的存在、自我和自我的限度”，仁爱和宽容的精神成了他们认识人与人、人与社会、人与自然关系的共同结晶，“这个时代产生了直至今天仍是我们思考范围的基本范畴”。

今天的人类恰恰是在这些基本问题上出了问题。当人的价值被发现、人的尊严被尊重、人的力量被肯定之后，人的欲望也空前释放，人的作用又过度膨胀。人对自然过度开发，人对社会为所欲为，人对人损人利己。人类在不断创造不曾有过的新的辉煌，也在不断制造不曾有过的新的麻烦。伦理危机、经济危机、环境危机、社会危机接踵而至……

在人类面临困扰、寻求飞跃时，圣者们言之谆谆的哲理，又在反复回响：

1988 年，75 位诺贝尔奖的获得者在巴黎集会，呼吁“人类如果要在 21 世纪生存下去，就必须回首 2500 年前，去孔子那里汲取智慧”。

1993 年，世界上大小 120 多个宗教团体的 6000 余名代表在芝加哥召开“世界宗教会议”，通过宣言，把“己所不欲，勿施于人”和“你们愿意人怎样待你们，你们也要怎样待人”确定为“全球伦理”，指出“这个终极的、绝对的标准，适用于人生各个范畴，家庭和社会，种族、国家和宗教”。

2009 年，美国众议院通过决议，纪念孔子诞辰 2560 周年。认为“‘己所不欲，勿施于人’和‘己欲立而立人，己欲达而达人’是一种道德品行的典范，也能促进人类和谐”。

2010 年 9 月，来自欧、美、亚洲的 70 余位专家学者，在孔子诞生地尼山，进行了“儒家文明与基督教文明的对话”，为维护世界文化的多样性，为增进各国人民在文化上的相互理解、相互尊重、和睦相处和共同发展而探寻和努力。

历史总在否定之否定中螺旋向上发展，而人类生存之道和可持续发展则是其中永恒的命题。今天，历史的发展已进入到螺旋的一个重要拐点。假如孔子和耶稣两个圣者在今天相遇，一定会警示人们：重重压力已迫在眉睫，切不可再不管不顾地按照旧方式生活下去了。

重温圣者的关切，汲取圣者的智慧，站在圣者的肩上，进行坦诚的对话和认真的思考，有助于开启一个转变人类生活的新时代，建设一个人与自然和谐、人与社会和谐、人与人和谐的和谐世界。

“和”贯穿中国文化

中国文化向来重“和”，“礼之用，和为贵，先王之道斯为美”。因此，史上各教各派，大都求同存异、和睦相处，甚至取长补短、互通互融。正如英国哲学家罗素所说：“中国至高无上的伦理品质中的一些东西，现代世界极为需要。这些品质中我认为和气是第一位的。”

民间传说有“虎溪三笑”的典故。虎溪在江西庐山东林寺前，相传东晋高僧慧远驻锡东林寺时，来访和参拜者络绎不绝，常常宾朋满座，谈笑风生。但慧远送客，一向不过虎溪。一天，诗人陶渊明（也是当时著名的儒学大师）携道士陆修静来访。儒释道三位高人相谈甚欢，临别依依不舍。慧远送客，仍一路谈笑风生，竟不觉破了惯例，走过虎溪，溪旁有虎，见状都惊奇地欢叫起来，三人大笑而别。后人于此建“三笑亭”。其实，慧远与陆修静并非同一时代人，交游之说难免牵强。但南北朝以来，儒释道交流交融渐趋流行，“虎溪三笑”便传为美谈。

日前，受万众齐心构建和谐社会的时代精神所感召，中国佛教协会会长传印法师（正好也是东林寺现任住持），中国道教协会会长任法融道长，以及儒学家、哈佛大学杜维明教授，三位堪称当代儒释道的大师相聚一堂，“拜水都江堰，问道青城山”。我应邀前往为他们主持论坛，躬逢其盛。三老相谈甚欢，传说中“虎溪三笑”的愿景，似乎真的出现了。

所谈围绕一个“和”字。任道长说，道的属性是“和”。天地日月森罗万象、芸芸众生千差万别，无不蕴涵着两重性，“万物负阴而抱阳，冲气以为和”。当利益冲突、矛盾纠纷时，不妨彼此体谅、委曲求全，就能开阔胸襟，以德报怨，所谓“挫其锐，解其纷，和其光，同其尘”。传印法师说，佛教讲“理事圆融，事事无碍”，即是教人克服贪嗔痴的欲念，达到和谐的境界。身和同住、口和无争、意和同悦、戒和同修、见和同解、利和同均。杜维明教授说，“君子和而不同，小人同而不和”，“君子周而不比，小人比而不周”。对“和”与“同”的不同态度，竟是君子和小人的分野。以“和而不同”为主线，儒学追求的“和”，是以“和”对“多”集散成大，是以“和”制“合”平衡互补，是“和而不同”，“美美与共”。“和也者，天下之达道也。致中和，天地位焉，万物育焉。”

看来儒释道三家的确以一个“和”字相通。因为，“和”的哲学就是“会通”，既有包容，更有择优；既有融合，更有贯通；既有继承，更有创新，是一以贯之、食而化之、从善如流、美而趋之。“和”是中国历史文化的特征向量、古代先哲的生命信仰和思维基础。“和”的思想反映了事物的普遍规律，因而能够与时俱进、与时俱丰。

“虎溪三笑”又现，一个“和”字会通。从中国传统文化包括儒释道的学说中，挖掘和发扬“和”的丰富思想，与我们今天大力培育奋发进取、理性平和、开放包容的社会心态和社会氛围，也可以“会通”。

“子不语”的可语之理

友人问，你对近来颇有争议的某假神假道作何观感？我答：“子不语怪力乱神。”

此言出自《论语》，意思是君子不谈论怪异、勇力、悖乱、鬼神之事，而要“发愤忘食，乐以忘忧”，敏而好学，洁身自好，“以修身齐家治国平天下等实用为教，不欲言鬼神”（鲁迅语）。就算有人热心鬼神，也对其“不语”，即不屑一顾、不予理睬之谓也。

这“不语”后面，有可语之理：

“怪力乱神”之“神”。社会有多极，需求有多元，难免有人或为祈福求福，为消灾免祸，为健身健心，为寻求慰藉，而需要“神”来帮忙。有需求就有供给，于是就有人出来热心造神，编造和传诵种种神话神功神迹，对某人群起而捧之，定要捧出个“神”类而后快。

“怪力乱神”之“乱”。“神”捧得越快，倒得也越快。寄希望越大，失落也越大。一旦此“神”穿帮露馅，又有人忙于出来揭底，群起而攻之，发现了破绽要加油添醋地放大，有没有罪过都若隐若现地描述，定将其打为“乱”贼才解恨。

“怪力乱神”之“力”。无论捧“神”或捉“乱”，后面都有一股子势头不小的“力”，或诉诸媒体，或进入网络，或口口相传，或反复炒作。捧“神”时天花乱坠，唯恐世人不信其“神”，捉“乱”时器宇轩昂，唯恐天下不怨其“乱”。

“怪力乱神”之“怪”。始作俑者乃因有“怪”。每当一个社会面临转型，社会结构变动，社会管理松弛，社会心理躁动，在这个充满矛盾也充满活力的世界，就会有形形色色的“奇人”出来“作怪”，打起各色宗教的旗帜，吸取民间文化的滋养，迎合不同信众的需要，臆造一套又一套光怪陆离的教义和荒诞不经的神话；也会有一批又一批吹鼓手扑过来摇旗呐喊，把一个又一个凡夫俗子推向“神”的宝座，再将其褪去光环打翻在地，让一群又一群看客围过去热闹一番，一哄而起又一哄而散。

孔子时代，此类事不少，故云“子不语怪力乱神”。朱子解释：“怪异、勇力、悖乱之事，非理之正，固圣人所不语。鬼神，造化之迹，虽非不正，然非穷理之至，有未易明者，故亦不轻以语人也。”（《论语集注》）今人李泽厚也说：“怪异、鬼神，难以明白，无可谈也，故不谈。暴力、战乱非正常好事，不足谈也，也不谈。”（《论语今读》）

其实，真正的宗教人士对此类“也不谈”，他们追求的是爱国利民、饶益众生，是品德上能服众，学识上有造诣，修行上求纯净，心灵上得安宁。“设神道”乃为“化民”而非“惑民”，岂可与专事“惑民”欲乱天下的“怪力乱神”同日而语？

孔子接着“子不语怪力乱神”说，“三人行，必有我师焉：择其善者而从之，其不善者而改之”。良师益友处处有，何必去语、去求、去炒“怪力乱神”？君不妨“语常而不语怪，语德而不语力，语治而不语乱，语人而不语神”。

今天，我们正处在全面建设小康社会的关键时期、加快转变发展方式的攻坚时期，需要“多语”的，是科学精神和人文关怀；需要提倡的，是奋发进取、理性平和、开放包容的社会心态。

又提“我为人人、人人为我”

新年开门大吉，吉祥数是“十二五”。祝愿憧憬多多，最挂念是“十二五”。举世瞩目的“十二五”规划建议中，有这样一段话：“提倡修身律己、尊老爱幼、勤勉做事、平实做人，推动形成我为人人、人人为我的社会氛围。”又提“我为人人、人人为我”，似相识却新鲜，似简单也深刻，似明白常糊涂。人我关系的最佳状态是紧密相连。如果只讲“人人为我”，何其卑劣。就像马克思、列宁都引用过的狄德罗的话，需要人人围着转的大写的“我”，就像一架“发疯的钢琴”。钢琴发疯节奏就乱了，人发疯方寸全乱了，都发疯就把世界给毁了，钢琴也没声，“我”也给灭了。那么，都来“我为人人”呢？当然很好。古人还崇尚“为天地立心，为生民立命”、“先天下之忧而忧，后天下之乐而乐”的君子情怀；今人更应向往“自己活着，就是为了使别人过得更美好”、“人的生命是有限的，可是，为人民服务是无限的。我要把有限的生命，投入到无限的为人民服务之中去”的雷锋精神。因为这才是动人心弦的钢琴，是理想社会慷慨高歌的不懈追求。但毋庸讳言，这个慷慨高歌，当下还难以作为现实社会人人遵循的普遍要求。人我关系的道理，既浅显又深刻。好在无论东西方，是否宗教徒，都不乏谆谆教诲。孔夫子说，“己所不欲，勿施于人”，“己欲立而立人，己欲达而达人”。耶稣说，“无论何事，你们愿意人怎样待你们，你们也要怎样待人。因为这就是律法和先知的道理”。于是，“世界宗教会议”（1993 年，120 多个宗教团体 6000 多人参加）通过的宣言，根据这两位的圣言，强调任何宗教都要奉行的“不可取消的原则”，是“珍惜生命，正直公平，言行诚实，相敬互爱”。这些原则，无疑与“我为人人、人人为我”的道理相通。人我关系，似明白常糊涂。孔子教诲、耶稣圣谕，在市场经济面前都遭遇过言者谆谆、闻者藐藐的尴尬。因为市场经济中，每一经济的个体都追求利润的最大化，这是资本的本质；每一真实的个人都追求利益的最大化，这是人的本性。因此才演出了一部剧烈竞争的活剧，形成了优胜劣汰的秩序，从而在整体上推动了效率至上的发展。但市场经济的求金逐利，难免让人迷心逐物。如果一切向钱看，就会把精神、信仰一概物化；人人向钱看，就会把诚信、道德统统抛弃。怎么办？马克斯·韦伯倡导“新教伦理与资本主义精神”，提出在基督教文明中推进的资本主义市场经济，要靠一种“宗教精神的力量”来维持和制衡。据说这一套也曾管用，可在华尔街鼓捣出的金融危机面前显然失灵了。今天，我们同样要面对在资本盈利和个人谋利被激活后，如何把资本冲动与诚信道德、把物质追求与精神信仰成功结合的问题。因此，“十二五”规划建议明确要求，“倡导爱国守法和敬业诚信，构建传承中华传统美德、符合社会主义精神文明要求、适应社会主义市场经济的道德和行为规范”。这些要求，反映着再提“我为人人、人人为我”的时代脉动。

又到回家过年时

喝一碗热腾腾的腊八粥，年味浓起来了。到车站、码头、机场一看，人头攒动，熙熙攘攘，川流不息。回家过年！哪管“腊七腊八，冻掉下巴”，哪管风餐露宿，日夜兼程……从人群中，找个农民工兄弟打听，辛苦一年，为何把钱花在路上？他会毫不犹豫地告诉你，家有妻儿老母、兄弟姐妹，还有祖宗的墓、家乡水土，“有钱没钱，回家过年”！从人群中，找个学者请教，君作何感？他会引经据典打动你，“独在异乡为异客，每逢佳节倍思亲”，“一年将尽夜，万里未归人”，“人情重怀土，故乡安可忘”，“故乡何处是？忘了除非醉”，“露从今夜白，月是故乡明”。从报刊里，找个名人问问，过年何意？冯骥才说，临近过年，中国所有的城市乡村，都变成了情感磁场，把出门在外的人吸引回家。望着人满为患的机场、车站和排成长龙的购票队伍，会为“年文化”在中国人身上的这种刻骨铭心而感动。春运的人潮所洋溢的，不正是“年文化”的精神核心——合家团聚吗？还有哪一种文化能够一年一度调动起如此浩大的千军万马？能够凸显故乡和家庭如此强大的亲和力？张颐武说：春节是中国人文化认同的象征，是对自己文化记忆的顽强保留，也是对家庭、亲情等重要文化价值的坚定守候。是的，一部世界史，四大古文明，为何唯有中华文明延续到今不曾中断，历经蹉跎不掩辉煌？我想原因之一，就是中华民族有着这种最为顽强的文化记忆、最为深沉的文化认同。

这是树根对泥土的眷恋，是水滴对大海的皈依。这种文化记忆和文化认同，一到过年就浓烈释放，年复一年代代相传。尽管全球化进程使许多东西化解，但回家过年的执著，显示着中国人眷念家人故土之情的永不化解。尽管市场经济的发展与许多传统决裂，但一到过年，“家和万事兴”又重新开张，“和合”文化又大放异彩。过年就要回家。11年前的春节晚会，一首《常回家看看》唱响大江南北，感动无数人。11年后又是年关将至，新修订的《老年法》草案规定，“与老年人分开居住的赡养人，要经常看望或者问候老人”。“常回家看看”竟然提升到法律保障的高度。最感人心是母爱，念兹在兹乃乡情。“慈母手中线，游子身上衣。谁言寸草心，报得三春晖？”在我的故乡——贵州，那里的共青团员们就以亲情、乡情、友情为纽带，动员他乡游子，为促进自己的贫困家乡发展作贡献。此举谓之“春晖行动”。一个朴素的口号、朴素的行动，六年来应者云集，无论是科学家、艺术家、教授、企业家、公务员，还是莘莘学子、务工农民、华人华侨，都有钱出钱有力出力，积极参与到反哺故土亲人的行动中来。真的是“老吾老以及人之老，幼吾幼以及人之幼”，这是升华了的亲情乡情。又到回家过年时。家，是为我们心灵“给力”的、浓得化不开的“情感结”；年，是为我们民族的年轮增添缜密和厚度、生生不息的“同心结”；而“年文化”，是牵动着为我们的大“家”——中华民族的伟大复兴，同心同德同奋斗的“中国结”。

副总理的贺年片

腊月二十三过小年，按民俗，可以拜年了。竟然就收到了一张贺年片，上面端端正正写着："祝小文同志：身心吉祥，家庭吉瑞，事业吉顺，工作吉利，生活吉美，节日吉庆。回良玉于腊月二十三。"

我任国家宗教局局长期间，回副总理是"顶头上司"。他工作上严格要求、一丝不苟，平时却和蔼可亲、宛如兄长。回副总理实在太忙，见面的机会并不多。何况听他说过，心里要总念叨"三八加三六"。"三八"即：一亿少数民族群众，一亿信教群众，近一亿残疾人，八亿农民；"三六"即：农村贫困人口占农村居民总人口的比重还有3.6%。按分工，回副总理在国务院分管全国的民族、宗教、农业、残疾人事业、扶贫等工作。他常说，老百姓的日子过得红火不红火，人民是不是生活得幸福与尊严，要问"三八"，莫忘"三六"。

那么忙，要挂念、操心的事那么多，回副总理还记着给一个转行的老下级，亲笔题写贺年片，而且写得那么认真仔细、内涵丰富、热情洋溢，真是倍感亲切和珍贵。

“六吉”——吉祥、吉瑞、吉顺、吉利、吉美、吉庆，既是给下级的祝福，其实也是一个总惦着“三八加三六”的副总理的所思所念，真情流露。

去年10月以来，我国北方冬麦区基本无有效降雨，北京遭遇了第一个无雪之冬，气象干旱严重。回副总理紧急召开国务院抗旱减灾专题会议，分析研判北方地区当前旱情特点和发展趋势，安排部署抗旱减灾和农业生产工作。他强调，各有关地区和部门要切实把抗旱减灾促春管作为当前“三农”工作的紧迫任务，最大限度减少干旱损失。会后，又冒着严寒到田间地头考察抗旱保墒去了。我想，这“六吉”，或许隐隐透着副总理的几分焦虑、急切的期待心情。

回副总理心中最放不下的，还是那个“三六”。他说：“尽管中国的经济社会发展和减贫事业取得了巨大成就，但中国仍然是一个发展中国家，人均收入水平还不高，发展不平衡的问题还相当突出，贫困人口规模大、贫困程度较深、致贫因素很多，消除贫困的任务仍相当艰巨。”他大声疾呼，为了实现党的十七大提出的到2020年基本消除绝对贫困现象的奋斗目标，必须“在继续坚持过去行之有效方针政策的基础上，进一步采取更加有力的扶贫开发举措，促进贫困地区经济社会又好又快发展，不断提高贫困人口的生活质量，让贫困地区和贫困人口共享发展成果”。我想，这“六吉”，其实饱含着副总理的倾情关注和强烈期望。

除了“六吉”，还有“六和”。那是几年前回副总理给我的贺年片，写着“人心和善，家庭和乐，人际和顺，社会和睦，文明和谐，世界和平”。领悟其意，我参与草拟首届世界佛教论坛宣言，把“六和”写进去了：“一愿培植善心，发乎善行，则人心和善；二愿亲情稳固，爱心充满，则家庭和乐；三愿真诚沟通，平等互助，则人际和顺；四愿各得其所，相安互敬，则社会和睦；五愿彼此欣赏，尊重包容，则文明和谐；六愿将心比心，化怨为友，则世界和平。”佛教界的朋友们说，“‘和尚’就要以‘和’为‘尚’。推进‘新六和’，我们也来尽力”。

从“六和”到“六吉”,总念叨着“三八加三六”的副总理,有那么多的挂念,那么多的祝愿。“是进亦忧,退亦忧。然则何时而乐耶?其必曰‘先天下之忧而忧,后天下之乐而乐’乎。噫!微斯人,吾谁与归?”

关于"信仰建设"的顶层设计

三十年经济快速发展,中国富了,但是人们也发现,社会变了。社会矛盾激化,价值观裂变,有人开始追问:我们的社会是不是道德沦丧了,是不是信仰缺失了?

我们中华民族,历来是信仰充实的民族,是最讲信义的民族,是重"君子"轻"小人"的民族。但我们在经济社会转型中,确实感觉到了道德危机和价值观的剧变。在这种撞击、转型、大家都奔钱而去的过程中,出现了道德的迷失和信仰的错位。怎么去重建信仰,去充实精神支柱?

都去拜神吗?现在大家对宗教的关注,其实是个假命题。宗教拯救不了我们的灵魂。中国多数人的文化的传统也是"子不语怪力乱神",是"敬鬼神而远之"。把对社会的热情消释在对神的冰冷的崇拜当中,我们没这个习惯,这也不是解决问题的办法。一部分人关注宗教,是因为在思想信念出问题的迷茫中,在拜金主义、享乐主义、极端个人主义滋长的浊流中，总得找到解决问题的办法，于是难免有人把宗教也当做了一种选项。当然，我们的确也不妨真的去认真研究一点宗教中的积极因素，借助宗教中的积极的一面。但这与"信仰重建"不是一个层面的问题。"从来没有什么救世主，也不靠神仙皇帝"。

我们如何进行有效的信仰建设？这里，也有个顶层设计与底层冲动有效结合的问题。

社会主义核心价值体系，是一个科学的"顶层设计"，包括四个方面：马克思主义指导思想、中国特色社会主义共同理想、民族精神和时代精神、社会主义荣辱观。这四个方面的价值体系，既是国家整体、民族整体的追求，也是不同阶层、不同群体的追求，进而可以成为每一个体、每个公民的追求。而一旦深入、内化到不同的社会阶层和特殊群体，就像绚丽的阳光折射出五彩光芒，展现出不同的核心价值观。一定要找到一个接口，把崇高的信仰和每个人对现实利益的追求，把大公无私的集体主义和个人追求对接起来。如果找不到这个接口，信仰就是空谈。

共产主义信仰是一种科学信仰，是在唯物主义、在上层建筑与经济基础之间的科学规律的基础上推导出来的。怎样把科学信仰变成精神信仰，这是一个重要的命题。陈毅同志早就说过："手莫伸，伸手必被捉，党和人民在监督，众目睽睽难逃脱。"一定意义上，党和人民就是无时不在、无处不在的"神"。人，总是要有一点敬畏之心的。讲"彻底的唯物主义者是无所畏惧"的，那是讲不信鬼不信神需要的思想状态。但不能放大为人什么都无所畏惧，更不是人要以自我为中心无限膨胀，像当年恩格斯所讥讽的马赫那样，变成一架"发疯的钢琴"。

作为中国封建社会传统核心价值观的"仁、义、礼、智、信"，我们在摒弃其封建糟粕的同时，也不妨借鉴其部分合理的内容，特别应研究它如何通过"忠孝两全"、"三纲五常"、"修身、齐家、治国、平天下"的方式，由个人而家庭，由家庭而社会，由社会而国家，由国家而天下，把个人的追求与整体的核心价值统一起来。社会主义核心价值体系的践行，要探索如何使之深入和内化到个体，成为个人的自觉意识和追求。

中华文化的基因里，总是保持着“君子以天下为己任”的情怀。君子立于天地之间，就要“天行健，君子以自强不息；地势坤，君子以厚德载物”；中华文化的基因里，总是渗透着“讲信修睦”的理念，“礼之用，和为贵，先王之道斯为美”。这种“天下情怀”至高无上、自上而下；“和谐理念”无处不在，自下而上。两者简明扼要，会通无碍。自上而下，站得高，高屋建瓴；自下而上，落得实，家喻户晓。中国人有此优秀遗传基因。今天践行社会主义核心价值体系，也可作如是观，以如是行。

如果能把社会主义核心价值体系的顶层设计，真正内化为全民族每一个体都从内心滋生着的动力，才是无穷无尽的动力。有了这个动力，我们必定能够尽快在基本面上实现经济发展方式转变的“拐点”，并全面推动这一场伟大深刻的社会变革。

蓦然回首又见“士”

读朋友的新书《蓦然回首》，从“灯火阑珊处”看见的“那人”，分明是一个活脱脱的“士”。

朋友，千万小人物中的一个。此书，名不见经传的一本。作者自述：“并非一时冲动和突发奇想，并非赶超潮流、附庸风雅和粉饰作秀，更不敢有所奢求。只是平时在日常生活中，偶有所感、记抒心志，长久以来集成小集，与友共勉，权作茶余饭后调侃之话题。幸运的是，我们这代人生长在这个重要的承前启后年代，经历较多，感悟颇多。‘责任’成为我们这代人的共识，民族复兴、国家富强是我们为之共同奋斗的目标，并成为永久之期待和终生之愿望！”

现在出版业发达了，尤其是互联网上的电子媒体更发达，“旧时王谢堂前燕，飞入寻常百姓家”，出本书，已不是大师才能有的奢求了。于是，很多可爱的小人物，很多鲜活的好思想，都出书了。琳琅满目，目不暇接。

这些书中,会不时透露出、洋溢着一股股“士”气呢!

“士”,古代属“文人”一类,但“文人”未必都是“士”,有志气、有抱负、有风骨、有品位、有才干者才算得上,所以又叫“文人志士”。“士”,今属“知识分子”一类,但“知识分子”也未必都是“士”,除了仍要有志气、有抱负、有风骨、有品位、有才干,大体是怀才不遇而又随遇而安、随遇而安而又好游四方、好游四方而又喜唱善吟者,才算得上。

我这位朋友酷爱大好河山,常云游四方,有感而发。于是,我的手机上,便常收到他的诗词,来自雪山,来自草原,来自沙漠,来自大海……我为其诗感动,也为其人感叹。我想,何不集成一册,以文会友呢?果然就出来了。

来了,从书中,你分明看到一个“士”,向你走来了。

“士”这角色如何定位?在中国的文化传统中,有所谓“官—士—民”三维结构。“士”夹在中间,要么就“奉上”,为“官”效力,甚至成了“官”;要么就“事下”,为民请愿,也就当了“寇”。那时“官”与“民”对立,“士”也真难为也。

今天好了,从总体上或至少从理论上,官民一家了。为官,就应“权为民所用,情为民所系,利为民所谋”。尽管真要做到,并不容易。如果非“权为民所授”,还是难免权为他用,利为己谋,情为别恋。

那么,今天还有“士”吗?有的!只要中国的文化传统还在,“士”的精神就在。无论居于何位,“士”总是忧国忧民,“处江湖之远,则忧其君;居庙堂之高,则忧其民”,进退皆忧,先天下之忧而忧。

总是忧,不会患“忧郁症”吗?所以,“士”还要有自得其乐的本事,找到一种平衡。朋友的书中,从那许多快乐的词句里,你能感到淡淡的忧愁。从那许多忧虑的词句里,你又能体会出希望与快乐。

今天的时代,人们思想活动的独立性、选择性、多样性、差异性明显增强,求知、求乐、求美的愿望十分强烈。其实,选来选去,求来求去,“蓦然回首,那人却在灯火阑珊处”。我们仍然需要“士”,我们大声疾呼“士”。

因为,今天的人类过着和过去不一样的生活。经济正融为一体,空间距离减少,生活水平提高,生命科学的进展使寿命延长不少。可是,新的环境、人造的环境,却危害着我们的居住;充满添加剂或转基因的色香味俱佳的食品,填充着我们的身体;各种各样好工具使生活变得复杂,复杂到我们都没法处理了。尤其是,我们的生命可以延长,但如何有意义地度过这生命?我们跑得更快,声音传达得更远,看见的东西更多,移动的幅度更宽,我们变成满身都是机器的血肉之躯,但是我们的灵魂缺少关照。高节奏的现代生活挤压了我们的思考空间,也诱惑了我们“欲”的心性。在这个纷繁躁动的世界里,我们的心蠢蠢欲动,没有片刻的安宁。物质的发展让我们心灵迷失,甚至迷心逐物,把心灵、精神、信仰统统抛下不管,都被物化了。当代西方社会在从“现代社会”向“后现代社会”转型的过程中,“上帝之死”所带来的信仰迷茫使西方人陷入了“生命中不堪承受之轻”的精神焦虑之中。当代中国社会在向现代化转型的过程中也出现了“远离崇高”和“信仰缺失”的精神现象。人失落了信仰,也就失落了对自身存在意义的终极关怀,人生的意义由此而变得晦暗不明。过去的宗教束缚解体了,但代替宗教信仰的那些理念、那些价值,又将安在?

这就特别需要更多的有识之“士”来焦虑、来思考、来奔走呼号了。

好在中国从来不乏有识之“士”。从一本普通的书中,不经意间,就听到了“士”的呼吸,看到了“士”的灵动。

“士”即“君子”。正在现代化路上迅跑的中华民族,不会跑得失魂落魄。因为蓦然回首,我们又看到了“士”,看到了“君子”。天行健,君子以自强不息;地势坤,君子以厚德载物!

今天还有“士”吗?有的!只要中国的文化传统还在,“士”的精神就在。无论居于何位,“士”总是忧国忧民……

现代化中的信仰重建与文明复兴

现代化推动全球化，经济正融为一体，空间距离在减小，生活水平在提高。可是：

——我们居住在新的，但却污染着的环境之中。

——我们的食品色香味俱佳，但却充满添加剂或转基因。

——各种各样好工具使生活变得既便利又复杂；无处不在的通讯网络，快速更新的电器电脑，眼花缭乱的电视电影，使生活既丰富多样，又复杂多变。

——人类总体绝对生活水平在日趋提高，相对差距却在日趋加大，绝对贫困化仍在蔓延。

——人类的总体平均寿命在生命科学的进步中延长，但个体的感受不幸和痛苦却在同步增加。

——人们跑得更快，声音传得更远，看见的东西更多，移动的幅度更宽，变成满身都是机器的血肉之躯。人们的精神却缺少了关照。

——人们拥挤在高节奏的、充满诱惑的现代生活中。人心蠢蠢欲动,没有片刻安宁。欲望在吞噬理想,多变在动摇信念。心灵、精神、信仰被抛弃,被物化。物质的发展,让心灵迷失。当代西方社会在从“现代社会”向“后现代社会”转型的过程中,“上帝之死”带来了信仰迷茫和精神焦虑。当代中国社会在向现代化转型的过程中,也出现了某些“远离崇高”和“信仰缺失”的精神现象。

现代化带来了“迷心逐物”的现代病。人失落了信仰,也就失落了对自身存在意义的终极关怀。无论社会怎么发展,无论经济怎么繁荣,如果放弃了对崇高理想信念的追求,大家都心浮气躁不思进取,心烦意乱不知所从,心贪气盛欲壑难填,社会如何和谐稳定,发展又如何协调持续?所谓“迷心逐物”,“心”既已“迷”,“物”何以“逐”?现代化改变着人类。无论东方西方,无论已“后现代化”还是在努力实现现代化,都面临一个共同的问题——信仰重建。

现代化起源于数百年前西欧历史上发生的一场持续二百余年的文艺复兴运动。现代科学的发展、地理大发现、民族国家的诞生等,都得益于文艺复兴中倡导的人本精神。文艺复兴把“人”从“神”的束缚中解放出来,把生产力从封建社会的束缚中解放出来,带领西欧走出中世纪的蒙昧和黑暗,迎来了现代文明的曙光。文艺复兴倡导的人本主义的革新运动,开启了西方近现代自由民主的序幕,呼唤出强大的生产力,很大程度上导致了现代文明波澜壮阔的景观。

但是,人类在实现这一伟大的历史性进步的同时,也正付出沉重的代价。

其一,如前所述的“信仰迷茫”。由于经济活动成了社会生活的主体,商业和科技成了社会的核心价值。人类文明的一些终极价值以及各个文明的核心价值,都不能不从属于发展、效率和创新的现代价值,最终统一于科技和金钱,一切都成了经济和科学的附庸,一切都被市场化和科学化了。过去的宗教束缚解体了,但代替宗教信仰的那些理念、那些价值,又将安在?

其二,人与自然、人与社会、人与人的关系空前紧张。随着文艺复兴以来生产力的大发展,"人"的作用空前放大了,可以上天入地,呼风唤雨,转化基因,试管造人……但解放了的"人"又过度膨胀了。今天我们看到的是:"人"对自然过度开发,环境被污染破坏;"人"对社会为所欲为,单边主义和恐怖主义的争斗越演越烈;"人"对"人"损人利己、尔虞我诈……

其三,当今世界"霸道"兴起。由于西方率先实现了现代化,现代化也就常被理解为西方化。若干民族国家不断在器物、制度和观念上,在生产方式和生活方式上模仿西方。在这个过程中,文化的多样性正在像生物的多样性一样不断消失。世界在表象上变得越来越复杂的同时,在本质上正在出现同质化。孙中山先生早前就敏锐地发现:"欧洲近百年是什么文化呢?是科学的文化,是注重功利的文化……这种专用武力压迫人的文化,用我们中国的古话说就是'行霸道',所以欧洲的文化是霸道的文化。但是我们……还有一种文化,好过霸道的文化,这种文化的本质,是仁义道德……要人怀德的文化,用我们中国的古话说就是'行王道'。所以亚洲的文化,就是王道的文化。自欧洲的物质文明发达,霸道大行之后,世界各国的道德,便天天退步。""东方的文化是王道,西方的文化是霸道;讲王道是主张仁义道德,讲霸道是主张功利强权。讲仁义道德,是由正义公理来感化人;讲功利强权,是用洋枪大炮来压迫人。"

可见,文艺复兴极大地解放了"人",但"人"又付出了极大的代价:文艺复兴使"人"从神的束缚中被解放出来,之后人又被神化、异化。出路何在?一场新的"文艺复兴",我将其称为新的文明复兴,已躁动于时代的母腹,呼之欲出。这场新的文明复兴,要把过度膨胀的人还原为一个"和谐"的人,要建设一个人与自然和谐、人与社会和谐、人与人和谐的新的"和谐世界"。

中华民族的文化传统,因应着这个时代要求。英国的历史学家汤因比说过:"避免人类自杀之路,在这点上现在各民族中具有最充分准备的,是两千年来培育了独特思维方法的中华民族。”

什么“独特思维方法”？是天人合一，允执厥中，仁者爱人，以和为贵，和而不同，众缘和合。其核心，就是“和”。“礼之用，和为贵，先王之道斯为美。”

“和”的精神，是一种承认，一种尊重，一种感恩，一种圆融。“和”的特质，是和而不同，互相包容，求同存异，共生共长。“和”的途径，是以对话求理解，和睦相处；以共识求团结，和衷共济；以包容求和谐，和谐发展。“和”的哲学，是“会通”，既有包容，更有择优；既有融合，更有贯通；既有继承，更有创新，是一以贯之、食而化之、从善如流、美而趋之。“和”的佳境，是各美其美，美人之美，美美与共，天下和美。

概而言之，“和”的根基，必然是精神的充实和信仰的重建。

人类文明的交汇已走到量变到质变的临界点，人类危机呼唤人本主义在否定之否定意义上的继承和发扬。新时代对人本主义的呼唤，需要对传统人本精神继承吸收，发扬其积极成果又要革故鼎新。因为西方近代人本主义多强调作为个体的自由与权利，尊重人的本能欲望，催生了迅猛发展的经济，也造就了膨胀的个人。面对第一次文艺复兴遗留下来的膨胀了的个人，新的文明复兴，将建造和谐的人。它既巩固第一次文艺复兴人本主义的积极成果，又要对其过分的运用有所克制。

从"己所不欲"到"我为人人"

人我关系的道理,既浅显又深刻。无论东方西方,是否宗教信徒,都不乏谆谆教诲。

孔夫子说:"己所不欲,勿施于人。""己欲立而立人,己欲达而达人。"耶稣说:"无论何事,你们愿意人怎样待你们,你们也要怎样待人。因为这就是律法和先知的道理。"于是,"世界宗教会议"(1993 年,120 多个宗教团体 6000 多人参加)通过的宣言,根据这两位先哲的圣言,强调任何宗教都要奉行的"不可取消的原则",是"珍惜生命,正直公平,言行诚实,相敬互爱"。2008 年 10 月 28 日,美国众议院高票通过的纪念孔子的决议指出,孔子的"己所不欲,勿施于人"和"己欲立而立人,己欲达而达人"是一种道德品行的典范,也能促进人类和谐。

人我关系的原则,似明白常糊涂。孔子教诲、耶稣圣谕,在市场经济面前,都会遭遇“言者谆谆、闻者藐藐”的尴尬。因为市场经济中，每一经济的个体都追求利润的最大化，这是资本的本质；每一个真实的个人都追求利益的最大化，这是人的本性。由此演出了一部部剧烈竞争的活剧，形成了优胜劣汰的秩序，从而在整体上推动了效率至上的发展。但市场经济的求金逐利，难免让人迷心逐物。如果一切向钱看，就会把精神、信仰一概物化；如果人人向钱看，就会把诚信、道德统统抛弃。

怎么办？马克斯·韦伯倡导“新教伦理与资本主义精神”，提出在基督教文明中推进的资本主义市场经济，要靠一种“宗教精神的力量”来维持和制衡。据说这一套也曾管用，可是在华尔街鼓捣出的金融危机面前显然失灵了。

今天，我们同样要面对在资本盈利和个人谋利被激活后，如何把资本冲动与诚信道德、把物质追求与精神信仰成功结合的问题。因此，我们的“十二五”规划提出：“提倡修身律己、尊老爱幼、勤勉做事、平实做人，推动形成我为人人、人人为我的社会氛围。”

从“己所不欲，勿施于人”到“我为人人、人人为我”，其中道理，值得琢磨。

主张“为人民服务”，当然要强调“我为人人”，但并不因此就否定“人人为我”。一般即寓于个别之中，“人民”要体现在一个个鲜活的个体之中。如果要求一部分人只提供服务而不享受服务，“为人民服务”岂不失去了一部分服务对象？如果要求个人无条件为集体牺牲一切，甚至放弃合理正当的利益追求，这种无视个体权益的“集体主义”何来感召力，又何来“可持续发展”？“我为人人”，在物质条件匮乏的历史阶段有其合理性，但随着时代发展，“人人为我”的合理诉求也应逐步满足。总是忽视个人正当利益追求，必然影响个人活力和创造力的发挥，最终影响经济社会的整体发展。这方面，我们的教训是深刻的。

蛋糕要做大，也要分好。列宁说过：“我们要努力把‘大家为一人，一人为大家’和‘各尽所能，按需分配’的准则渗透到群众的意识中去，变成他们的习惯，变成他们的生活常规。”在社会主义市场经济条件下，个体利益与社会整体利益从根本上并不矛盾冲突，反而可以实现双赢。正如马克思所说，要“实现人的自由、解放和全面发展”，也要求“每个人的自由发展是一切人的自由发展的条件”。

经过了个人利益的觉醒、市场经济的洗礼，如何把经济冲动与道德追求、把物质财富与精神财富高度成功结合起来，检验着社会的文明程度。倘若社会关爱人人，人人感恩社会，每一社会成员都充分感受社会的温暖与和谐，反过来“滴水之恩，涌泉相报”，守望相助，蔚然成风，如此良性循环，不就是“我为人人、人人为我”的社会氛围吗？此中，生长着一种新型的社会文明，激扬着社会主义核心价值的生命力。

“己所不欲，勿施于人”，要求不高。“我为人人、人人为我”，合情合理。在人我关系的高尚境界和低俗诉求的种种说法中，需要“去掉一个最高分，去掉一个最低分”，才是最可取、最可行的。因为：大公无私是圣人，公而忘私是贤人，先公后私是善人，公私兼顾是常人；私字当头是小人，假公济私是痞人，以公肥私是坏人，徇私枉法是罪人。我们要提升常人，提倡善人，学习贤人，向往圣人；也要教育小人，揭露痞人，改造坏人，惩治罪人。鉴于日常的、多数的都是“常人”，要做的“常事”，就是修身律己，平实做人；过去说的“常理”是“己所不欲，勿施于人”，现在说的“常理”则是“我为人人，人人为我”。

中国文化穿着什么走出去

都说，中国文化应该走出去！我曾问，拿什么“走出去”？以何姿态“走出去”？以何贡献“走出去”？今还有一问，穿着什么“走出去”？

中国人的钱包开始在世界上鼓起来了。现在的世界市场，中国人旅游到哪里，哪里的市场就红火；中国人买什么，什么就涨价。但是，请注意，一方面，我们还有很多人口仍然贫困，很多地方仍然落后；一方面，历史上我们也曾富过，但作为文明古国、书香门第，再富也不能浮躁。沉静、从容、大气、平和，有其境界，才有文化大国的气质。不应该有了钱就狂了、疯了，不知道该怎么办了。

中国人走出去的形象，不光是捏着钱包，而且涵养着文化。这境界，这气质，一眼看去，衣冠楚楚，道貌岸然，果然来自礼仪之邦文明古国。今天，中国人穿着什么走出去，其实关乎着“中国文化穿着什么走出去”。

中华文明，作为世界四大古文明中唯一没有中断而延续至今的文明，其中包含着服饰文化灿烂的历史和传统，中国因而一度有“衣冠王国”的美誉。“礼仪天下”的中国，历来重视衣着。《易·系辞下》就有“黄帝、尧、舜垂衣裳而天下治，盖取诸乾坤”的说法，竟然把衣冠之事，与治理天下相连，且竟然都“取诸乾坤”，足见其重要。

中华文明，当然也历经坎坷，受过屈辱。但气可衰不可竭，士可杀不可辱。例如，尽管魏晋南北朝时期战乱频仍，几无宁日，但那时的君子雅士们仍衣着讲究。那时的衣衫，大都宽大、舒适，宽衣博带，大冠高履，无不表现出魏晋人简约玄远、超然高逸的气质。李泽厚说：“人们并不一定要学那种放浪形骸、饮酒享乐，而是被那种内在的才情、性貌、品格、风神吸引着、感召着。”

中华文明，是追求形式更充实内容、讲究衣着更注重实际的文明。“衣食住行”之所以以“衣”为先，是因为从经济学的角度看，衣着无疑是最大的“内需”，拉动、提升服装制造业及相关产业，无疑是最大的“拉动内需”。例如，《天工开物》记载，明朝年间江浙一带纺织业非常发达，“十户之内，必有一机”；尤以苏州、松江一带的棉纺织业为盛，民谣说，“买不尽的松江布，收不尽的魏塘纱”！

当然，皮之不存，毛将焉附，国运不振，何谈衣冠？尽管“康乾盛世”时中国作为举世瞩目的“天朝上国”，有过“万国衣冠拜冕旒”的无限风光，但随着中国沦为半殖民地半封建社会，中国人的衣着也随之不伦不类、不成体统，广大劳苦群众更是衣不蔽体、食不果腹。辛亥革命推翻帝制，强调“中学为体，西学为用”，中国服装也要与封建王朝的衣冠决裂。于是，1912 年民国政府发出《剪辫通令》和《服制》法令，明确西洋服饰为民国礼服，传统中式服装开始按现代生活方式的要求改良、演化。但不管怎么演化，传统文化难“化”，中国人的情结难“化”。国人仍然执著地寻觅、改良、设计着自己的国服。终于，中山装和旗袍，逐渐成为民国时期国人心目中的“国服”。新中国成立，刚站起来的中华民族充满了当家做主人的喜悦，穿什么都是主人，穿什么都是衣服，无意、也无暇去考究衣着。但改革开放之初的拨乱反正，人们不约而同地注意到，必须改变当时国人无论男女老少、士农工商，都穿一种颜色、一种式样衣服的封闭保守、沉闷僵化的形象。于是，竞相争穿西装，竟然成了一种象征革心洗面、追求改革开放的时髦风气，"西装热"再度席卷华夏大地。

我们作为有五千年"衣冠王国"美誉的国度，在今天国家强盛起来走向世界的同时，必然抱有中国文化也应该走出去的夙愿。但在若干个清一色穿着西装的国际场合，我们突然发现，中华民族竟然没有自己的服装！我们的国人，穿着什么走出去？我们的文化，穿着什么走出去？我们总不能老是唱着"洋装虽然穿在身，我心依然是中国心"走出去，我们更不能"裸奔"出去。

据外交部原参赞马宝奉撰写的回忆，前些年我国驻日本大使向日本天皇递交国书，由于穿西服而没有得到日方的认可，结果是连夜从北京把中山装运去。啊啊，当年对"唐装"佩服得五体投地、终于搞出自己的"和服"的日本人，竟然也轮到他们来教训、修理来自"衣冠王国"的使臣了！

我对"国服"没有研究，但还晓得，中国文化总得穿着自己的衣服，才能走出去，才能赢得别人的尊敬，享受"以礼相待"的待遇，争取"美美与共"的共识。我们不能想象一个有优秀服饰文化传统的文明，其服饰文化却止步于、淹没于现代工业文明的浪潮中。中国文化要走出去，就应该"整装待发"，在服饰上，也要寻回我们民族文化的软实力。为此，我赞成北京服装学院袁仄教授的说法："服饰代表着民族性格及民族特征，是体现民族性的表象符号，民族感和时代感都呼唤着我们创造新的能够代表国家形象的当代中国服饰，包括国家礼仪服饰。"

文化中国与文化宗教

历史上，凡文化性强的宗教，生命力影响力也强，受到社会欢迎；凡文化性弱的宗教，生命力影响力也弱，难免日渐式微。

正在兴起社会主义文化建设高潮的“文化中国”，宗教，也可以向着建设“文化宗教”方向努力。

宗教本有一定的文化内涵。作为对支配人们日常生活的人间力量、外部力量的幻想的反映，宗教，向往和崇拜并不存在的“超人间力量”的神灵或神圣。但这些神灵或神圣的深刻奥秘来自于人类本身，是人类独特的精神文化创造活动的产物，且一旦被建构起来成为崇拜对象，人们就会以不同的方式——诸如神学理论、宗教神话、宗教道德、文学诗歌、音乐绘画、礼仪节庆等，证之颂之传之。为此，毛泽东同志指出，要研究哲学史、文学史、世界史，就必须研究一部宗教史。

我们并不认同将宗教完全等同于文化的观点，但也不否认若干宗教经典、教义，宗教道德、艺术中所积累着的人类生命繁衍的文化信息，所渗透着的历史积淀的体验和哲理，所孕育着的民族文化因素，所镌刻着的人类精神文明发展的轨迹。从文化视域看宗教，宗教经典也是社会历史文化典籍、文学作品的一部分；宗教教义也包含许多人生哲理、道德箴言；宗教物品有不少非物质文化遗产；宗教场所和周围环境有若干艺术殿堂与旅游胜地。

我们促进文化大发展大繁荣，固然要牢牢把握社会主义先进文化的前进方向，围绕树立和践行社会主义核心价值体系来开展。但社会主义是大海，海纳百川，有容乃大。社会主义文化建设大潮之中，包容着宗教文化的建设。宗教可以乘势而上，有所作为，努力增强自身的文化性，建设“文化宗教”。

例如，宗教可以更自觉主动地接受宪法和法律的规范，配合社会主义核心价值体系的主导作用，发挥教化道德、调适心理、推动对话、维护稳定、扶贫济困、保护环境、促进和谐、丰富文化的功能。我们引导宗教与社会主义社会相适应，爱国守法是政治基础，大量工作则是引导宗教在社会建设、文化建设和生态文明建设中发挥积极作用。鼓励宗教界人士淡泊名利，修身养性，看重人文和宗教学养；引导信教群众适当淡化宗教信仰的特殊性，强化宗教文化的普遍性，超越教派的局限，更多释放宗教所积累的文化智慧与能量；支持宗教界参与生态保护，兴办慈善事业，整理文化遗产，推动文化的继承、发展与创新。

从现代文明发展趋势看，宗教退出政治权力，退出国民教育，退出市场中心，回归社会文化本位，向“文化宗教”、“道德宗教”发展，是一条健康发展的正路。历史上，凡文化性强的宗教，生命力影响力也强，受到社会欢迎；凡文化性弱的宗教，生命力影响力也弱，难免日渐式微。宗教信仰，只有教徒认同；而宗教文化却属于社会，与世俗文化交融。宗教增强了文化性，各界人士都可以参与相关文化资源的保护、开发和利用，信教群众和不信教群众可以在致善和审美的领域相互吸纳，携手共进。这有利于充实社会文化生活，推动文化产业发展，丰富民族精神家园。

中国宗教正努力提高文化素质和品位，为繁荣社会主义的文化事业作贡献。融入当下“文化中国”建设的大潮，“文化宗教”正涌向潮头。

譬如北辰　众星共之

在第三届北京人权论坛上，与会者讨论了“文化多样性与人权”的议题。继经济全球化之后，文化全球化也成为紧随其后的一个过程、一种趋势。关注文化多样性，正当其时。

中华文明主张“己所不欲，勿施于人”，也不会“己之所好，强加于人”。孟子云：“可欲之谓善，有诸己之谓信，充实之谓美，充实而有光辉之谓大，大而化之之谓圣。”一个人，大家认为他和蔼可亲，是“善”；进而有学问、有修养，才可“信”；学问渊博，人品高尚，便是“美”；光彩照人，才叫“大”；能够转化自己、转化他人，超凡脱俗，众人拥戴，方为“圣”。但这种“转化”，并不强加于人，而是靠自己的美丽和光辉去吸引人感召人，犹如繁星当空，各自生辉，“譬如北辰，居其所而众星共之”。

民主、平等、自由、人权，当然是好东西。既然好，就不必靠对外扩张强加于人，给别人削足适履。而要重在立足自我、反省自我、建设自我，各美其美、美人之美、美美与共,“譬如北辰,居其所而众星共之”。

这是全球化过程中特别要注意的问题,也是维护文化多样性特别要遵循的原则。

当今时代的主题仍然是和平与发展,但人类在自然资源的争夺、国际秩序的平衡、意识形态的认知、宗教文明的信仰等许多问题上纷扰纠缠,矛盾不断。生态危机、金融危机、人文危机、精神危机接踵而至。英国历史学家汤因比说:“避免人类自杀之路,在这点上现在各民族中具有最充分准备的,是两千年来培育了独特思维方法的中华民族。”这个“独特思维方法”,就是中华民族一贯追求的人与自然、人与人、人与自我的和谐。

人与自然和谐,遵循自然法则,“与天地合其德,与日月合其明,与四时合其序”;人与人和谐,推己及人,与人为善;人与自我和谐,认识自我,善待自我,磨炼自我,提升自我,安心为本,知足常乐,平实做人,勤勉做事。如此,就可以进退有序,俯仰皆宽。

在世界三个比较突出的文明中,西方文明更为崇尚自由,伊斯兰文明更为崇尚公平,中华文明则更为崇尚包容。吸取三大文明的精华,升华传统的精华,中国强调“以人为本”、“以和为贵”。

当前,我们在加快经济发展方式转变这一场经济社会领域的深刻变革中,在推动科学发展、促进社会和谐的进程中,将更加注重以人为本,坚持从最广大人民的根本利益出发谋发展、促发展,加快推进以改善民生为重点的社会建设,不断满足人民日益增长的物质文化需要,走共同富裕道路,促进人的全面发展,做到“发展为了人民,发展依靠人民,发展成果由人民共享”。在一个13亿人口的国家,在一个迅速发展和深刻变革的国家,在一个积极参与全球化、尊重文化多样性的国家,其人权事业的建设和发展,其“以人为本”、“以和为贵”的追求和实践,可以“譬如北辰,居其所而众星共之”。

新年又闻交响乐

新年将至，若干城市、剧院打出海报，新年音乐会将演出交响乐。

交响乐，这个一度风行西方的“阳春白雪”，在今天的中国不仅登堂入室，也正“飞入寻常百姓家”。

其实，交响乐不光属于西方，也属于中国，且早就属于中国。《礼记·乐记》曰：“地气上齐，天气下降，阴阳相摩，天地相荡，鼓之以雷霆，奋之以风雨，动之以四时，暖之以日月，而百化兴焉。如此，则乐者，天地之和也。”这是我们先人对交响乐的描述和想象，也是中国文化对交响乐的认同和赞赏。但一提起交响乐，人们往往首先想到的是贝多芬、莫扎特、德沃夏克那一串辉煌的名字，是发轫于西方的文艺复兴的昔日辉煌。

一个伟大民族的伟大复兴，不仅应让世界惊叹它的经济社会发展，更要让世界感叹它的精神文化底蕴。一个民族能否自立于世界民族之林，在国际社会得到尊重，不仅在于“有钱有势”，还要有“文化魅力”。西方现代国家的历史虽然不长，但有文艺复兴的经历和底气。文艺复兴带领西欧走出中世纪的蒙昧和黑暗,迎来了现代文明的曙光,迸发出解放生产力的巨大能量。文艺复兴产生了许多交响乐,许多交响乐礼赞着文艺复兴。中华文化的传统丰富多彩,其创新也必将灿烂辉煌。今天,中华民族实现伟大复兴正当关键时刻,也在酝酿着自己的"文艺复兴",使之为我们的民族持续地积蓄和迸发无穷的力量。其中,就应该包含具有中国特色、中国气派,由中国人自己创作的交响乐。

中国,有崇尚"兴于诗,立于礼,成于乐"的传统,并不缺乏创作交响乐一类音乐或史诗的激情和天才。史载,有禹命皋陶所作《大夏》以纪其治水之功,有尧的乐舞《咸池》表达对宇宙的神思,有舜的乐舞《韶》颂赞山川万物星辰日月,有描写武王伐纣的《大武》,还有屈原以祭歌形式写作的礼神乐舞《九歌》等,表达出先民的纪功颂德、礼神敬祖、玄想沉思。今天,则有《黄河大合唱》、《长征组歌》、《红旗渠》、《梁祝》等,反映着今人的慷慨激昂,追求光明,向往幸福。最近,作曲家唐建平继创作交响乐诗《神州和乐》而令人神往之后,又推出新作大型清唱剧《路》动人心弦。请听,那美轮美奂、华丽庄严的美声女高音,礼赞着华藏婆娑的美;那高唱低吟、亲切悦耳的通俗女声,赞美着现世人间的善;那至情至纯、如泣如诉的笛声,悠扬着灵魂的真。中国的佛教文化博大精深,佛教音乐是其中的瑰宝。《华严经》所描绘的那个不可思议、幸福美妙、富丽堂皇的华藏仙境,那个具有多重差别而又互相融摄的和谐世界,看不见、摸不着,却分明沿着一条妙韵之《路》,向我们款款走来。

我们这个有着灿烂文明、深厚底蕴、无限向往和不懈追求真善美的民族,期待大师竞相迸发,期待佳作如泉涌流,期待世界读懂中国,也乐于中国奉献世界。

13 亿人的中国,其发展成果,其文化底蕴,其和平期盼,其和谐心愿,无一不愿与世界美美与共、如乐交响。

国学与国服

李瑞环题写书名的《领导干部国学大讲堂》一书首发,“中华国服生产基地”在河北容城落户。双喜临门,诸多学者聚集一堂,亦乃当下一盛事。

我忝列该书编委会主任,也就要说几句话。题涉“国”字,兹事体大。题乃大题,事是大事。

国学,一度是中华文明薪火相传、不曾中断的精神纽带、文明根基。但曾几何时,一自海禁开,外夷势跋扈,国家破碎,斯文扫地。但国人不屈,学人不服,仍坚持国学的命脉丢不得,主张“中学为体”,以中国的纲常名教作为决定国家社会命运的根本;“西学为用”,采用西方资本主义国家的科学技术,效仿其教育、赋税、武备、律例,“师夷所长,以夷制夷”。愿望虽好,但西方列强何等跋扈,我们“中学治身心”却“不治而憔悴”,“西学应世事”仍“难应而国亡”。

江河日下,国将不国,国学无“用”,“体”何以堪?万般无奈中,不能再抱残守缺了。

五四运动勃然爆发,"砸烂孔家店"振聋发聩,中国共产党应运而生,中国从此才走向光明。

一部近代史告诉中国,延续几千年的国学不大行了。那么今天,中国正和平崛起,在现代化路上迅跑,为何"国学热"又悄然兴起?

一部当代史告诉世界,现代化虽然给人类带来空前的福祉,但"福兮,祸之所伏":

——现代化引来迷心逐物。市场经济成了社会生活的主体,发展、效率和创新成了现代价值的主流。但无论社会怎么发展,经济怎么繁荣,如果一切都成了经济的附庸,都可以市场化;如果放弃了对诚信的坚守和对崇高理想信念的追求,大家都心浮气躁不思进取,心烦意乱不知所从,心高气盛不满所得,社会不能和谐,发展又何以持续?

——现代化导致人的膨胀。人可以上天入地,呼风唤雨,转化基因,试管造人了。但人对自然过度开发,人对人损人利己,人对社会为所欲为,如此发展下去岂不是要自杀?

——现代化诱发单边主义。由于西方率先实现了现代化,有人就鼓吹后起的国家"全盘西化",西方也就趾高气扬、唯我独尊。"欧洲近百年是什么文化呢?是科学的文化,是注重功利的文化……这种专用武力压迫人的文化,用我们中国的古话说就是'行霸道'。"(孙中山语)

世界在乱套,人类在自杀。出路何在?英国历史学家汤因比出来大声疾呼了:"避免人类自杀之路,在这点上现在各民族中具有最充分准备的,是两千年来培育了独特思维方法的中华民族。"

这"独特思维方法",正寓于国学之中。所以,当下岂止国人热国学,洋人也在唤国学。历史总在否定之否定中前进。但每一次否定,不是简单重复,而要进入更高境界。

国服,在国学重张中也要重兴了。今天倒不妨"国学为体,国服为用"。既然中国历代有过汉服唐服、明朝中装、清朝旗袍、民国中山装,邻国日本有和服、韩国有韩服、越南有奥黛、印度有纱丽，今我“衣冠大国”有“独特思维方法”的国人，特别是满腹经纶的国学才子、注重打扮的俊男靓女们，不妨穿几件有独特个性、好看好用的国服。但在现代化浪潮中，国服大概也要改革创新，在否定之否定中进入更高境界。

无畏与敬畏

说起无畏，古今中外名人言之凿凿："天变不足畏，祖宗不足法，人言不足恤。"(《宋史》)"如果问在人生中最重要的才能是什么？那么回答则是：第一，无所畏惧；第二，无所畏惧；第三，还是无所畏惧。"(培根)"彻底的唯物论者是无所畏惧的。"(毛泽东)"没有一点闯的精神，没有一点'冒'的精神，没有一股气呀、劲呀，就走不出一条好路，走不出一条新路，就干不出新的事业。"(邓小平)这些名言莫不掷地有声。

再说敬畏，古今中外名人语之谆谆："君子有三畏：畏天命，畏大人，畏圣人之言。小人不知天命而不畏也，狎大人，侮圣人之言。"(《论语》)"有两样东西，人们越是长久地对之凝神思索，它们就越会让内心充满常新而日增的惊奇和敬畏：我头顶上的星空和心中的道德。"(康德)"手莫伸，伸手必被捉。党和人民在监督，万目睽睽难逃脱。汝言惧捉手不伸，他道不伸能自觉。其实想伸不敢伸，人民咫尺手自缩。"(陈毅)"我们共产党员，特别是党员干部谨小慎微不好，胆子太大也不好，做事要有所畏、有所怕，不能无所顾忌。”（邓小平）这些警语仍然振聋发聩。

无畏与敬畏，各有其用。

在“群经之首，大道之源”的《易经》里，说到无畏，有“天行健，君子以自强不息”之论。君子立于天地间，要效法日月星辰，从不间断地刚健运行。说到敬畏，又有“君子终日乾乾，夕惕若厉，无咎”之叹。君子终日勤奋谨慎，殚精竭虑。“厉”乃厉鬼，到了晚上还要像见鬼一样警惕小心、居安思危啊！

无畏与敬畏，当取者何？

改革开放以来，我国思想文化领域发生了深刻变化。人们思想活动的独立性、选择性、多样性、差异性明显增强。但独立性不是唯我独尊，选择性不是随心所欲，多样性还有道德底线，差异性总伴随同一性。现在，人民群众文化消费多层次、多方面、多样化的特征更加明显，求知、求乐、求美的愿望更加强烈，公平意识、民主意识、权利意识、法治意识、监督意识不断增强。但社会进步中难免泥沙俱下。一些人理想信念出问题，一些腐朽落后的思想文化沉渣泛起，拜金主义、享乐主义、极端个人主义有所增长，部分社会成员思想道德失范，有些人世界观、人生观、价值观发生扭曲。信仰的动摇是危险的动摇，信念的迷茫是最大的迷茫，理想的摇摆是根本的摇摆，思想的滑坡是致命的滑坡。在信仰的荒漠上，活不了无根的植物，立不起伟大的民族。

信仰者，信，要感恩；仰，要敬畏。信仰的普遍确立要靠榜样引领，“譬如北辰，居其所而众星共之”。尤其当老师的要为人师表，当干部的要戒惧敬畏。领导干部工作上要大胆，用权上则要谨慎，常怀敬畏之心、戒惧之意。一要敬畏历史，使自己的工作能经得起实践和历史的检验；二要敬畏百姓，让自己做的事情对得起养育我们的人民；三要敬畏人生，将来回首往事的时候不会感到后悔。

无畏与敬畏，当下不妨多思、多言、多循、多行敬畏。常修为政之德，常思贪欲之害，常怀律己之心，就要常具敬畏之戒。

感悟经典

何中华

作者简介：

山东大学哲学与社会发展学院教授、博士生导师。兼任中国辩证唯物主义研究会理事、中国马克思主义哲学史学会理事、中国人学学会理事、山东省哲学学会常务理事。主要著作有《哲学：走向本体澄明之境》、《社会发展与理代性批判》、《重读马克思——一种哲学观的当代诠释》等。

“我们总是在回家呵！”

我们喜欢与时俱进，我们偏好追逐新潮，我们热衷跟踪时尚，总之我们在拼命地追赶，然而却遗忘了目的……重新亲近自己的本源处，实现一种文化意义上的返乡，一种心灵意义上的回家，乃是走出迷途的不二法门。

“我们是去哪里？——总是在回家呵！”这句出自18世纪德国诗人诺瓦利斯之口的话耐人寻味。另一位德国诗人荷尔德林在《返乡》诗中写道：“不错！这就是出生之地，就是故乡的土地，你梦寐以求的近在咫尺，已经与你照面。”德国哲学家尼采15岁时也曾写过《返乡》诗，其中说：“当钟声悠悠回响，我不禁悄悄思忖：我们全体都滚滚奔向永恒的家乡。”相信每一位有着怀乡情结的人读到这些诗句时，都不会无动于衷，而是无不两眼湿润。作为一种带有本体论意味的文化意象，所谓“回家”、所谓“返乡”，不是人的身体而是人的心灵向自己所分享和秉受的传统复归，也就是文化意义上的寻根。其实，这是任何一个民族都有的、挥之不去、难以排解的情结。我国古代诗人有着同样的敏感，有着同样的深沉体认。中国诗歌以唐诗为代表，而唐诗尤以李白、杜甫、白居易为胜，在这三位杰出诗人那里都有其浓厚的怀乡情结，这集中体现在他们那些脍炙人口的诗作中。李白曰："举头望明月，低头思故乡"；"浮云游子意，落日故人情"。杜甫曰："露从今夜白，月是故乡明。"白居易曰："归去复归去，故乡贫亦安"；"无论海角与天涯，大抵心安即是家"；"心泰身宁是归处，故乡何独在长安"；"我生本无乡，心安是归处"……看得出，诗人们所真正在意者实乃是精神的家园、心灵的故乡，亦即安心立命之归依处。这些古今中外的诗人和思想家们，都不约而同地把自己的思绪指向了"故乡"，这难道是偶然的吗？作为现代人，我们在自己心灵的最深处，难道不同样潜藏着一种或隐或显的返乡渴望和冲动吗？

"返乡"意味着什么？照海德格尔的说法，"返乡就是对本源的重新亲近"。亲近本源的渴求本身，就表明了我们离开自己的本源已经有多么的遥远。青年人总是年轻气盛，往往觉得家是一种束缚或羁绊，所以总有一种近乎本能的"离家出走"的冲动。对他来说，外面的世界很精彩，是一种挡不住的诱惑。然而，当他远走他乡闯世界，阅尽人间悲苦，经历了人生漂泊，饱经风霜，身心俱疲之后，结果蓦然回首，却发现唯有家才是自己灵魂的真正安顿处。诚如海德格尔所言："唯有这样的人才能返回，他先前而且也许已经长期地作为漫游者承受了漫游的重负，并且已经向着本源穿行，他因此就在那里经验到他要求索的东西的本质，然后才能经历渐丰，作为求索者返回。"这种返乡的冲动与渴望，乃是心灵的游子发自肺腑、植根于生命的本然的诉求。常言道：树高千尺，落叶归根。寻根是人们无法摆脱的命运。

从一定意义上说，现代性也就意味着同传统的告别，对于东方民族来说尤其如此。现代性斩断了我们与传统的"脐带"，使我们游离了自己的文化之根，陷入一种漂浮状态。这是自我认同危机的现代之源。须注意，民族首先不是一个人种学概念，也不是一个地域学概念，而是一个文化学概念。假如支撑一个民族的文化传统葬送掉了，那么这个民族也就名存实亡了。近代以来，现代新儒家的文化焦虑归根到底盖源于此。“我是谁？我从哪里来？我又往何处去？”我们若处于文化上的无根状态，这些问题就不可能找到答案，其结果只能是导致文化意义上的自我迷失。现代人因告别传统而沦为心灵上的游子，乃是其最为尴尬之处。

孔子说：“吾道一以贯之。”汉儒董仲舒也说：“天不变，道亦不变。”董氏的这句看似简单的话，其实有深意存焉，但它很少被我们现代人读懂过。一切皆变，诚然如此；但变的规则本身却不能变。不然，变就意味着紊乱，意味着无序。从宇宙论角度说，无序和紊乱的极限，就是“宇宙热寂说”所刻画的那种死寂和终结的状态，它不啻是对于文化未来命运的一句谶语。我们往往把董仲舒的那句话当做形而上学的标本加以唾弃，而恰恰在不经意间遗忘了它所试图捍卫并守望的那个值得我们永远敬畏的永恒之物。我们喜欢与时俱进，我们偏好追逐新潮，我们热衷跟踪时尚，总之我们在拼命地追赶，然而却遗忘了目的。我们缺乏耐心停下脚步回望自己走过的路，追赶本身成了目的。我们就像在原始森林里旅行的迷途者，在广袤太空中航行的失重者，丢失了方位感，找不到自己的坐标。重新亲近自己的本源处，实现一种文化意义上的返乡、一种心灵意义上的回家，乃是走出迷途的不二法门。我们不能无视，晚清以来的志士仁人，无不经历了这样一条近乎相同的心灵轨迹，就是青年反传统，中年反思反传统，晚年回归传统。它似乎是一种无法逃避的宿命，成为人们永远走不出去的圆圈。遥想当年，康、梁、严作为戊戌变法的精神领袖，是多么的激昂突进。然而，后来康有为却成为保皇派，梁启超则宣布欧洲“科学梦”的破产，严复自号“痛壄老人”。“五四”时代，鲁迅先生一度主张青年人不要读中国书，晚年却研究起中国小说史来，建议青年对于中国文化应该有所择取。胡适当年是“全盘西化”的鼓吹者，到了后来却整理国故，一心一意地考证《红楼梦》和《水经注》。其中消息，颇值得玩味。

从某种意义上说，我们的生命历程，我们的文化作为，说到底无非都是为“回家”所作的一种准备罢了。

“天人合一”与“诗意栖居”

中国人的文化性格决定了不需要征服自然，不需要戡天役物，而只要顺应自然，就可以获得维系生存的基本条件。

使现代科学技术摆脱戡天役物的姿态，恢复科学技术“道法自然”的原初本性。唯有这样，人们才有可能复归于“诗意地栖居”。

中国人讲究“天人合一”。钱穆先生说：“中国文化的特质，可以‘一天人，合内外’六字尽之。”在他看来，“天人合一”能够把中国文化的全部秘密都穷尽了。应该说，这种概括的确抓住了中国文化的关键。人道顺应天道，确实构成中华民族文化传统的基本原型，它就像一个“全息元”，统摄并规定着整个中国文化及其延续。孔子在称赞“尧之为君”时说：“唯天为大，唯尧则之。”“则之”即效仿之、顺应之的意思。《易传》曰：“天生神物，圣人则之；天地变化，圣人效之；天垂象，见吉凶，圣人象之；河出图，洛出书，圣人则之。”圣人的一切作为，无不是效法天道或天象的结果。孟子说：“不违农时，谷不可胜食也。”只要顺乎农业的节气，收获的粮食就可以吃不胜吃，就像荀子说的：“春耕、夏耘、秋收、冬藏，四者不失时，故五谷不绝，而百姓有余食也。”先秦著作中不少地方都提到了“秉时”、“顺时”、“应时”，有所谓“不违天时”、“节四时之适”、“审时以举事”的说法。尽管荀子有“制天命而用之”的说法，但他依然强调“不为而成，不求而得，夫是之谓天职”，主张“不与天争职”。总起来看，中国文化特别在乎天时地利人和，讲究春耕、夏播、秋收、冬藏，讲究“日出而作，日入而息”。人们的物质生产和日常生活节奏，完全同自然运律相吻合。这当然与中国古代的农耕文化有关，因为中国人的文化性格决定了不需要征服自然，不需要戡天役物，而只要顺应自然，就可以获得维系生存的基本条件。

其实，“天人合一”不仅是儒家的文化诉求，同时也是道家和佛家的文化偏好。老子所说的“道法自然”，庄子所谓的“因其固然”、“依乎天理”，都鲜明地体现着他们思想的自然主义性格。《庄子·天地篇》对“机械”、“机事”、“机心”的嘲讽，分明拒绝了那种背离自然之“大道”、致力于以人役物的取向。在道家看来，役物的结果只能是役于物，到头来人反而沦为物的奴隶。这种吊诡，已经被现代文明的历史命运所一再证明。禅宗有一首偈曰：“高坡平顶上，尽是采樵翁，人人尽怀刀斧意，不见山花映水红。”另据《五灯会元》卷四“长庆大安禅师”记载：“雪峰因入山采得一枝木，其形似蛇，于背上题曰：‘本自天然，不假雕琢。’寄与师。师曰：‘本色住山人，且无刀斧痕。’”这些无不反映出禅宗那种纯任自然的情趣。正是由于顺乎自然，所以方能禅意盎然。在最高境界上，儒、道、释无疑都是彼此相通的。这也恰恰是它们三家尽管历史上不乏争执辩难，却始终未曾妨碍它们整合为一个有机的文化传统的深层原因吧。

当然，天人关系不仅表现在外部自然界与人类自身之间，它还指自然无为与人为的关系。在这个意义上，“天”、“人”均非实体，而是两种状态或境界。例如《庄子》上说：“何谓道？有天道，有人道。无为而尊者，天道也；有为而累者，人道也。主者，天道也；臣者，人道也。天道之与人道也，相去远矣，不可不察也。”《庄子》记载：河伯曰：“何谓天？何谓人？”北海若曰：“牛马四足，是谓天；络马首，穿牛鼻，是谓人。”显然，即使发生在人世间，只要是出于事物的本然之性、固然之理、当然之则，也属于“天”；即使发生在自然界，只要是违背自然本性的人为过程，也属于“人”。当然，儒家同道家在这个问题上存有差异。与道家不同，按照儒家的观点，“络马首，穿牛鼻”之类当属“天”而非“人”。这正是魏晋玄学“自然与名教之辩”的症结所在。后来的宋儒朱熹恰好就是这样认为的，例如他明确说过：“如穿牛鼻络马首，这也是天理，合当如此。若络牛首，穿马鼻，定是不得。”显然在他看来，这是该当如此。由此也可以看出，儒家和道家的分歧并不在于是否追求“自然”，而仅仅在于确认何为“自然”。在道家眼里属于人为的繁文缛节，到了儒家那里却被看做是天道的体现。这种分歧说到底不过是枝节上的，而不是根本取向上的。

德国的荷尔德林有诗云：“诗意地栖居于世。”那是对早已逝去的生存方式的追还。我国辛弃疾则有诗曰：“稻花香里说丰年，听取蛙声一片。”这是诗人对自己亲临状态的一种刻画。对于现代人来说，稼轩词的意境实在是有些过于奢侈。因为我们对田园的淳朴早已久违了。城里人很难有机会闻到稻花的芬芳，也难以聆听到一片蛙鸣，我们听到的往往是一片嗡嗡的马达声。乡下人又何尝不是如此？返璞归真，顺乎自然，乃是恢复科学技术古典精神唯一可能的选择。

海德格尔区分了古典技术和现代技术，他认为古典技术尚不存在与天道对立的性质，只是因为现代技术才形成了今天人类的生存困局。他开出的药方是技术的艺术化。在他看来，艺术不过是真理的澄明，而真理的澄明归根到底不过是本来如此者的显现，用中国先哲的话说，也就是所谓“道法自然”。因此，应使现代科学技术摆脱戡天役物的姿态，恢复科学技术“道法自然”的原初本性。唯有这样，人们才有可能复归于“诗意地栖居”。正是在这些方面，中国文化传统的“天人合一”取向，无疑能够为现代人提供深刻启迪和精神资源。

由"儒"字说开去

按照汉许慎《说文解字》的诠释,"儒,柔也"。一个"柔"字,味道全出,可谓搔到了问题的痒处。记得有一次从电视上看到宋词专家叶嘉莹先生的一档节目,她就特地提到了中国文化的"弱德之美"。她由"儒"字的"柔"这一本义出发,加以阐释,十分贴切地把儒家所代表的中国文化性格多维度地彰显出来了。

"儒"含"需"字,参之以《易经》"需"卦的卦象,可知"需"有"等待"之义。《易传》说:"需,不进也。"据《易传》记载,孔子就说过:"君子藏器于身,待时而动,何不利之有?"孔子这里说的其实就是"需"的意思,它体现的显然是一种等待的姿态。

华裔英籍女作家韩素音,在自己的著作中描述一位华侨时说:"他是个中国人,有极好耐心,能等待和忍耐。"这的确典型而鲜明地体现了中国人所特有的品性。韩素音在参观走访了中国内地之后,曾经感慨道:"我在这里重新发现了中国的弹性——它所固有的柔顺性,这使它不受外界危机的影响,同时也使它渡过自己的一次又一次动乱。”因此，我们虽说“儒者柔也”，但看此“柔”字不要过于直观，误以为柔就是软弱无力，就是废弃一切作为。须知，此柔非真柔，而是指那种“以柔克刚”之柔；拿老子的话说，就是所谓“柔弱胜刚强”之柔。老子认为：虽然“天下莫柔弱于水”，但是“攻坚强者莫之能胜”，这正是“天下之至柔，驰骋天下之至坚”的道理所在。俗话说的“水滴石穿”，就是“以柔克刚”的一个十分典型的例子。

其实，我们只有通过“水”的意象，才能最真切地体味到“儒”之“柔”。柔是“水”的最为突出的特性。在中国文化中，以水喻道是有其古老传统的。譬如，老子曰：“上善若水”；他还说“弱者道之用”，此所谓“弱者”乃指水的柔弱所表征出来的规定。因为“水善利万物而不争，处众人之所恶，故几于道”。《庄子》中也说：“鱼相造乎水，人相造乎道。”据《荀子》记载，孔子说过：“水洸洸乎不淈尽似道。”管子认为：“水者，何也？万物之本原也。”郭店楚墓竹简上有一篇“太一生水”，谓“太一生水，水反辅太一，是以成天”。如此等等。我们知道，水是不定形的，它被放进怎样的容器中就采取什么样子的形状，但正因为没有一种凝固不变的形状，所以才能变成一切可能的形状，这正是“道”的品格。更为重要的是，它以隐喻和象征的方式，透露出中国文化的传统性格。以水喻道的高明之处在于，它的意义是双关的：一方面确立了存在论的基本意象，让人们能够由此及彼地去领会“道”的深刻蕴含；另一方面又奠定了道德论的基本取向，借助于水的柔弱性格来开显道德的品性。

应该说，中国传统文化所采取的等待姿态，与儒家固有的“柔”的性格之间，是有极深的渊源关系的。它在很大程度上规定着中国人同自然界、同他人打交道的方式。

在这里，不妨比较一下古典技术同现代技术在文化性格和文化取向上的分野，我们从中可以更深切地体会出中国古代文化的柔性特点。这种文化取向塑造出来的古典技术，不具有征服自然界的进攻性和侵略性。例如我国古代伟大的水利工程都江堰，就是采取因势利导、巧夺天工的办法，而不是采取逆自然而行的办法，使大自然为人类造福。它可以涝排洪、旱蓄水，通过自然而然的方式来加以调节。两千多年来，都江堰水利工程既获得了巨大的收益，改善了民生，同时又维系了自然生态系统的和谐与稳定，充分体现了中华民族的古老智慧和才能。直到今天，人们依然受其恩惠。

再如古代的风车，只有当一阵风来临时，才能利用风能驱使风车轮子转动；当风停止之后，我们就只能等待风的重新出现，但绝不能人为地制造一种风来吹动风车，没有那样一种冲动。这就是古典技术的取向。与此不同，现代技术则对自然采取一种征服和占有的姿态。譬如飞机，它在很大程度上已不再受到特定时间和空间条件的约束，何时何地起飞，可以取决于我们的愿望，而不再取决于自然的限制。这就鼓励了现代人在大自然面前的恣意。现代技术所显示的，是人的驾驭、控制、支配，它不再像古典技术那样是顺应的姿态，而是变成了主动的宰制。

中华民族从来都是一个和平与宽容的民族。老子曰："兵者不祥之器，非君子之器，不得已而用之。"由此不难窥见中国人对于兵器乃至战争的基本价值取向。与此相关联，在历史上，我们对于诉讼也是持保留态度的。《释文》曰："讼，争也，言之于公也。"所谓"讼"，乃指双方争执不下、对簿公堂之意。《易传》说："讼，不亲也"；而儒家主张，"亲亲为仁"。诉讼总是缘于利益的纷争，它只能是道德失效的结果。在中国人看来，实乃不得已而为之。因为我们更愿意相信"退一步，海阔天空"。争执双方倘若采取这种妥协的姿态，那么就会使诉讼变得多余。所以，孔子说："听讼，吾犹人也。必也使无讼乎！"孔子认为，"无讼"才是一个社会的理想状态。有趣的是，这同西方文化形成了鲜明的对比。在一定意义上，诉讼可以说是古希腊人日常生活的一部分，这不仅促进了法律制度的发达，而且辩论术也因此获得了独立的发展，修辞学、逻辑学以至于辩证法的成熟，无不是基于这一历史文化背景。

中国文化的儒雅性格，虽然没有咄咄逼人的凌厉之势，却又绝不因此而失其庄严。相反，这才是一种真正的内在力量。

克己复礼与文化性格

中国文化之所以具有内倾性格，之所以采取反身性的姿态，这归根到底是由“仁”的“克己”取向决定的。

孔子说：“克己复礼为仁。”这是一句非常重要的话，值得仔细品味，因为我们从中能够引申出中国文化性格的方方面面。“克己”的“己”字是指“私”，所谓一己之私利；“克己”也就是“去私”。如此一来，人的所作所为方能回归到“礼”的要求上来。那么，“礼”又是指什么呢？所谓“礼”，就是外在的行为规范，它属于伦理范畴。所以孔子说：“非礼勿视，非礼勿听，非礼勿言，非礼勿动。”“克己”一定是自觉自愿的，“复礼”不过是“克己”的结果罢了。做到了这一点，也就是“仁”的实现。“仁”属内，“礼”属外，它们互为表里。“仁”实为“礼”的根据，“礼”是“仁”的外在表现。正如孔子所言：“人而不仁，如礼何？”从道德人格养成的顺序来看，一般是须先懂得规矩，亦即“知其然”，然后再一步步地领会其中的道理，知道为什么要这么做的理由，即“知其所以然”。所以，虽然《中庸》说“非礼不动，所以修身也”，但“修身”终究还需要“诚意正心”的自觉。

关于“仁”，有一解是把它诠释为“果仁”，即果实的内核之精华。这样的解释，可以很好地隐喻或象征道德的纯粹性和本根性。“果仁”的意味在于：一是充实，二是精华，三是固有之本性的根据。它意味着内在的充实。孟子说：“五谷者，种之美者也；苟为不熟，不如荑稗。夫仁，亦在乎熟之而已矣。”很明显，说“仁”“在乎熟”，就是在这种隐喻的意义上成立的。孟子还说：“充实之为美。”他又说：“仁义礼智，非外铄我也，我固有之也。”固有即是固然，亦即本然之性，它是内在自足、无待外求的。据《孟子》记载，告子曰：“仁内也，非外也。”孟子亦曰：“仁，人心也。”显然，“仁”处在核心的位置。

孟子拿射箭打比方：“仁者如射。射者正己而后发，发而不中，不怨胜己者，反求诸己而已矣。”其实这个道理早在孔子那里就已经说清楚了，他说：“射有似乎君子，失诸正鹄，反求诸其身。”射箭射歪了，不要怨天尤人，不要抱怨因为风的干扰或者别人的打扰而未射中，而是要首先来检讨自己，反躬自省，看看是否由于自己心不在焉。这就是儒家的态度。所以，孔子说：“君子求诸己，小人求诸人。”《中庸》亦曰：“正己而不求于人。”

中国文化之所以具有内倾性格，之所以采取反身性的姿态，这归根到底是由“仁”的“克己”取向决定的。确实，对于中国文化来说，是“六合之外，圣人存而不论”的。这是说，东、西、南、北，加上天、地，这六个方位，都不值得圣人去探究、去追问，而是应该把目光收回，投向自我的审视与拷问。所以，孟子有所谓“反身而诚，乐莫大焉”的说法。鲁迅先生当年在一篇题为《长城》的杂文中，曾经提到了长城的封闭性。他说：“我总觉得周围有长城围绕。这长城构成材料，是旧有的古砖和补添的新砖。两种东西联为一气造成了城壁，将人们包围。”鲁迅当然是在隐喻中国文化的封闭性，但不论怎样，长城的确是防御性的，而不是进攻性的。

中国文化的最高偶像是圣人，而西方文化的最高偶像是英雄。只有征服自我才能把自己证成为圣人，而只有征服外部世界才能把自己证成为英雄，二者的根本旨趣迥异。在世界历史研究领域有一个重要的课题，就是郑和下西洋同哥伦布发现新大陆的比较。郑和的船队远航，其目的不是征服、不是掠夺、不是占有，而是和平的，是为了展示泱泱大国的盛世气象，不仅不向沿途各国索取财富，相反还无偿奉送礼物。哥伦布发现新大陆的动机主要有二：一是传播基督教，二是探宝。这从哥伦布当年留下的日记中可以看得很清楚。因此，恩格斯说哥伦布的探险不过是“黄金梦驱使的结果”。西方近代的崛起，在一定意义上得益于哥伦布们从南美洲掠夺来的第一桶金。正因此，世界史上一般都把哥伦布发现新大陆，作为标志着现代化肇始的一个标志性事件。夏天热了，中国人讲究“心静自然凉”，并不致力于改变生态，而是调整自己的心态；西方人则偏好发明电风扇、空调机之类的物件，通过改变生态来适应自身。这些都反映了两种文化的不同旨趣。

追根溯源，应该说中国文化的内倾性格和反身性姿态，与中国地理环境的特点有着一种发生学关系。其实，鸟瞰中国的版图，不难发现中国的海岸线很长，然而中国文化不属于海洋型文化，而是农耕型文化。为什么会这样呢？黑格尔在《历史哲学》中认为：对于欧洲民族来说，“大海邀请人类从事征服，从事掠夺，但是同时也鼓励人类追求利润，从事商业”。然而，“这种超越土地限制、渡过大海的活动，是亚细亚各国所没有的，就算他们有更多壮丽的政治建筑，就算他们自己也是以海为界——像中国便是一个例子。在他们看来，海只是陆地的中断，陆地的天限；他们和海不发生积极的关系”。美学家宗白华先生在《美学散步》中比较了中西空间意识的不同，指出：“中国人与西洋人同爱无尽空间，但此中有很大的精神意境上的不同。西洋人站在固定地点，由固定角度透视深空，他的视线失落于无穷，驰于无极。他对这无穷空间的态度是追寻的、控制的、冒险的、探索的。近代无线电、飞机都是表现这控制无限空间的欲望。而结果是彷徨不安，欲海难填。中国人对于这无尽空间的态度却是如古诗所说的：‘高山仰止，景行行止，虽不能至，而心向往之’……我们向往无穷的心，须能有所安顿，归返自我，成一回旋的节奏。”

中国文化的这种内敛性格和取向，难以发展出现代科学技术，但或许正因此避免了因为征服自然而造成的人类生存困境。

天行健，君子以自强不息

在艺术上，中国人一般是接受不了悲剧的，中国的戏曲大都是大团圆结局。唯有这样，人们在欣赏之余才能心安理得。在中国人视之，维纳斯的断臂之美不过是一种缺陷。可以说，我们这个民族的文化是一种乐感文化。

《易传》上有两句话，足以代表中国文化传统的基本性格："天行健，君子以自强不息"，"地势坤，君子以厚德载物。"一般认为，自强不息强调的是刚健进取、积极有为的取向，是超越自然主义的姿态。其实这是一种误读。领会"天行健，君子以自强不息"，需注意两点：一是不能孤立地阐释并发挥这句话的意思，要同时联系另一句"地势坤，君子以厚德载物"来领会，这样才能全面而完整，正所谓"一阴一阳之谓道"。二是即使单方面看，也不能无视"天行健"一句当中隐含的"天垂象，圣人则之"的关系，即君子的刚健进取的合法性仍然来自对天象的顺应而不是违背。

自强不息和厚德载物所形成的阴阳互补、刚柔相济，构成一个太极图式。阴阳观念最早源于什么，历来有不同的解释。钱玄同认为“乾坤二卦，即是两性生殖器的记号”；郭沫若也主张阳爻和阴爻分别是男女性器官的象征。此类说法有一定道理。《易传》曰：“近取诸身，远取诸物。”按照人类心智的生长节奏，人首先有一种自我意识，然后才确立了同外部世界打交道的尺度，从而衍生出对象意识。意大利思想家维柯在其《新科学》中说：“每逢堕在无知的场合，人就把他自己当做权衡一切事物的标准。”人的性别意识，乃是人类自我观照所最早把握者。

作为中国文化的基本原型，阴阳互补的太极图式在很大程度上制约并规定着中国人的求真、致善和审美活动。下面我们分别看看它的真善美功能：

中国人喜欢用阴阳关系来解释自然界和人自身。《大戴礼记》说：“阴阳之气各静其所，则静矣。偏则风，俱则雷，交则电，乱则雾，和则雨。阳气盛，则散为雨露。阴气盛，则凝为霜雪。阳之专气为雹，阴之专气为霰。霰雹者，二气之化也。”《黄帝内经》认为：“清阳为天，浊阴为地。地气上为云，天气下为雨。”人体疾病源于阴阳二气的失衡，“阴阳乖戾，疾病乃起”，“阴胜则阳病，阳胜则阴病；阳胜则热，阴胜则寒”。只有“和于阴阳，调于四时”，人才不至于生病。西周大夫伯阳父认为地震缘于阴阳失序，“阳失其所而镇阴也”，“阳伏而不能出，阴迫而不能蒸，于是有地震”。《淮南子》曰：“阳气为火，阴气为水。水胜故夏至湿，火胜故冬至燥。”汉儒董仲舒也用阴阳观念解释自然现象：“大旱者，阳灭阴也……大水者，阴灭阳也。”欲防大旱，就须“开阴闭阳”；而欲防大水，则须“开阳而闭阴”。汉代的王充认为，“阴阳之气，凝而为人”，故“人所以生者，阴阳气也。阴气主为骨肉，阳气主为精神”。他还用阴阳关系来解释雷电：“实说雷者，太阳之激气也……盛夏之时，太阳用事，阴阳乘之，阴阳分争则相校轸，校轸则激射。激射为毒，中人辄死，中木木折。”

在中国文化传统中，阴阳关系还为人的价值选择和伦理定位提供了根本坐标。一是预卜吉凶，所谓“以定天下之吉凶”，“易有太极，是生两仪，两仪生四象，四象生八卦，八卦定吉凶，吉凶生大业”，“圣人设卦观象，系辞焉而明吉凶”。二是为伦理秩序提供合法性来源。男女之间的伦理关系根源于阴阳之道，所谓“乾道成男，坤道成女”，而“天尊地卑，乾坤定矣”。《序卦》曰：“有天地然后有万物，有万物然后有男女，有男女然后有夫妇，有夫妇然后有父子，有父子然后有君臣，有君臣然后有上下，有上下然后礼义有所错。”而“天”为乾，“地”为坤。“乾，阳物也；坤，阴物也。”显然，由阴阳关系衍生出了尊卑长幼之序，如董仲舒所说：“君臣、父子、夫妇之义，皆取诸阴阳之道。君为阳，臣为阴；父为阳，子为阴；夫为阳，妻为阴。”三是君子人格的建构。所谓“天行健，君子以自强不息”，“地势坤，君子以厚德载物”，实际上就是给出了理想人格的模式。君子的刚健进取人格，其根据在于“天”的阳刚之“象”。君子的宽容敦厚人格，则是对“地”的阴柔博大之“象”的模拟。

从审美创造的角度看，阴阳互补的太极图式还构成中国文化的最高审美范式。在艺术上，中国人一般是接受不了悲剧的，中国的戏曲大都是大团圆结局。唯有这样，人们在欣赏之余才能心安理得。在中国人视之，维纳斯的断臂之美不过是一种缺陷。可以说，我们这个民族的文化是一种乐感文化。“大团圆”代表了太极图式的完满性。中国古典诗歌讲究虚实相生、有无相成，常用对比手法来营造特定意境，其中就隐含着阴阳消息。例如图形对比：“大漠孤烟直，长河落日圆”，其中包含“直—圆”结构。数字对比：“忽如一夜春风来，千树万树梨花开”，“谁怜一片影，相失万重云”，其中含有“一—多”结构。时空对比：“海上生明月，天涯共此时”，里面隐藏“时—空”结构。动静对比：“星垂平野阔，月涌大江流”，其中藏有“静—动”结构。再如，中国的书法和绘画，无不讲究用墨的深浅、浓淡、干湿、涩润，用笔的曲直、轻重、藏露、刚柔，线条的疏密、长短、粗细、繁简。汉代蔡邕曰：“夫书肇于自然。自然既立，阴阳生焉。阴阳既生，形势出矣。”另外，书法中还讲究藏锋、回锋和收笔，戏曲唱腔中则讲究回腔，这些也都体现着太极图式中的“S”形结构。

S形曲线乃是一种“有意味的形式”。席勒认为，唯有曲线最具美感。S形曲线与审美的内在关联，在中国文化中有其古老的表现。早在商代青铜器中最常见的正是螺纹图案，它源于新石器时代的陶器刻画符号，后演变为两个螺纹反向相连，构成一“S”形，它无疑含有审美意味。中国古典音乐也不例外。《乐记》把音乐的发生理解为天地阴阳的和合：“乐者敦和”，因为“地气上齐，天气下降，阴阳相摩，天地相荡，鼓之以雷霆，奋之以风雨，动之以四时，暖之以日用，而百化兴焉，如此，则乐者，天地之和也”。《吕氏春秋》亦曰：“凡乐，天地之和，阴阳之调也。”

每个民族都有着对真善美的追求，在这一点上没有什么区别，但究竟以怎样的方式实现这种追求，却显示出不同民族文化之间的分野。可以说，恰恰是阴阳互补的文化原型，塑造了中华民族坚韧、宽容、博大的独特文化性格。

岁寒，然后知松柏之后凋也

以孔子为代表的中国文化传统有利于启示现代人学会内在地约束和限制自我中心化的扩张，使人对自我的把握真正成熟和健全起来；另外，它也有可能启示现代人限制并约束自己对自然界的占有姿态。

孔子说过："岁寒，然后知松柏之后凋也。"意思是只有到了隆冬季节，万木凋零，唯独松柏能够坚持到最后，我们才知道松柏的品格。这句话通过隐喻，可以透露出多层次寓意：一是指君子同小人的分野，只有在"鱼和熊掌不可兼得"的两难处境中才能显现出来，这才是对人的道德考验；二是指对文化生命的考量，就一个民族的文化而言，同样是"沧海横流，方显出英雄本色"（郭沫若语）。人们常说，人生就是一个大舞台，每个人今生今世总要扮演某种角色，生末净旦丑，要有个面相。我倒是觉得，人生更像是一个大考场，每个人终其一生总须交出一份最后的答卷，几分人格，要有个品鉴。小人君子在平时是很难看得出来的，同样是饿了吃饭、渴了喝水，有交通警察执勤时，几乎人人都是红灯停、绿灯行，并无什么两样。在孟子说的“鱼”和“熊掌”皆可兼得的时候，在缺乏考验特别是生死考验的机会时，是难以分辨一个人的格调和品位的。但在一些紧要关口，就不是这样了。例如有人落水了，到底是救还是不救？捡到了一笔巨款，究竟是交公还是据为己有？在敌人的刑场上，究竟是舍生取义还是苟且偷生？何去何从？这些大是大非的抉择，直接决定着人格的高下和境界的分殊。究竟是沉沦还是拯救，系乎一念之间。正是在这样的时刻，没有丝毫的妥协余地，绝无第三条路可走，人的境界如何，即可判若霄壤。这是对人的真正考验。能否交出一份合格的答卷，是摆在每一个身临其境的人面前的无可逃避的抉择。人生的要紧处是这样，对于人的一生来说也是这样。看人不能只看一时一事，所谓“路遥知马力，日久见人心”。毛泽东说：一个人做一件好事并不难，难的是一辈子都做好事而不做坏事。人的一生都是在赶考啊。晚清以来，东西方文化的遭遇，使中国传统受到重创。西方列强利用坚船利炮轰开国门后，我们的传统文化在西方的强势逼迫下可以说是风雨飘摇，出现所谓“三千年未有之大变局”，一时间“儒门淡泊，收拾不住”。这一前所未遇的历史处境，使国人的文化信心尽失。在现代性语境中，中国文化一度被作为愚昧、落后、不开化的象征。于是，“全盘西化论”成为主流文化话语，“中国百事不如人”，“月亮是外国的圆”。文化的失败感和挫折感造成的文化自卑和文化焦虑，妨碍了我们对本土文化价值的恰当判断。在启蒙情结的支配下，中国传统的价值被严重遮蔽和贬低。“打倒孔家店”成为一个时代的口号和象征，它的虚无主义意味弥漫了整个文化界。总之，中国文化在启蒙的狂飙突进中命运多舛。问题是，我们能否因此就判决中国文化的命运呢？且慢！“风物长宜放眼量”。对于一个民族来说，它所属的文化传统具有生命的意义。“文化”就是“生命”，“传统”就是“我们”。“传”乃是文化基因在时间上的延续(复制和再现)，

“统”则是文化原型在空间上的涵摄(识别和选择)。在后现代的语境中,文化相对论取代了文化进化论,每个民族的文化和它的传统不再被纳入进化论框架加以排列,而是变成平权的关系,各自有其存在的价值和理由;也就是说,它们不再被归结为发达程度上的差别,而是被视为类型上的分野。在这一新的语境中,中国文化传统的价值被重新考量和评估。从尺度意义上说,对文化传统持一种敬畏与同情的态度,并不是复古主义的“乌托邦”,它仅仅是为了从文化源头上寻找一种参照和判断的尺度。没有谁会天真地相信孔子所说的一切能够在完全的和绝对的意义上被现实生活所再现和重演,但这并不意味着它就因此而没有积极的价值和意义。毋宁说,“起源”也就是“目标”。就启迪意义而言,以孔子为代表的中国文化传统有利于启示现代人学会内在地约束和限制自我中心化的扩张,使人对自我的把握真正成熟和健全起来;另外,它也有可能启示现代人限制并约束自己对自然界的占有姿态。启示意义是永恒的,它将永远伴随现代人,成为一种不能也不应被遗忘、即使遗忘也必将在某个历史的关键时刻被重新唤醒的文化资源。这就是智慧的恒久魅力之所在。应该承认,中国文化的上述意义都是“后现代”的。如果说,它对于西方文化尚存在民族性距离,从而有可能在很大程度上妨碍这种意义的开显,那么对于我们而言则是本土化的资源,也就更方便被“激活”,从而更容易得到实质性的认同。罗素在《中国问题》中曾说:“西方文化的优长之处是科学,中国文化的优点则是健全的人生观。”不能不说这反映了西方有识之士的文化清醒。试问,在普遍的证明信念失效之后,还有什么样的东西能够比一种“健全的人生观”更具有启示和拯救价值呢?海德格尔非常欣赏老子“功成身退,天之道”的说法。须知,老子的这话不同于西方人所说的“理性的狡计”,因为“狡计”毕竟暗示了目的性所在,而中国智慧则是纯任自然、无所用心的,它从不替天设想一个目的。海德格尔在一首题为“所思”的诗中说:“把真理道出:澄明。恬然于不居所成。”这正契合了老子的说法。所以，熊伟先生感叹道："老子和海德格尔，前后两千年，相距两万里，然却无碍运思的人年逾古稀还不得不去译读那可望而不可即的中文，以求打破写诗的人的寂寞，岂不怪乎?!"但回过头来想想，其实也并不奇怪。当人们思入存在之时，彼此的心灵也就不再存有任何芥蒂和藩篱，从而能够跨越时空的隔膜而心心相印！就海德格尔而言，后现代的维度对现代性的超越，无疑是一个不可或缺的条件。这真是应了那句老话："谁笑到最后，谁就笑得最好。"对于一个民族的文化来说，又何尝不是如此?!

言近指远与中国文化的"味"

中国不像西方有什么"母亲节"、"情人节"之类，因为中国人的情感是弥漫于日常生活的每时每刻的……

孟子曰："言近而指远者，善言也；守约而施博者，善道也。"中国文化在表达方式上有着自己的独特之处，这就是特别讲究词约而意丰、言近而旨远，所谓"言有尽而意无穷"，言简而意赅。这是我们的文化特点。这种表征方式，使中国文化成为一种诗意化的文化。

杜甫诗云："窗含西岭千秋雪，门泊东吴万里船。"一个小小的"门"和"窗"，就涵摄了无尽的时间（千秋之雪）和无穷的空间（万里之船）。可以说，这句诗道破了中国文化在表达方式上的玄奥和秘密。以有限的符号表征无限的意蕴，真正达到了德国哲学家黑格尔所谓的"真正的无限性"。黑格尔在其《逻辑学》中曾经举了一个数学上的例子，他说:2/7 这个分数式就是真无限的表达形式,若用小数式(0.28571……)表达的话,得到的就是恶无限或坏的无限性了。因为分数式是能够用有限的几笔写完的,其形式是有穷的,它的内涵却是无止境的,因而体现了有限与无限的统一;但它的数值却是一个无限不循环小数,是一个无理数,在形式上就是无法完成的,永远不可过渡到无限的彼岸,从而不能完成有限与无限的统一。

中国式的表达,所达到的正是黑格尔意义上的真正无限性,其高明之处,就类似于《易传》所谓的"其称名也小,其取类也大";正因此,"其旨远,其辞文,其言曲而中,其事肆而隐",收到的效果就是孔子所说的"书不尽言,言不尽意"。由于这个缘故,解读中国文化的文本,就非得下一番"探赜索隐,钩深致远"的功夫不可。而所谓的"韵"和"味",恰恰就诞生在这样的表达和解读方式之中。读中国古代经典,需要的是咀嚼、反刍、体会、揣摩,乃至把玩,就像饮一盏陈年老酿,须缓缓地"品",细心地"玩味",不能像喝一杯白开水,仅仅是"喝"而已。中国文化的"味道"由此而来。

中国文化符号不是一种科学语言,而是类似于诗歌语言。它不追求意义的固定性和坚执性,而是强化意义的暧昧性、不确定性。齐白石说得好:"妙在似与不似之间。太似为媚俗,不似为欺世。"这恰恰构成中国文化韵味无穷的内在基础。

中国的诗歌讲"神韵",中国的绘画讲"气韵",再如"风韵"、"雅韵",等等,以至于黄庭坚特别强调:"凡书画当观韵","此与文章同一关纽"(《题摹燕郭尚父图》)。那么,何谓"韵"呢?范温在《潜溪诗眼》中说得好:"有余意之谓韵";韵者,"于简易闲淡之中,而有深远无穷之味"。就文学而言,像钟嵘所说的那样,能不能达到"文已尽而意有余",是有没有韵味的根本前提。因为只有做到这一点,文章才能有所寄托,才会有超越字面含义的深意在,此正乃历代文人墨客所孜孜以求的所谓"文外之旨"、"言外之意"。所以梅圣俞认为,诗之善在于"含不尽之意,见于言外"。

不只是诗词，书画亦然。“意在笔先”即笔画乃有寄托，笔画不过是一载体而已，所以它是有内涵的。否则，笔画只是笔画，此不过无味之机械图形罢了。“味”来自有内涵、有捉摸的余地，这其实也就是意义空间的开放性。明代王履《畸翁画叙·华山图序》曰：“画虽状形，主乎意”；“意溢乎形”。而清季方薰在《山静居画论》中更是明确主张“画有尽而意无尽”，称赞金农作品“以意为画”。可见，有限形式与无限内涵的统一，也是中国画的创作原则。

齐白石有一幅有名的作品，叫做“蛙声十里出山泉”，画面上其实并无青蛙，也无山泉，只是画了一条山间的溪流，有几尾蝌蚪在里面自由自在地游荡，它启发人的联想，既表现了绘画形式无法表达的声音，又把人心中的思绪和意象引向了画外，可谓高明之至。这种手法典型地代表了中国画的特点。中国画画面虽有限，画意却无尽。画框并不构成作品的限囿，这迥异于西方油画的情形。

书法也重“意蕴”，重“内涵”。唐张怀瓘《书议》曰：“理不可尽之于词，妙不可穷之于笔。非夫通玄达微，何可至于此乎？”还说：“夫翰墨及文章，至妙者皆有深意，以见其志。”清季画家石涛有所谓“夫一画含万物于中”的说法。在书法中，哪怕是最简单的笔画，如一横一竖，也绝不是“划道道”，而是有无尽蕴涵的。笔画的提按顿挫、露锋回锋，使线条有了内敛与发散的张力，从而显示出无尽的意味。它因意味而“活”了起来，变成活泼泼的有生命的了。与那种机械刻板的、“死”的空洞线条，不可同日而语。

这种含蓄性格，同样体现在中国古典建筑中。梁思成先生曾说：“我们将中国的建筑和绘画在布局上的特征和欧洲的做一个比较。我觉得西方的建筑就好像西方的绘画一样，画面很完整，但是一览无遗，一看就完了，比较平淡；中国的建筑设计，和中国的画卷，特别是很长的手卷很相像：用一步步发展的手法，把你由开头领到一个最高峰，然后再慢慢地收尾，比较地有层次，而且趣味深长。”

中国不像西方有什么“母亲节”、“情人节”之类，因为中国人的情感是弥漫于日常生活的每时每刻的，人们的一举手一投足，无不寄托着自己丰富而深沉的感情，所以压根儿就不需要在一个极有限的时刻集中迸发。那样子的直露，并不符合中国式的含蓄和中国人的口味。

善恶只能在实践中见分晓

《论语》首章劈头就说："学而时习之，不亦说乎。""说"字通"悦"。这句话可谓是整部书的要枢所在。中国的"学"并不致力于对外部世界的解释，而是致力于人的道德人格的塑造和养成，所谓"君子学以致其道"（子夏语）。"道德"即得"道"，即所谓"致其道"，也就是一个人提升自己的人格境界，以达到道德的高度。

据钱穆先生考辨，先儒即最早开辟了"习六艺"的传统，这里所谓的"六艺"，就是礼、乐、射、御、书、数，属于"技艺"，即动手能力和实践功夫。可见，早期的"儒士"并不是文弱书生，不是"君子动口不动手"式的只会纸上谈兵、坐而论道的人，而是全面发展的人，即"六艺"样样在行的人。

西方也好，东方也好，为什么人们都把道德看做实践的领域？因为善恶只能在实践中见分晓，所谓"听其言，观其行"；对于一个人的道德考量，人们更信任他的"做"而不是“说”。再者，道德属于目的性追求，善行本身不能被用来充当手段，不然就会丧失其道德的性质，而目的只能落实到实践中才能兑现。最为重要者，道德说到底不是“学得”的，而是“习得”的，只有通过实际地生活，身临其境，才能逐步“养成”一种道德人格。

中国的文化传统特别强调“践履”二字，其中缘由恐怕也正出于此，事实上这也格外分明地凸显了中国文化的道德偏好。孔子曰：“君子欲讷于言而敏于行”；“君子敏于事而慎于言”。孔子反对巧言令色之徒，因为在他看来，“巧言令色，鲜矣仁”！《易传》也说“吉人之辞寡，躁人之辞多”。因为“巧言乱德”。那种善于花言巧语而不务实笃行的人，足以败坏道德。

“学而时习之”，这里，一个“习”字，极为要紧。夸张一点说，中国文化笃实的功夫都蕴涵在这里面了。“学”只有落实到“习”上，才是扎实的、可靠的，才是学习者自己的。说到底，这乃是中国文化“知行合一”的要求和体现。中国文化不注重“知”，不注重“说”，也不注重“论”，而注重“做”，注重“行”。我们常说，看一个人要“听其言，而观其行”，我们更信任人的“行”而非“言”。有人曾感叹：中国历史上有一流的思想家，就是没有一本讲逻辑的书；有一流的文学家，就是没有一本讲语法的书。这看似奇怪，实则正常。因为在一定意义上，中国的文化是“做”出来的，而不是“说”出来的。至于后来思想史上出现的种种流弊，诸如凌空蹈虚、坐而论道之类，是不能怪罪老祖宗的，只能怨后人自己把经典给读歪了。

早期的儒家是强调习礼的，由思孟学派开始逐渐偏重于心性一途，到了宋明儒学则更因受援禅入儒的影响，独举“悟”的作用，越来越偏离了践履的笃实功夫。

对于儒学传统作脱离生活的诠解，不过是陋儒、俗儒所为，与儒家的真精神无关。梁漱溟先生晚年说：“不在功夫上去验证、事实上去说话，只从符号上去讲求，终无头绪……要实地去做这种生活，方可以讲这个东西。要把它当做思想或哲学客观的研究，完全不能讲。”因为梁先生认为，“孔子所谓学问就是他的生活。他一生用力之所在，不在旁处，只在他生活上”。这的确抓住了孔子代表的儒家思想的精髓。

“学而时习之”的“学”是知识性的，而“习”是实践性的，是践履和体认的功夫。“学”以致其“道”。道德即得道，德者得也。“学”的归宿是得道，得做人之道。“学”是成就人的道德人格的路径，但仅仅“学”还不够，还必须“时习之”，“习”在孔子时代是指习礼。《易传》曰：“履者，礼也。”而按《说文解字》，礼者，履也。显然，“礼”、“履”可以互训。按照宋儒程颐的诠释，“履，礼也。礼，人之所履也”；“履，践也”。“礼”是一种仪式，也是一套规矩，但都需要在具体的“做”中得以开显和落实。这是耐人寻味的。

道德说到底是个实行的问题，是个证成的问题。在道德问题上，我们更信任人的行动，而不是人的言辞。良知只有在“觉解”中才能澄明，良能也只有在“践履”中才能获得。所以，在“言”“行”关系问题上，孔子更强调“行”，也更信赖“行”。他说：“始吾于人也，听其言而信其行；今吾于人也，听其言而观其行。”

中国的学问为什么强调的是亲在式的“体认”而不是旁观式的“认知”？说到底这是由中国学问的根本旨趣决定的。

中国的“学”是道德意义上的，它并不致力于对外部世界的解释，而是致力于人对自我所固有的良知的觉解，所以说“君子学以致其道”。

中国文化反对知行脱离，追求“知行合一”。学习就是生活，反对把学习同生活撅为两截，因为在中国人视之，脱离生活的学习永远不可能形成一种健全的人格。

总之，“学而时习之”这句话很好地凸显了道德的实践品格。败德之人的不道德行为，并不是出于无知，所有缺德的人都怕别人知道他们的劣行，所谓“小人之过也必文”，即文过饰非。为什么会这样呢？是因为怕人知道，这当然有逃避惩罚、逃避谴责的考虑，但除此之外，我们也不得不承认，他们自己也很清楚什么事情该做、什么事情不该做，只是自己未能遵照道德原则的要求去行事罢了。

所以，道德不完全是一个教育的问题，教育也不是万能的。单靠灌输，效果极为有限。绝不是通过听几堂课或者读几本书，大家就可以变成君子的。在归根到底的意义上，道德只有在实践中逐步地养成，才是真正牢靠的。

“《诗》三百，思无邪”与人心教化

人的道德教化，靠单打一不行，必须全方位地营造一种氛围，使人全身心地受到熏陶和滋养。在其中，艺术就扮演着一个不可忽略的重要角色。这是中国古老的传统，其实也是当今时代的要求。

孔子云：“《诗》三百，一言以蔽之，曰思无邪！”“思无邪”，是说《诗经》有诚意正心之功；“无邪”就是正其不正以归于正。《诗经》三百零五篇，在体裁上分为“风”、“雅”、“颂”，在表现手法上分为“赋”、“比”、“兴”。《毛诗大序》对风、雅、颂做了解释，谓“风，风也，教也。风以动之，教以化之。”又云：“雅者，正也。言王政之所由废兴也。”再云：“颂者，美盛德之形容，以其成功告于神明者也。”显然，此三者均含有道德教化之义，要么直接是教化，要么是王政之盛衰的鉴诫，要么是德治仁政的讴歌。孔子说：“《诗》可以兴，可以观，可以群，可以怨。”兴、观、群、怨的落脚点，在于“迩之事父，远之事君”。

说到底，它仍然被纳入并落实到伦理秩序的强化方面。诗歌能够潜移默化地陶冶人的德性，在诚意正心的环节上有不可替代的作用。春秋战国时代是一个礼崩乐坏的时代，所以孔子特别看重并强调《诗经》在挽救世道人心方面的积极意义。

中国文化有着古老的诗教和乐教传统。孔子说过："兴于诗，立于礼，成于乐。"可见，在人的道德人格成就方面，诗、乐的作用不可小觑。那《诗经》的作用安在？《礼记》云："温柔敦厚，诗教也。"《毛诗大序》认为："正得失，动天地，感鬼神，莫近于诗。先王以是经夫妇，成孝敬，厚人伦，美教化，移风俗。"它可以敦化人的性情，和谐人伦关系，改善民风民俗。孔子说："君子之德风，小人之德草。草上之风必偃。"君子的风尚能够深深地影响民风民俗。

"乐教"的"乐"是广义的，实则包含一切能够引发人的审美愉悦的艺术形式。郭沫若在《青铜时代》中言："中国旧时的所谓'乐'，它的内容包含得很广，音乐、诗歌、舞蹈三位一体的不用说，绘画、雕镂、建筑等造型美术也被包含着，甚至于连仪仗、田猎、肴馔等都可以涵盖。所谓'乐'(岳)者，'乐'(洛)也。凡是使人快乐、使人感官都可以得到享受的东西，都可以广泛地称为'乐'。但它以音乐为代表，是毫无问题的。"《乐记》曰："德者，性之端也；乐者，德之华也。"还说："德音之为乐。"因为"君子乐得其道，小人乐得其欲。以道制欲，则乐而不乱；以欲忘道，则惑而不乐"。"乐行而伦清，耳目聪明，血气和平，移风易俗，天下皆宁"。这可以说是一种广义的美育。《乐记》云："乐者，通伦理者也。""先王之制礼乐也，非以极口腹耳目之欲也，将以教民平好恶，而反(返)人道之正也。"所谓"反(返)人道之正"，其实也就是"思无邪"的结果和表现。诚如朱熹所说："圣人千言万语，只是使人反其固有而复其性耳。""反(返)人道之正"，亦即"尽心知性"而已。人们在审美愉悦中，在内心的感动中，不知不觉被改变了、提升了。这种熏染和陶冶，比那种空洞的说教来得扎实和可靠，故孟子说"仁言不如仁声之入人深也"，道德说教不如音乐教化那样深入人心。

据《论语》记载："子谓《韶》，尽美矣，又尽善也！"孔子闻尽善尽美的《韶》乐，以至于"三月不知肉味"。孔子自况道：未曾想到听音乐竟能达到这样的程度！音乐的力量，音乐对人的影响，由此可见一斑。而汉代经学家刘向说：孔子闻《韶》，"乐非独以自乐也，又以乐人；非独以自正也，又以正人矣哉"！这是说，孔子通过欣赏雅正之乐，不仅仅为了自我拯救，还是为了拯救他人；借用佛家言，即所谓自渡渡人、自觉觉他。

再看中国的书法和绘画。书法看上去似乎与人格培养并无关系，其实不然。书法讲究法度、章法，正书要求横平竖直、错落有致，这与做人的道理实则相通。扬雄曰："书，心画也。"柳公权亦有言："心正则笔正。"所以，人们常说"字如其人"，其实也可以反过来说"人如其字"。在一定意义上，一个人写字的风格，是书者人格浓缩了的形式。在书写中养成不苟且、不讨巧、中规中矩的习惯，对于人格的成就会起到潜移默化的作用。可以说，书法的训练也就是人格的训练。书法作为审美形式，固有其道德教化的功能。这也是中国文化的一个特点，也是优点。通过长期的书法练习，人的心态和仪态都会逐渐变得端庄和方正，人的气质和品性也会得到改变。至于绘画，同样如此。

标举"越名教而任自然"的魏晋名士，大都强调审美的自足性，主张审美同道德教化相脱离，譬如嵇康的《声无哀乐论》就说："音声有自然之和，而无系于人情。"嵇康看起来颇有点这样的气概："审美就是审美，其他什么也不是！"这正是鲁迅先生为什么说魏晋时代是"文学自觉的时代"的缘故。然而，有唐一代拨乱反正，恢复"诗言志"和"文以载道"的传统，反对"为艺术而艺术"的唯美主义倾向。韩愈高扬"文以贯道"，柳宗元力主"文以明道"，以使审美回归正途。

人的道德教化，靠单打一不行，必须全方位地营造一种氛围，使人全身心地受到熏陶和滋养。在其中，艺术就扮演着一个不可忽略的重要角色。这是中国古老的传统，其实也是当今时代的要求。

超越功利才能发现大美

如果满眼都是有用之物，世界就将毫无美感可言。唯独有了几分空灵与洒脱，有了几分超然的情怀，“大美”才会同人照面，才能向人敞显，人们才能在与大美的相遇中“诗意地栖居于世”。

《庄子·知北游》曰：“天地有大美而不言。”什么是“大美”？在庄子看来，只有那种不可称名的诗意之境界才配称“大美”。而这样的境界，唯在与外物的了无牵挂中才能够显现。它要求人们超越认知心和功利心的羁绊，用一种广阔的心胸和超然的眼光去同世界打交道，方能获得诗意的存在。

相对于“大美”而言者，乃是“小美”。老子说：“天下皆知美之为美，斯恶矣。”这样的美，就是所谓的“小美”。因为它是人起了分别心的结果，是相对之美，也就是与丑相比较而言的规定，是偏狭之美，已经是狭隘的了。为什么“大美”不言？它实在是既无须言,也不能言。这类似于老子说的“道可道,非常道;名可名,非常名”。一旦可以言说,就意味着拘泥于一隅,有着特定的期待和指向了。若此,大美便隐遁不显。

朱光潜在《谈美》一书中说,比如我们画画的朋友看古松,他把全副精神都倾注在松的本身上面,古松对于他便成了一个独立自足的世界。他忘记他妻子在家里等柴烧饭,忘记松树在植物教科书里叫做显花植物,总而言之,古松本身完全占据了他的意识,古松以外的世界他都视而不见听而不闻了。他只把古松摆在心眼面前当做一幅画去玩味。他不计较实用,所以心中没有意志和欲念;他不推求关系、条理、因果等等,所以不用逻辑的和抽象的思考。这种脱净了意志和抽象思考的心理活动叫做“直觉”,直觉所见到的孤立绝缘的意象叫做“形象”。美感经验就是形象的直觉,美就是事物呈现形象于直觉时的特质。

其实,朱先生在这里指出了人们对于古松的三种态度,即认知的、价值的和审美的,只有超越了前两者,才能真正得到审美的愉悦。

通过科学认知方式,人们不可能捕捉到美感。

有一位外国学者穆希尔为了讽刺科学的描述方式,曾故意拿科学语言来刻画金秋八月的维也纳:“在大西洋上有一个低气压区,它向东移动与俄国上空的高气压靠拢……这是由等温线和等夏温线造成的……”显然,人们从这里读到的除了科学论文般的清楚明白之外,不可能得到任何来自对象的美感体验。

鲁迅先生在他的杂文《新秋杂识(三)》中也曾经用诙谐调侃的笔调写道:“科学我学得很浅,只读过一本生物学教科书,但是,它那些教训,花是植物的生殖机关呀,虫鸣鸟啭,是在求偶呀之类,就完全忘不掉了。昨夜闲逛荒场,听到蟋蟀在野菊花下鸣叫,觉得好像是美景,诗兴勃发,就做了两句新诗——野菊的生殖器下面,蟋蟀在吊膀子……写得太科学,太真实,就不雅了……”鲁迅这里所说的当然别有用意,但以此为例说明科学式的认知与审美的互斥关系,也不乏有趣的启示。

在审美观照中，人们还必须摆脱“占有”的诉求。海德格尔在一首题为《暗示》的诗中说：“算计的人越急，社会越无度。运思的人越稀少，写诗的人越寂寞。”“算计”是一种功利上的打算，这样的人越多、越急迫，社会就越充满欲望和诱惑。在这样的氛围中，谈何诗意，谈何美感！因为一旦起了功利之心，诗意也就荡然无存了，美感自然消失殆尽。如此一来，诗人的寂寞在所难免。诗意的丧失，无疑是诗人之死的深层原因。

按照马克思的说法，当人以功利态度与世界相遇的时候，人的需要和享受就具有了“利己主义性质”，而世界向人呈现的只能是“纯粹的有用性”。因此，马克思说：“忧心忡忡的、贫穷的人对最美丽的景色都没有什么感觉；经营矿物的商人只看到矿物的商业价值，而看不到矿物的美和独特性。”在商人眼里，黄金不过是财富，不过是金钱的化身，而没有丝毫美感可言，因为利益关系把审美维度遮蔽掉了。同样地，对于穷人来说，最紧迫的问题是充饥，只要不能解除饥饿感，再美丽的风景也毫无意义。可见，审美的发生必须基于对功利关系的超越。

如果满眼都是有用之物，世界就将毫无美感可言。唯独有了几分空灵与洒脱，有了几分超然的情怀，“大美”才会同人照面，才能向人敞显，人们才能在与大美的相遇中“诗意地栖居于世”。

上下交征利而国危矣

司马迁在《史记·货殖列传》里讲过:"天下熙熙,皆为利来;天下攘攘,皆为利往。"追名逐利确是人性的幽暗面,太史公对此参得极为透彻。在一定意义上,每个人的确都是追逐利益的动物,但人又不能仅仅是逐利,人更是道德的动物。自私的人只相信"人不为己,天诛地灭"。把金钱看得高于一切的人,将"人为财死,鸟为食亡"奉为至理。因为一个人可以超越自我,能够达到摆脱功利羁绊的人格,都统统超出了他们那种狭隘而贫乏的想象力。但是,人间自有道义在,人毕竟不能沦为欲望的奴隶。

孔子说:"君子喻于义,小人喻于利。""君子小人之辨"就在于看一个人究竟在乎的是什么,他追求的目标是什么。对于君子而言,赚钱并不是目的。当年马克思就曾说过:"作家当然必须挣钱才能生活、写作,但是他决不应该为了挣钱而生活、写作。"说"作家必须挣钱才能生活、写作",意味着金钱不过是生活和写作的外部条件和手段罢了,但若"为了挣钱而生活和写作",金钱就变成目的本身了;如此一来,人反而沦为金钱的奴隶和赚钱的工具了。马克思当年贫病交加，死了女儿甚至连买棺材的钱都没有。有一次他写信给恩格斯，自我解嘲地说："世界上没有一个人像我这样，在如此缺乏货币的情况下研究货币。"马克思在经济上窘迫到连给出版商寄《资本论》书稿的邮费都支付不起。但正是这样一种选择，成就了马克思的那种"普罗米修斯式"的伟大拯救者形象和人格，赢得了"感天地、泣鬼神"般的尊严。马克思的伟大，归根到底不是因为贫困本身，而是因为他选择了贫困。或许我们常人难以做到马克思那样，但毕竟需要"高山仰止"，"虽不能至，心向往之"。向往和景仰这样的人格、这样的境界，这本身就是一种自我提升，是一种心灵的净化。

孔子重"义"。在孔子那里，"义""利"相比，前者无疑居于优先地位。孔子曰："不义而富且贵，于我如浮云。"孟子也强调"义"的至上性，例如他说："王何必曰利，亦有仁义而已矣。"《大学》说的"德者，本也；财者，末也"，这个位置不可颠倒。

当然，儒家并不一般地反对"得"，它只问是否"该"得，而不问是否"能"得。此中差别，值得仔细体会。如果一个人做出决定，遵从的不是"该不该"而是"能不能"，那他就不能成为君子。究竟做"该做"的事，还是做"能做"或"想做"的事，这是道德与否的一个重要分野。孔子"罕言利"，他主张"见利思义"，其弟子子张亦说应当"见得思义"。儒家倡导"义然后取"，把义置于首要地位。俗语讲"君子爱财，取之有道"也是这个道理。对于"利"，不是"取不取"的问题，而是是否合"义"的问题。《大学》曰："货悖而入者，亦悖而出。"意思是通过不正当的路径得来的财富，也会以不正常的方式丧失掉。

古往今来，一个"利"字引发了多少悲欢离合、爱恨情仇？"丛林法则"宰制人间世，又演绎出了几多悲剧、惨剧、闹剧？对一个人来说，对一个社会、一个民族、一个国家来说，没有钱不成，只有钱也不成。怎么看待金钱、怎么看待利益，这无疑是一个大是大非问题。如果一个社会丧失了道德底线，只剩下利益的较量和功利上的算计，人人尔虞我诈，上下唯利是图，势必陷入恶性竞争、世道浇漓的状况，到头来难以逃避"一切人反对一切人的战争”、“他人就是地狱”的可怕境地。一个只讲利不讲义的社会，绝不能使人过一种有尊严的生活，它不可避免地沦为“丛林法则”的渊薮。人的沉沦和堕落由此开始。

从这里不难领会，我们的古人为什么始终都把道义置于优先地位，捍卫道德的至上性。从中国历史上看，历代王朝采取的大都是重农抑商、崇本息末的政策。士农工商，商为“四民”之末。因为商业总是以牟利为最高动机。古人相信，“抑末利而开仁义，毋示以利，然后教化可兴，而风俗可移也”。因为“导民以德，则民归厚；示民以利，则民俗薄。俗薄则背义而趋利，趋利则百姓交于道而接于市”。现代社会则不然，人的欲望不仅在道德上得到肯定，而且成为制度设计的基本假设，现代制度在很大程度上就是利用人的贪婪，才找到了人的行为的原动力。可是，一个人也好，一个社会、一个国家、一个民族也好，倘若道德沦丧，就将万劫不复。如此一来，就人而言是禽兽不如，就国家来说则是国将不国。这绝不是危言耸听，而是早已被以往的历史经验所证明过的事实。

“从心所欲不逾矩”与人生境界的提升

传统的人才观讲究德才兼备、强调以德为先，不是没有道理的。现代的人才观似乎更偏重于才而忽视了德。不管人格高下，只要有一技之长就足矣。殊不知，当一个人道德败坏时，其才能越大，带来的危害也就越大。

孔子说：“吾十有五而志于学，三十而立，四十而不惑，五十而知天命，六十而耳顺，七十而从心所欲不逾矩。”这是孔子在人生谢幕前对自己的一生所做的回顾和总结，值得我们仔细体味其中的道理。孔子的这段话，其实就是给出了人们在提升自我的人生境界方面的不同阶段和步骤。

所谓“志于学”，就是自觉地意识到了学习的意义，“学”乃孔子的志向所在。这里所说的“学”，不仅仅包括读书，更主要的是指习礼。据《史记·孔子世家》记载：“孔子为儿嬉戏，常陈俎豆，设礼容。”“俎豆”系古代人们祭祀用的器皿。儿时的孔子即开始练习礼仪，这是人格修养的最初步骤。“三十而立”，立于什么？“立于礼”。一个人在人格上的独立，其实是个伦理道德问题。“四十而不惑”的“不惑”，是指知道了为什么遵循礼仪的理由，即不仅知其然，亦知其所以然，所以孔子又讲：“知者不惑。”怎么才能“知”？儒家主张“格物致知”。所谓格物的“物”，不是那种与人无关的外物，而就是“做事”而已。“格物致知”无非是通过“物”的道理来领会“做人”的道理。“五十而知天命”是说孔子五十岁上明白了伦理道德的总根源，即最高那个道理，但尚局限于“知”，故有待于落实到“行”。“从心所欲不逾矩”，乃是大自由、大自在，是那种达到了既自由自觉、又自然而然的物我合一、圆融无碍的状态。在这个阶段，天道与人道已泯然为一、了无分别。一个人不论怎么想都不会超越规矩的约束，而这种约束亦失去了外在强制的意义，而是完全吻合了人的主观意志的欲求。这也正是儒家在人格建构方面的最高理想——天人合一和知行合一的境界。

冯友兰先生则提出了人生“四境界”说，即自然境界、功利境界、道德境界、天地境界。自然境界，就是那种未经自我意识反省的、“百姓日用而不知”的生存状态，亦可谓按照本能生活的状态。此时的人属于“庶人”，他还“不知有我”，这也是多数人的生存状态。它也符合马斯洛“需要层次论”的观点。功利境界的人自觉地追逐自我利益，是“有我”状态，其人格为“小人”。道德境界不是索取而是牺牲和奉献，因而达到了“无我”状态，其人格是“君子”。天地境界意味着天人合德，也就是孔子所谓的“从心所欲而不逾矩”，它达到了“超我”的状态，其人格是所谓“圣人”。故二程曰：“圣人即天地也。”冯友兰的“四境界”说虽然在形式上与孔子的不同，其实它们在究竟处本无二致。

人生境界的提升过程，也就是人的自我觉解和觉悟的过程。一个人在自己一生的成长和提升中，未必一定能够达到圣人境界；但对这一超拔之境界，须持一种“高山仰止，景行行止，虽不能至，然心向往之”般的敬畏。在人格境界的成就方面，也是“取法乎上，仅得其中；取法乎中，仅得其下”的。

传统的人才观讲究德才兼备、强调以德为先，不是没有道理的。现代的人才观似乎更偏重于才而忽视了德。不管人格高下，只要有一技之长就足矣。殊不知，当一个人道德败坏时，其才能越大，带来的危害也就越大。古今中外，不乏其例。怎样才能使人有德呢？这就离不开人生境界的修养和提升这条路径。

历史上的高僧大德，无不是目光如炬，两眼炯炯有神。他们为什么异乎常人？就在于这是"诚于中而形于外"的自然流露，是境界的折射，装是装不出来的。儒家讲究所谓"圣人气象"，它无非是圣人境界开显的结果罢了。现代人的目光何以往往有些游移不定，有些迷茫和空洞，原因何在呢？大概同今天的人们不再注重境界的提升不无关系。

人的境界不同，为人处世的姿态也会大不相同。提升人生境界，绝不是让人们放弃庸常生活和俗务，绝不是让人们逃避现实、"遁入山林"做"隐士"。它不仅无碍于做工、务农、治学、从政、经商，相反倒是有助于各行各业的成就。因为它解决的问题，不是做还是不做，而仅仅是如何做，即究竟以怎样的态度去从事这些行业才恰当。为什么会有政治家同政客的分野？为什么会有儒商同小商小贩的分野？为什么会有科学家同工匠的分野？为什么有的人把职业当做事业甚至志业来做，而有的人仅仅是把职业当成混饭吃的行当？其中的差别安在？说到底就在于境界的不同。

“方生方死”与生命的达观

生命的达观，并不是颓废，不是轻生，而是更透彻地理解生命的意义。

我国魏晋时代的人们有一种生命意识的觉醒，它源自人对自身生命有限性的焦虑。曹孟德有诗云：“对酒当歌，人生几何？譬如朝露，去日苦多。”感慨人生的苦短，是魏晋文人咏叹的主题。人生即苦，何以解脱？生命意识的这种觉醒，迫使人们不得不“向死而生”。怎样才能解脱呢？

面对生命的有限，有这样几种可能的态度：一是及时行乐，醉生梦死，所谓“人生有酒须当醉，一滴何曾到九泉”（宋·高菊卿《清明》），以至于颓废甚至堕落。二是追求长生不老，肉身不死，与自然律对抗。道教的炼丹术就同重生恶死有关。由道家到道教，虽一步之遥，境界如此不同。三是追求所谓“立德、立功、立言”“三不朽”。人生虽有限，但人的功业却可以超越人的有限生命而达至无穷。这是儒家的态度。四是窥破生死，所谓“方生方死”，对生命持一种达观的态度。道家的眼界使人们对此有一种深刻的觉悟。

由先秦道家到汉代的道教，对生命的理解变得拘泥而直观。长生久视被理解为得道成仙，追求的是形似而已，与原始道家精神相去甚远。其实，即使是老子这样的得道之人，也不是长生不老。按司马迁《史记》上的夸张说法，老子也不过“百有六十余岁，或言二百余岁”。庄子所谓的“神人”，也只是能够顺其自然、成其天年，而不是说他真的可以长生久视、肉身不死。真人、至人、神人，并不是说他们可以在肉体生命的意义上超越生死，而只是说他们在境界上能够看淡生死罢了。这同长生不老无关，不然就无所谓庄子说的“不悦生，不恶死”了。

《庄子・齐物论》曰：“方生方死，方死方生。”是啊，从某种意义上说，人从呱呱坠地起就开始了奔向死亡的历程，而人终其一生也不过是为人生的谢幕所做的准备罢了。这种勘破生死的态度，使人们面对人生能够达观、淡定和从容。庄子说：“死生，命也。”孔子也说：“死生有命，富贵在天。”人们常说“命运”，其实这两个字可以拆开来看：“命”乃必然性，不可改变；“运”属偶然性，所谓“撞大运”，它就取决于各人的后天机缘和努力了。命运观念其实相当全面，因为它既尊重了客观必然性，又尊重了人的主观能动性。

《庄子・大宗师》云：“古之真人，不知说生，不知恶死。其出不欣，其入不距；翛然而往，翛然而来而已矣。”常人出于生命的本能，总是“悦生”“恶死”的，甚至贪生怕死，就像《列子・说符》说的：“人所忧者莫急乎死，已所重者莫过乎生。”而“真人”却能够超越此一俗念，豁达地看待生死，把生死视作自然之运行，当生则生，当死则死。顺其自然，这也是看待自身生命的态度。一种思想怎样才算是彻底？那种只能把宣扬的原则运用于别人那里而不能运用于自身的学说，在逻辑上一定是不周延的。而道家的自然主义旨趣不仅被用来看待外部世界，也不仅被拿来看待他人，而且能够被拿来自我观照，这才是一种真正彻底的思想。所以道家能够在境界上超越对死的畏惧和对生的渴望。

庄子死了妻子，竟可以“鼓盆而歌”，这又是何其洒脱，何其放达！离开了大智慧，是万难如此达观的。这不是无情无义，而是基于庄子对生命所作的特定理解。只有这种达观态度，方能求得生命的安详。一切皆能顺其自然，一切皆可放下，包括对人的生死本身。孟子说得好：“尽其道而死者，正命也。”（《孟子·尽心上》）张载也说过：“存，吾顺事；殁，吾宁也。”（张载《正蒙·乾称西铭》）一切的一切，都要顺其自然，包括一个人的生死亦不例外。孟子和张载虽属儒家，但其境界与道家的达观了无隔阂。

依世俗之见，庄子妻死，“鼓盆而歌”，这样做岂不是非常不近人情吗？其实不然。在庄子看来，只要是顺其自然、成其天年，面对生死可以不迎不拒，没有什么遗憾，也无须有何悲伤。“依乎天理，因其固然”，死得其所，岂非幸事?！须注意，生命的达观，并不是颓废，不是轻生，而是更透彻地理解生命的意义。

君子谋道不谋食

一个人应该既穷得起，也富得起，无论什么境遇都能够以平常心待之。这正是孟子所倡导的那种“富贵不能淫，贫贱不能移”的境界。

在一个充满欲望且到处都是挡不住的诱惑的时代，“君子谋道不谋食”的清贫思想，始终都是一服必要的清醒剂和解毒剂……

孔子曰：“君子谋道不谋食”，“君子忧道不忧贫”。（《论语·卫灵公》）在“道”与“食”、“道”与“贫”的关系上，孔子的立场是极鲜明的，他所真正在乎的是“道”而不是别的什么。

正因此，孔子方能做到“饭疏食，饮水，曲肱而枕之，乐亦在其中矣”。即使是粗茶淡饭、曲肱而寝，照样自有其乐趣。夫子自况道：“其为人也，发愤忘食，乐以忘忧，不知老之将至云尔。”（《论语·述而》）“食”也好，“忧”抑或“老”也罢，孔子都可以把它们统统置之度外，此所谓“忘”。孔子称赞其最赏识的弟子颜回说：“贤哉！回也。一箪食，一瓢饮，在陋巷。人不堪其忧，回也不改其乐。贤哉！回也。”(《论语·雍也》)孔子如此赞扬颜回，是因为他在颜回的身上看到了自己的影子，唯颜回才是真正继承其衣钵者。孔子及其弟子的这份淡泊，就是宋儒周敦颐津津乐道的所谓“孔颜乐处”。

其实，老子也说过类似的话：“圣人为腹不为目，故去彼取此。”(《老子·第十二章》)这里需要注意，“为腹”不是“谋食”。“谋食”代表的是向外探求，是贪婪，是攫取和占有的姿态，它只局限于追求肉体欲望的满足；“为腹”则不然，按照林语堂先生在《老子》英译本中的解释，“腹”不过是指人的内在的自我，而“目”则是指人的外在的自我或感觉世界。在“为腹”和“为目”之间，“圣人”不是无可无不可的，而是有所择取，是态度鲜明的，所谓“去彼取此”。

熊伟先生在论及人的自由时曾经举了两个典型的例子：一是黄继光堵枪眼，一是肉包子打狗。抗美援朝英雄黄继光，在扑向敌人的枪眼时，没有屈从于肉体原则，而是超越了它的支配和羁绊，所以他才是自由的，否则就会陷入受自然律束缚的奴役状态。俗话说“肉包子打狗，有去无回”，狗的行为不是“由自己”，而是“由包子”，“包子”是一个外在的他物，而“自由”却是“由自己”。熊先生说，“自由”用中文很好解释，所谓自由就是把自由二字颠倒过来，即“由自(己)”。所以，狗的行为是不自由的，是受肉体本能决定的；而英雄的选择则在性质上全然相反。烈士和叛徒的霄壤之别就在这里。

我们中华民族自古以来就有一种优秀品格，就是“不食嗟来之食”。《礼记·檀弓》记载了一个小故事，说的是当时的齐国发生了一场大饥荒，有个名叫黔敖的富人在路旁准备了些食物，以备饥者来食。有一个饥肠辘辘、衣衫褴褛的穷汉来到了这里，黔敖左手捧着食物，右手拿着水杯，傲慢地叫道：“喂！你过来吃吧！”这位穷汉抬头瞥了他一眼，说道：“我正因为不吃这样的嗟来之食，所以才落魄到这般地步！”意思是，我怎么能够接受你的这种居高临下的恩赐呢?！结果这位穷汉饥饿而死。从这里，我们不难体会出一个道理，就是气节比食物更重要。不食嗟来之食，其气节可嘉。范晔在《后汉书·列女传》中亦强调同样的道理："志士不饮盗泉之水，廉者不受嗟来之食。"

这让人联想起朱自清先生当年在西南联大拒绝美援食品，而宁愿挨饿。1948年6月，作家朱自清在自己贫病交加之际，为了抗议美国政府的扶日政策，参与北京著名教授的联合签名，宁愿忍受饥饿也不愿接受美国援助的面粉。朱自清在签名时义正词严地说："宁可贫病而死，也不接受这种侮辱性的施舍。"在日记中，他又写道："此事每月须损失六百万法币，影响家中甚大，但余决定签名，因余等既反美扶日，自应直接由己身做起。"当时通货膨胀十分严重，朱自清的月薪只够买3袋面粉，根本无法维持全家12口人的生计，更奢谈治病。同年8月12日，朱自清在穷困潦倒中病逝于北京。毛泽东后来指出："我们中国人是有骨气的……朱自清一身重病，宁可饿死，不领美国的'救济粮'……他们表现了我们民族的英雄气概。"

能够在清贫中体会到快乐，无疑是那种超越肉体羁绊的精神解放才能达到的。印度诗人泰戈尔说过："小鸟的双翼一旦被系上了黄金，也就不能再飞翔了。"而清贫的真实含义，不在于不得不过一种贫困的生活，而仅仅在于富裕中能够选择一种简约生活。这当然不是说让今天的人们都去做当代的"苦行僧"，而是说即使在富饶无比的生活中也应当力求保持一份超然的情怀和安之若素的心境，约束自己不要过度地贪婪和欲壑难填罢了。不能像鲁迅先生所讽刺的那样，"人一阔，脸就变"，如此之浅薄。一个人应该既穷得起，也富得起，无论什么境遇都能够以平常心待之。这正是孟子所倡导的那种"富贵不能淫，贫贱不能移"的境界。

依今人的眼光看来，"孔颜乐处"可能过于迂腐了。这种"安贫乐道"的精神，倘若要在我们现代人这里实行起来，恐怕既不合时宜，也难以真正奏效。如果把一种既不合时宜，又不能奏效的主张硬要勉强推行的话，大家做不到怎么办？于是就只好"装"，由此便不可避免地沦为虚伪。历史上出现过的教训不可不察。宋明理学被人诟病为

“伪道学”，也不是没有原因的。于是就有所谓“真小人”与“伪君子”之辩，孰是孰非的争论甚至一直延续至今。让所有的人都变得像孔子和颜回那样淡泊，的确不可能做到，但这种精神仍然有意义。对于今天食不厌精，尤喜饕餮大餐和大快朵颐的现代人来说，它总是有一种鉴戒作用。

在一个充满欲望且到处都是挡不住的诱惑的时代，“君子谋道不谋食”的清贫思想，始终都是一服必要的清醒剂和解毒剂，从而不失其启迪价值和昭示意义。仅此一点，它也就有了存在的理由。

“万物一齐”与人生如月

有些时候，人生的种种不如意，生活的缺陷和落魄，恰恰是值得我们过下去的理由和诱惑。一个人的生命太过圆满，往往是乏味的开始。

《庄子·秋水》曰：“以道观之，物无贵贱。”意思是从道的角度来看，万事万物是无所谓高低贵贱的。因为无论何物皆有其道，只要自适其性，都是自我实现，都是一种圆满。所以，它又曰：“万物一齐，孰短孰长？”拿道的眼光来看，所有的事物都是一样的，说不上谁短谁长，亦没有什么贵贱高低。“以道观之”、“万物一齐”——这是庄子给我们的教训。倘若拿这种观点审视人生，能够让我们悟出怎样的生命道理来呢？其实，从某种意义上说，上苍无论对谁都很公平，一个人的幸与不幸、快乐与痛苦，说到底皆不过是个常数。老子说得好：“祸兮福所倚，福兮祸所伏。”人生如月。苏东坡云：“人有悲欢离合，月有阴晴圆缺，此事古难全。”人生总有不尽如人意之处，也总有适意之时。

关键在于一个人失意时不要过于沮丧、不要绝望；而得意了也不要忘形、不要轻狂。这就是所谓的胸怀和器量。

记得小时候上学，老师在课堂上经常告诫我们："前途是光明的，道路是曲折的。"教导我们遇到困难和挫折时，应看到希望，不要丧失信心，不可气馁消沉；在顺利的处境中，也不可忘乎所以。当时的我们都不以为然，觉得这不过是句空洞的套话而已。然而，随着年龄和阅历的增长，越来越感到这句话的分量与深意。难怪黑格尔说：同样一句话，从儿童嘴里说出来，和从老人嘴里说出来，其味道是大不相同的。因为在老人那里是浓缩和积淀了一生的人生历练之后的一种倾诉，而在儿童那里不过是缺乏内涵的鹦鹉学舌罢了。

人生在世，总是会有顺境也有逆境。人生的艰辛和磨难，应该被积极地看做是对人的一种考验，它是一个人得以成熟的必要步骤。其实，对于单个人来说是这样，对于一个民族来说又何尝不是如此呢？这种看待人生的态度，似乎让人觉得有点儿"阿 Q"的味道，其实不然。因为它并不试图让人达到一种虚幻的自满和自欺欺人式的陶醉，而是使人在逆境中和落魄时拥有足够的信心，其取向依然是积极向上的。这同那种"阿 Q 精神"所固有的颓废和虚假自大，不可同日而语。

有些时候，人生的种种不如意，生活的缺陷和落魄，恰恰是值得我们过下去的理由和诱惑。一个人的生命太过圆满，往往是乏味的开始。已故历史学家周谷城曾在《所谓意境》一文中举过一个真实的例子，颇值得回味。周先生 20 世纪 30 至 40 年代在暨南大学教书时，遇到过这样一个悲剧事件：有一位读大学的华侨独生女在参加完期末考试后，回到厦门她母亲那里，有一天突然无故投海自尽。大家纷纷揣测其自杀原因，结果却一无所获。因为这位女大学生的各个方面在外人眼里都圆满俱足，没有任何缺憾。她很富有，她有美满的爱情，她的母亲特别地宠爱她，世上没有人比她更幸福、更愉快的了。周先生说："我恍然大悟，对大家说，她的自杀，由于她的生活太无聊了，太没有意义了。”为什么“太无聊”，为什么“太没有意义”呢？就是由于“人家的生活总有些缺点，克服缺点得到快乐，于是生气勃勃，趣味横生。她则从来没有享受过克服困难之后的快乐”。如此一来，“她的为人已成了毫无意义的块然一物，她的生活已成了毫无波澜的死水一泓”。于是乎，“人家以为她是生活无缺的，其实她是根本没有生活的”！一个人生活得太圆满、太幸福，其人生反而会变得味同嚼蜡和无聊。圆满的极致便是虚无，一切意义、意味、意境都在这圆满中被“无”掉了。没有一点儿缺憾，正好构成了不值得过下去的原因。这的确十分的吊诡，却又是真确无比的辩证法则。这真是应了先哲的那句老话：“物极必反，两极相通！”

现代社会给每个人都创造了走向成功的机会，也给每个人准备了陷入失败的风险，两者就像影之随形般地难以剥离。如人们常说的那样，高收益总是意味着高风险。人生的起伏跌宕，在今天变得特别地显豁而突出。如何从文化心理上加以调适，以增加人们心理的柔韧性，从容地应对来自生存的各式各样的挑战，是现代人面临的紧迫问题。要解决这类问题，在人生的种种际遇中多一份豁达和洒脱，是离不开庄子智慧的。

仁者无敌与以德服人

孟子说:“仁者无敌”,相信德性的力量。中国文化自古以来就讲究“以德服人”,而不是“以力服人”,这在很大程度上影响并造就了中华民族的文化性格。这也正是孟子乃至儒家之所以主张“德治仁政”的重要原因。因缺乏功利上的考量,中国文化在历史上也就不计较一日之长短,不以成败论英雄。

那么,德性何以是力量?因为在儒家看来,“以力服人者,非心服也,力不赡也;以德服人者,中心悦而诚服也,如七十子之服孔子也”。据说孔子有弟子三千,其中贤者七十二。这些弟子之所以服膺孔子,心甘情愿地追随孔子,绝非强迫的结果,而是孔子自身的智慧和人格魅力感召的结果,是心悦诚服的表现。这充分显示了道德人格的巨大感召力,这种感召力可以进一步化为强大的凝聚力和向心力。这也就是我们常说的“榜样的力量是无穷的”那个道理。就国家治理而言,孟子讲过:“得道者多助,失道者寡助。”其实孔子早就指出:“德不孤,必有邻。”“仁者无敌”之说源于孔子,因为他说过:“国君好仁,天下无敌。”孟子同样重申:“行仁政而王,莫之能御也。”因为“仁人无敌于天下，以至仁伐至不仁，而何其血之流杵也？”孟子认为，若施行仁政，“则邻国之民仰之若父母矣……如此，则无敌于天下。无敌于天下者，天吏也。然而不王者，未之有也”。

“仁者无敌”的“无敌”，说到底不是别人打不过你，而是相互敬爱，以其自身人格的感召力化敌为友，使之捐弃前嫌，从而化干戈为玉帛，这才是最高的境界。如孟子所说的那样，“爱人者，人恒爱之；敬人者，人恒敬之”。这是从肯定方面说的，若从否定方面说，则是“人必自侮，然后人侮之；家必自毁，而后人毁之；国必自伐，而后人伐之”。就此而言，“祸福无不自己求之者”。

从表面看起来，道德的确是柔弱的。因为道德说到底就是人为自己立法，它类似于人工规则，而人工规则的一个最大的特点就是它的可违反性。因此，道德往往显得很脆弱。这也正是不少人之所以不相信道德力量的一个重要原因。但是，只有道德才能彰显人的崇高和尊严。在此意义上，道德又是最强大的。它就类似于法国思想家帕斯卡尔所谓的“思想”。帕斯卡尔说：人的思想就像是一根孱弱的芦苇，哪怕是一阵风、一场雨，就足以摧残它，但它却代表了人的尊严。离开了它，人之为人就会丧失其最后的根据。

道德的力量虽然柔弱，却又是韧性的。放眼上下数千年的漫长历史，无论是物质的力量，还是制度的力量，抑或是知识的力量，都不如德性的力量来得那样久远和悠长。斗转星移，时光荏苒，一切的一切都在时间的无情淘洗中灰飞烟灭了，唯有那“感天地，泣鬼神”的德性之光，能够穿透历史的漫漫长夜和重重屏障，依然熠熠生辉，撼动着一代又一代人的心灵。相隔悠悠千载，今天的人们仍然感动于古代的道德楷模及其事迹，其中的原因何在呢？除了董仲舒所谓“天不变，道亦不变”之外，我们还能找出什么其他的理由？正是基于道德的这一特点，冯友兰先生说“道德无古今”，“道德无新旧”。这种历史穿透力，不恰恰是对“仁者无敌”的最好诠释吗？

如果说中国文化相信“德性就是力量”，那么西方文化更强调“知识就是力量”。当西方文化以现代化面目蔓延开来之后，人们不再信任德性，而是偏好知性。古希腊神话有所谓“黄金时代、白银时代、青铜时代、黑铁时代”之说，中国先秦的韩非子也说“上古竞于道德，中世逐于智谋，当今争于气力”。其实，道德的真正衰颓是伴随着现代性来临的。在现代性语境中，道德合法性在学理和实践层面上都面临危机。从进化论模式考量，20世纪应该是文明最开化的时代，却发生了两次世界大战，从而出现了人类有史以来最黑暗的一幕，这是非常反讽的。现代人无可逃避地面临着一个痛苦的抉择：究竟是按照肉体原则向物质的世界沉沦，还是按照心灵原则向精神的世界提升？这的确是一个“哈姆雷特式”的问题。相信“知识就是力量”，还是相信“德性就是力量”？儒家文化主张选择道德的拯救，这才是人类在未来的真正出路。因为倘若摒弃了道德，只剩下实力的角逐和计谋的博弈，得到的结果就只能是冤冤相报，永无穷期。

今天的人类能够利用越来越多的知识去驾驭、支配、控制、征服自然界，到头来却不得不承受大自然带来的种种惩罚。我们遭遇的各式各样的灾难，又有哪一起不是看似天灾而其实不过是人祸呢？培根所谓的“知识就是力量”，到了20世纪已然沦为福柯所谓的“知识就是权力”。当我们拿知识的态度和眼光去看“人”的时候，我们“发现”的究竟是什么呢？亚当·斯密从经济学角度发现了“经济人”，拉美特利从机械论角度发现“人是机器”，达尔文从生物学角度发现“人不过是高级动物”，如此等等。在知识的视野下，“人”沦为一种非人格的存在。西方主知的文化通过殖民统治征服异族文明，靠的是什么呢？无非是坚船利炮和进化论逻辑。前者提供了现实力量，后者提供了内在理由。按照进化论，“落后”就理应被淘汰出局。但是，这种“力量”真实吗？有道是“堡垒最容易从内部被攻破”。知识的过度扩张，显示了它自身的内在危机。

相信“德性即力量”的中国文化怎样呢？李约瑟指出：“如果我们仔细研究一下，就会认识到中国历史上最突出的一点就是，几千年来中国从来没有将自己的文化强加之于邻邦的人民。”这个判断是符合历史事实的。不仅如此，在中国传统社会，人与自然也保持了总体上的和谐，因为中国人始终保有一种“民胞物与”的博大情怀。

己所不欲，勿施于人与人间和谐

“己所不欲，勿施于人”构成 1993 年 9 月在美国芝加哥通过的《全球伦理宣言》的基石。这是因为，孔子的这句箴言，从观念层面上为我们提供了有效地调节人与人之间彼此关系的底线伦理，是恰当地处理人际关系的“黄金律”。

据《论语·卫灵公》记载，有一次，孔子的弟子子贡请教夫子：“有没有可以值得一个人一辈子都始终不渝地躬身奉行的一句话？”孔子答曰，它就是“恕”啊：“己所不欲，勿施于人。”这是孔子的那句名言的来历。它告诉人们，自己不想要的，也不要强加给别人。其实《论语·颜渊》也提到了这句箴言，可见它的重要。“己所不欲，勿施于人”分明是“推己及人”得出的必然结论。这个命题的肯定形式是孔子提出的另一种说法，即所谓“己欲立而立人，己欲达而达人”。道德律是普遍有效的，它不会因人而异。

孔子讲究的是“忠恕之道”，所谓“夫子之道，忠恕而已矣”！按照朱熹的解释，“尽己之谓忠,推己之谓恕"。子贡所谓的"我不欲人之加诸我也,吾亦欲无加诸人"(《论语·公冶长》),说的也是这个"推己"的意思。《中庸》重申道:"忠恕违道不远,施诸己而不愿,亦勿施于人。"

"己所不欲,勿施于人",实际上就是给出了一个同他人打交道的最基本的准则和底线。显然,这种致思取向体现的是一种"推己及人"的方法。推己及人实则即是去私,私即人为,违背自然而然之意,去私即意味着顺应天理,如庄子所言:"顺物自然而无容私焉"(《庄子·应帝王》)。而体现于人间的"自然",无非就是那个通达于所有人且普适性的天理或"道"。可见,"私"与"自然"相对而言。只有推己及人,才能在协调人际关系中顺应人的自然而然的本性,此亦即道家所谓的"得道"。孟子说:"老吾老,以及人之老;幼吾幼,以及人之幼。"(《孟子·梁惠王上》)这就是"推"的功夫。孟子认为,如此一来,"天下可运于掌"。如果每个人都能够推己及人,按照人的本然之性去为人处世,去接人待物,那么治理天下就变得非常简单了。这类似于老子所说的"治大国若烹小鲜",有意思的是,孟子与老子都谈及"治国"。

关于"推",孟子说:"古之人所以大过人者,无他焉,善推其所为而已矣。"(《孟子·梁惠王上》)人不仅本性一致,其弱点也一致。怎么才能够保证所"推"者为道德意志和道德属性而不是人性的幽暗面呢?孟子还说过:"心之所同然者。"这恰恰就是"推"的根据。正是基于这种同一性,"推"才是可能的。而"心之所同然者何也?谓理也,义也"(《孟子·告子上》)。"同然"之"心"构成同情心的内在根由,而同情心又是道德的心理基础。同情地了解他人,是唤醒自己的"恻隐之心"的必要条件。问题在于,"己所不欲,勿施于人"的逆命题是否成立呢?是不是可以说"己所欲,可施于人"?不然。关键是不能把个人的偏好,即所谓"私",强加给他人。道德律是普遍的命令,它可以通过人的内心的觉解而变成自觉的诉求,从而得以开显并在不同的人那里普遍地有效。

据说德国近代哲学家莱布尼茨曾经有言:"世界上没有两片完全相同的树叶。"其实，我们同样可以说，世界上也没有两片完全不同的树叶。这两个说法可以并行不悖、相互补充。前者强调的只是不同事物之间的差异性，而后者强调的则是不同事物之间的同一性。事物之间的关系是既对立又统一的，无论离开了哪个方面，都不能构成矛盾。而“己所不欲，勿施于人”既强调了对他者的尊重，同时又不游离道德的普适性，从而完美地体现了差异性与同一性的兼容。它教导我们，首先要充分尊重他人的个性，但又不能仅仅局限于此，还必须在道德上成人成己。

现代社会的人特别推崇人的个性，强调差异，并把个性同人的权利联系起来。一般地说，这也没有什么不对，也没有什么不好。但是，如果把这种对个性的推崇变成了无条件的崇拜，恐怕就很危险了，因为它意味着人的个性有可能沦为人的任性。那么，怎样才能避免这种危险的发生呢？事实上，人的个性是相对于共性而言的，它无非是指一个人的独一无二性，即时间上的不可重复和空间的不可替代。倘若超出了普遍道德的约束，人的个性的张扬就难免妨碍他人利益。个性一旦变成任性，它就不再是正当的了，而是人的偏执。如此一来，它不仅不能增进人与人之间的和谐，反而会成为人际交往的障碍。相反，只强调同一，而不尊重甚至忽视差异，就将剥夺人的个性，到头来也会漠视人的自由意志和自由选择，从而抽掉使德性和责任赖以成立的基础。因此，我们不得不承认，“己所不欲，勿施于人”是走向和谐社会在观念层面上的保障，它无疑能够为民族和谐、国家和谐、地区和谐、社会和谐，乃至世界和谐提供某种精神资源。耐人寻味的是，“己所不欲，勿施于人”构成 1993 年 9 月在美国芝加哥通过的《全球伦理宣言》的基石。这是因为，孔子的这句箴言，从观念层面上为我们提供了有效地调节人与人之间彼此关系的底线伦理，是恰当地处理人际关系的“黄金律”。

人间和谐、世界大同，自古以来就是人类孜孜以求的理想。《礼记·礼运》曰：“大道之行也，天下为公。选贤与能，讲信修睦。故人不独亲其亲，不独子其子，使老有所终，壮有所用，幼有所长，矜寡孤独废疾者，皆有所养。男有分，女有归。货恶其弃于地也，不必藏于已；力恶其不出于身也，不必为已。是故谋闭而不兴，盗窃乱贼而不作，故外户而不闭，是谓大同。”“天下为公”的达成，离不开孔子倡导的“忠恕之道”的施行。因为只有人人都能推己及人，从而既“立人”、“达人”，又“勿施于人”，方能做到“不独亲其亲，不独子其子”，方可实现“选贤与能，讲信修睦”。从德性觉解的角度说，人类追求了数千年的大同理想，归根到底不过系乎人的“忠恕之道”而已。

德治与法治孰优孰劣

孟子曰:“徒善不足以为政,徒法不足以自行。”(《孟子·离娄上》)这句话很好地道出了道德和法律各自的局限性以及两者之间互补相济的关系。它对于我们在今天恰当地看待法治与德治的关系,具有深刻的启示意义。

《礼记·曲礼上》曰:“礼不下庶人,刑不上大夫。”庶人就是普通的平民百姓,而大夫则是贵族。按照唐代的孔颖达《礼记正义》的说法:“‘礼不下庶人’者,谓庶人贫,无物为礼,又分地是务,不服燕饮,故此礼不下与庶人行也。”《礼记正义》又说:“‘刑不上大夫’者,制五刑三千之科条,不设大夫犯罪之目也。所以然者,大夫必用有德,若逆设其刑,则是君不知其贤也……非谓都不刑其身也,其有罪则以八议议其轻重耳。”可见,传统社会是采取分而治之的办法的,对于老百姓需要以法治之,而对于贵族则需要以德治之。现代社会没有这样的等级区分,所以德治和法治不再分属于不同社会阶层,而只是治理同一个社会的不同方法罢了。

对于一个国家、一个社会的有效治理来说，德治和法治犹如车之两轮、鸟之双翼一样，不可偏废、缺一不可。我们不得不承认，无论是道德还是法律，在功能上都是有其各自限囿的，它们都不是万能的，而是都有失灵的地方。当法律失效的时候，道德就派上了用场；反过来也是一样，当道德失灵的时候，法律的不可替代作用就凸显出来了。法律并不能代替道德，家长里短很难诉诸法律来解决，俗语道“清官难断家务事”，说的就是这个道理。再如文人打官司，抄袭剽窃之类的文坛纠纷，即使诉诸法律、对簿公堂，外行的法官恐怕也难明就里，难以明断是非。人世间许多事情难以通过法律来化解，只能靠道德来调节和约束。

一个社会，倘若离开了道德的信仰，完全诉诸法律调节，绝不可能解决所有的问题。法律总是有自己的盲区。过分崇拜法律的人往往以为一个社会只要立法充分了，一切问题就都迎刃而解了。这就把问题看得过于简单了。

据《圣经》记载，使徒保罗说过一段耐人寻味的话：“法律降临，为的是增加犯罪。”其实这也就是老子所谓的“法令滋彰，盗贼多有”的那个道理。为什么说“法令滋彰，盗贼多有”呢？因为法律对人们的约束，说到底超不出利害的权衡。法律使人们在守法与违法之间的博弈中做出权衡和选择。在这个意义上，它所采取的不过是以毒攻毒罢了。董仲舒说得好：“法出而奸生，令下而诈起。”（《汉书·董仲舒传》）以法制恶，与其说是抑制了人们的功利心，倒不如说是利用了人们的功利心更恰当些。

倘若离开了人们的德性自觉基础上的自我约束，即使法律多如牛毛、汗牛充栋，也难以形成整个社会的公序良俗。离开有效监督的法律，只能是一纸空文。而监督在任何时候都不可能是无缝隙、全息性的，它总会存在着这样那样的盲区和死角。据美国官方前些年提供的数据，美国的律师人数约占全世界律师总数的百分之七十，这从一个侧面透露出美国司法制度何其发达。但吊诡的是，美国的犯罪率迄今依然居高不下。完全诉诸法律，无异于饮鸩止渴。

法律的遵守，不可能通过人的自律。法律无法使人们达到“慎独”境界。这也就是一部法律倘要有效地执行，为什么绝对不能离开有效监督的原因。法律若要有效地实施，就不能不依赖于强有力的监督，倘若监督者本身出了问题，一切就都形同虚设了。最为可怕的是，法律的失灵往往源自监督者与被监督者之间的“共谋”。

班固在《汉书·艺文志》中批评法家重法轻德的极端主张时指出：“无教化，去仁爱，专任刑法而欲以致治，至于残害至亲，伤恩薄厚。”此种偏颇，正是片面夸大法治的弊端所在。德治与法治两相比较，还是德治略胜一筹。因为道德能够使人达到“慎独”的境界，而法律的约束则无此能力，也无此效果。从长远着眼，只有道德教化，才能收到“绝恶于未萌，而起教于微眇”(《汉书·贾谊传》)的效应。在一定意义上，道德是预防性的，它着眼于人的私欲之未萌；而法律是事后约束性的，具有滞后性。此正所谓“礼者禁于将然之前，而法者禁于已然之后”(《汉书·贾谊传》)。

孔子说：“道之以政，齐之以刑，民免而无耻。道之以德，齐之以礼，有耻且格。”(《论语·为政》)在这里，实际上比较了法治与德治的优劣高下。在孔子看来，一个社会的治理，倘若仅仅诉诸法律，虽然能够使老百姓避免犯罪，但是却无法使他们有羞耻感。如果用道德来教化老百姓，那么他们就不仅会自知羞耻，且能自觉地恪守规矩。显然，就此而言，德治比单纯的法治具有更大的优越性。

一般地说，德治和法治应该双管齐下，坚持“两手抓，两手都要硬”。但是在不同的社会状况下，又应该有所倚重。当一个社会的道德出现滑坡、诚信发生危机，特别是存在集体堕落的情况下，就必须把法治摆在特别突出的地位，否则就难以在可预见的将来，有效地遏制并扭转这种被动局面。在一个“礼崩乐坏”的时代，仅靠呼唤人的良心发现，恐怕于事无补，因为这无异于缘木求鱼、一厢情愿。打个比方，德治就类似于中医疗法，而法治则类似于西医疗法。急症宜采取西医方法，因为它见效快，疗效显著；缓症宜采取中医治疗，它起效周期长，但疗效稳定，不宜复发。发生了急症，中医往往是“远水不解近渴”。所以，出现道德急剧滑坡，除了强化必要的道德教育之外，必须果断地优先采取法治的办法，强迫人们弃恶从善。惟其如此，才有可能挽救整个社会的公序良俗，给人们以向善的信心。

总之，只有德法互补，相机突出重点，方能共同襄成一个国家和社会的健全治理之道，也才能达成一个国家和社会的长治久安。

被误解的孔子

鲍鹏山

作者简介：

上海电视大学中文系教授、硕导，央视“百家讲坛”主讲人，《儒风大家》杂志专栏作家。主要著作有《论语导读》、《后生小子——诸子百家新九章》、《寂寞圣哲》等。

被误解的孔子之一:孔子是官迷吗?

曾经有一次,接受一个刚刚大学毕业的年轻记者采访,记者突然说了一句话:“我们大家都知道,孔子就是一个官迷!”我愕然而愤怒。愕然的是,她如此年轻,怎么会有这样的观点;愤怒的是,她怎么用这样鄙夷不屑的口吻来和我谈孔子。稍微冷静一下后,我直视她的眼睛,告诉她:“你一句话有两个错误,知道吗?”

现在是她愕然了。我告诉她:你说“我们大家都知道”,这是双重的强加于人。首先,你强加给我们一个所谓的“事实”:“孔子是一个官迷”。其次,你还拉来大家一起做你的附议,也就是说,你不仅自己认为“孔子是一个官迷”,而且你还认定所有人都这样认为,从而造成一种三人成虎、众口铄金的效果:“孔子是一个官迷”于是成了一个人人承认并皆知的事实。那么,我告诉你:第一,也许你这么认为,但并不是“我们大家都”这么认为,比如,我就不这么认为;第二,“孔子是一个官迷”不是事实。

事实是什么呢?

首先,“我们”——从司马迁到今天的诸多孔子研究者——都知道孔子大约在 20 岁时就已经开始“仕”——也就是做官了。那一年孔子生子,鲁昭公给他送了一条大鲤鱼表示祝贺。联系到三年前孔子赴季氏家宴被阳货赶出,我们说,孔子的“士”的身份随着这条鲤鱼的到来而又回来了。还不仅如此。鲁昭公这样的抬举,表明这个 20 岁的年轻人出类拔萃,被上层社会认可。所以,接下来,顺理成章地,他就去季氏家里做家臣了。家臣就是官啊。因为,天子有天下,诸侯有国,大夫有家,这个“家”,不是我们今天的人人有家的家,而是指一个世袭了很多特权和政治地位的“家族”,从某种意义上说,“家”就是“官府”。季氏当时是执政,他的“家”,就相当于鲁国的“政务院”,阳货这样的首席家臣,实际上就是“政务院办公厅主任”。那么,孔子去季氏“家”做“家臣”,也就相当于去鲁国的政务院做公务员了。

孔子在季氏的政务院至少做了两任官:委吏和乘田,而且做得不错,很有政绩。“孔子尝为委吏矣,曰:‘会计当而已矣。’尝为乘田矣,曰:‘牛羊茁壮长而已矣。’”(《孟子·万章下》)到最后,甚至可能还做过管理祭祀、礼仪方面的较高级别的官,可以入太庙,可以参与会见国宾。这样一直做到他 30 岁左右。

按说,孔子在政务院一做十年,要政绩有政绩,要资历有资历,要人缘有人缘(他个性好,温良恭俭让),等待他的,就是升迁。可是就在这样的关键时刻,十五岁就“志于学”的他,为了自己的“学”,也为了辅助别人的学,为了自己“明明德”,也为了“亲民”(朱熹解释为新民——也就是教导人民),他突然辞职了,租几间民房,招几个学生,做私立学校的校长兼老师了。

放弃高官(至少是做高官的前景)、厚禄(此时他的收入一定远远高于他办学的那点学费),去从事私人教育,我们见过这样的“官迷”吗?

从此以后,一直到 50 岁,20 多年的时间里,孔子就安心地在他的学校里,和学生们在一起,“小六艺”(礼、乐、射、御、书、数)、“大六艺”(《诗》、《书》、《易》、《礼》、《乐》、

《春秋》)，切磋，琢磨，讨论仁，讨论义，讨论政治，讨论成人，讨论君子小人，讨论出处穷通。心无旁骛，任从时光流逝，花落水流，青春不再，暮年到来。我们见过这样的官迷吗?

此时，鲁国的政治状况愈加令人担忧：一天天衰落下去的国运，强敌环伺；一天天混乱下去的政局，贼臣弄权。这时，孔子出山，挽救国家，已成朝野的一致吁求。于是，有贵族责怪孔子："子奚不为政?"——你为什么不出来从政? 孔子一笑，说："《尚书》上说，'孝呀，孝顺父母，友爱兄弟，把这种风气推广到政治上去'，这也就是从事政治呀，为什么一定要做官才算从事政治呢?"

有弟子子贡的旁敲侧击："有美玉于斯，韫椟而藏诸? 求善贾而沽诸?"——有一块美玉在这里，是把它放入柜子里收藏起来呢，还是找一个识货的商人卖掉它呢? 孔子敷衍道："卖它吧! 卖它吧! 我正等着识货的商人哩。"

甚至，最为可笑的一幕出现了：那个曾经把17岁的孔子从季氏家宴中赶出来的阳货，此时挟持了鲁定公、季桓子从而把持了鲁国大权，他也逼着孔子出来做官，还上演了一出"送礼逼人回访"，威逼孔子做官的活报剧。

他先放出风声，想让孔子去见他。但孔子装着不知道，不去见。他没办法，便趁孔子不在家，送给孔子一只蒸熟的小猪。按那时的规矩，大夫给士送礼物，如果士不在家，没能在家里接受，就要回拜大夫。他就要用一只蒸熟的小猪来换得孔子的回拜。他精于算计，孔子也不傻，孔子也打听到他不在家，才假装去拜见。可不巧得很——也可以说是巧得很——孔子在路上遇到了阳货!

阳货此时权势煊赫，说话的口气也冲："过来! 我对你说!"——"一个人收藏自己的才能而听任国家混乱，那叫仁吗?"——道理很正派，孔子无奈，只好说："不可。"——"那么，本来喜欢从政却屡次错过机会。能叫智吗?"——理由也对。孔子只好又回答："不可。"——"那你还等什么?"阳货这时已是图穷匕首现了：你还不快到我这儿来报到！孔子只好虚与周旋："好吧，我准备去。"

这一段对话，阳货一心要逼孔子出来做官，他的每一句话都咄咄逼人，而孔子的每一句话都是在敷衍。一个急切而带威逼色彩；一个懒洋洋很无奈，却又不能公开决裂。阳货极刚，孔子极柔，极刚遇极柔，竟让阳货的拔山之力无处施放。孔子没有冒犯他，没有拒绝他，但也没有答应他。到最后，阳货只能悻悻而退，而孔子则施施而还。我们见过这样的官迷吗？

不久，阳货倒台，鲁国经历了如此巨大的政治动荡之后，亟须有人来收拾残局，收拾人心。这时，孔子出山了。从 51 岁到 55 岁，四年时间，孔子从乡长做起，一直做到司法部长、公安部长，最后，甚至被季桓子任命为他的助手，相当于政务院副总理！

在那样的时代，在鲁国这样特殊的国情下，这已经是士人做官的顶点了！可是，就在官运如此亨通之时，孔子又不干了！他离开鲁国，以 55 岁的高龄，坐木轮车，走坎坷路，颠颠簸簸，周游列国去了！我们见过这样的"官迷"吗？

或许有人会说，不是他不干了，是人家不让他干了。那我们来看看这不让他干的"人家"都是谁。此时，鲁国政坛能够影响孔子"官运"的，不外乎四个人：鲁定公，季桓子，孟懿子，叔孙武叔。

鲁定公特别赏识孔子，他们还是心照不宣的政治同盟。季桓子特别信任孔子，不然不会让孔子做他的助手，而且，做了助手之后，孔子是"行乎季孙，三月不违"，非常融洽。孟懿子是孔子的学生。如果说有人不喜欢孔子，那也就是叔孙武叔。

如果孔子是"官迷"，他难道不知道搞定和这些人的关系至关重要吗？或者，他搞不定和这些人的关系吗？他做了大夫后，强君抑臣，堕三都，得罪三桓，弄得自己离开祖国，漂泊列国之间，颠沛周游之途，有这样不会做官的"官迷"吗？

孔子周游列国 14 年，去了 7 个国家，又有人说，孔子是找官做去的。这在逻辑上就不成立：如果要找官做，他何必离开鲁国？在鲁国他不是做得好好的吗？《论语·微子》有这样一条记载：

柳下惠为士师，三黜。人曰："子未可以去乎？"曰："直道而事人，焉往而不三黜？枉道而事人，何必去父母之邦？"

柳下惠做法官，多次被免职。有人说："您不可以离开鲁国吗？"柳下惠说："正直地侍奉人君，到哪一国去不会被多次免职？如果为了保住职位而不正直地侍奉人君，何必要离开自己的祖国？"

《论语》把这一则编入，岂不是在说孔子？那么，孔子在列国之间周游时，是否就是没有做官的机会呢？孔子离开鲁国，第一站就是卫国。根据司马迁《史记·孔子世家》的记载："卫灵公问孔子：'居鲁得禄几何？'对曰：'奉粟六万。'卫人亦致粟六万。"

这个故事有两点值得我们注意：

第一，六万，即使是 6 万斗，也折合 72 万斤的粟米，这实在不是一笔小数字，所以，孔子在鲁国做官，请原宪做管家，与之粟九百，原宪觉得太多了，要推辞。孔子说："不要推辞！拿去周济你的亲戚同乡吧！"这样的高官厚禄，一旦弃之不顾，实在非一般人能做到，更非"官迷"能做到。

第二，卫灵公毫不犹豫，也给孔子六万，那不也就是希望孔子在他卫国做官吗？谁说孔子周游列国，没有做官的机会呢？要知道，孔子此时，是当时列国之间著名的政治家、外交家、礼学专家，门生遍天下，是各国竞相争夺的高端人才啊！他离开鲁国，有一个直接的原因就是他把鲁国治理得蒸蒸日上，日益强大，使得齐国深感威胁，于是使用反间计、美人计，使得孔子不得不离开鲁国。如果我们把列国比作公司，那么，孔子就是最著名最成功的 CEO，曾经使一个小公司以小搏大、以弱胜强、业绩辉煌，直接威胁到了齐国这样的大公司。这样的人，他还怕没有岗位吗？

他后来确实一直没有得到过什么官职，但那不是别人不要他，而是他不要别人。正如他后来对卫国执政大臣孔文子所说的"鸟则择木，木岂能择鸟"？他就是一只择木的良禽，而那些诸侯并非他中意的能够托身并侍奉的善木。卫灵公在给孔子六万俸禄之后，就问过孔子一个很敏感的问题：

卫灵公问陈于孔子。孔子对曰："俎豆之事，则尝闻之矣；军旅之事，未之学也。"明日遂行。（《论语·卫灵公》）

卫灵公向孔子问军队怎样列阵。孔子回答说："礼节仪式方面的事，我曾听说一些；军队作战方面的事，我没学过。"第二天，孔子就离开了卫国。

原来，卫灵公此时奉行"先军政策"，置民生于不顾，只想着发展军事，到处挑衅。他问孔子战阵之事，一方面是因为孔子是这方面的专家，在鲁国也指挥过一些平叛之类的军事行动，更重要的是，他是借此试探孔子：你是否赞成我的先军政策？孔子当然明白他的用意，如果支持他，就有官做；如果反对，就道不同，不相为谋。但是，孔子这样的仁德之人，怎么可能支持他的这种涂炭生灵的政策呢？于是孔子明确表态：不支持！

第二天，孔子见卫灵公，卫灵公仰头看天上的大雁，不看孔子。孔子遂行。天下有这样的官迷吗？

孔子当然不反对做官，也愿意做官，但是，正如他的学生子路所说："君子之仕也，行其义也。"做官，那是为了推广道义！

说到"仕"，我们来看看"士"。我们知道，士在孔子前，只是一个社会阶层，而且是一个患得患失的尴尬阶层。儒在孔子前，只是一种职业，而且是一种委琐卑贱的职业。士而仕本来是士族子弟的唯一正当出路，从这两个字的造字法可以看出两者的必然路径：士族子弟一旦成人，就是仕。"仕"就是"士"的成人形式，所以，偏旁为"立人"。但是，孔子改变了这样的现实：

子贡问曰："何如斯可谓之士矣？"子曰："行己有耻，使于四方，不辱君命，可谓士矣。"曰："敢问其次？"曰："宗族称孝焉，乡党称弟焉。"曰："敢问其次？"曰："言必信，行

必果。硁硁然小人哉，抑亦可以为次矣。”曰：“今之从政者何如？”子曰：“噫！斗筲之人，何足算也？”（《论语·子路》）

在这段话里，我们惊讶地发现：从政之人，仕，反而不是士。士的基本特征是一种品格，而不是一种身份了。值得注意的是，如上所言，士本来就是一种社会阶层的称谓，这明白无疑，本来无须发问，就如我们今天无须问“何为公务员”、“何为农民工”一样。但子贡为什么要对一个本来明白无疑的问题发问？这个疑问本身就说明了，孔子已经在对士进行重新塑造，赋予士新的内涵，子贡此问，问的就是孔子所要求于士的新内涵、新品质。值得注意的是，子路也有此一问：

子路问曰：“何如斯可谓之士矣？”子曰：“切切偲偲，怡怡如也，可谓士矣。朋友切切偲偲，兄弟怡怡。”（《论语·子路》）

子贡是个外交人才，所以孔子特别提到了“使于四方，不辱君命”。子路性格刚直粗野，所以孔子特别嘱咐他要搞好朋友和兄弟之间的关系。可见，孔子是在塑造士的品格。孔子所办的私学，是中国历史上最早的“大学”——大人之学。在这样的“大学”里，他超越了知识和技术的“小六艺”（礼、乐、射、御、书、数），而加入了培养情怀、眼界、胸襟的“大六艺”（《诗》、《书》、《易》、《礼》、《乐》、《春秋》）。

我们看《论语》，孔子和弟子们讨论的，几乎没有专业，没有知识，更没有技术，有的是什么？是有关价值的讨论！唯有一个学生问他技术问题，被他骂回去了，那就是樊迟学稼：

樊迟请学稼。子曰：“吾不如老农。”请学为圃。曰：“吾不如老圃。”樊迟出。子曰：“小人哉，樊须也！上好礼，则民莫敢不敬；上好义，则民莫敢不服；上好信，则民莫敢不用情。夫如是，则四方之民襁负其子而至矣，焉用稼？”（《论语·子路》）

孔子这三句话牵涉到三个词：礼，义，信。这不是知识，更不是技术，而是——价值！

经过孔子的重新改造，儒士的面貌焕然一新：

子曰："君子谋道不谋食……君子忧道不忧贫。"(《论语·卫灵公》)

子曰："士志于道，而耻恶衣恶食者，未足与议也。"(《论语·里仁》)

子张曰："士见危致命，见得思义，祭思敬，丧思哀，其可已矣。"(《论语·子张》)

子曰："志士仁人，无求生以害仁，有杀身以成仁。"(《论语·卫灵公》)

子曰："士而怀居，不足以为士矣。"(《论语·宪问》)

从此，"士"的人生目标不再是"仕"，而是承担价值：

曾子曰："士不可以不弘毅，任重而道远。仁以为己任，不亦重乎？死而后已，不亦远乎？"(《论语·泰伯》)

子谓子夏曰："女为君子儒，无为小人儒。"(《论语·雍也》)

故而，孔子"君子不器"的主张，就是对传统儒和士的否定，是新兴儒和士的道德宣言。钱穆先生亦指出："惟自孔子以后，而儒业始大变……惟孔子欲其弟子为道义儒，勿仅为职业儒。"

所以，孔子不但不是"读书做官"传统的开创者，恰恰相反，是"士"而"仕"传统的终结者。无论是"学而优则仕"还是"仕而优则学"，士的核心使命和定位都是"学"，而不再是做官！

被误解的孔子之二：孔子鼓吹忠君吗？

对孔子了解不深的人，往往以为孔子是极端忠君思想的提倡者。事实呢，恰恰相反。首先，“忠”这个字，在《论语》里，就并不包含后世的那个“愚忠”的意思。《论语》中，涉及“忠”的，有以下十几条：

曾子曰：“吾日三省吾身。为人谋而不忠乎？与朋友交而不信乎？传不习乎？”

子曰：“君子不重则不威，学则不固。主忠信。无友不如己者。过则勿惮改。”

季康子问：“使民敬，忠以劝，如之何？”子曰：“临之以庄，则敬。孝慈，则忠。举善而教不能，则劝。”

定公问：“君使臣，臣事君，如之何？”孔子对曰：“君使臣以礼，臣事君以忠。”

子曰：“参乎！吾道一以贯之。”曾子曰：“唯。”子出，门人问曰：“何谓也？”曾子曰：“夫子之道，忠恕而已矣。”

子张问曰：“令尹子文三仕为令尹，无喜色；三已之，无愠色。旧令尹之政，必以告新令尹。何如?”子曰:“忠矣。”

子曰:“十室之邑,必有忠信如丘焉,不如丘之好学也。”

子以四教:文、行、忠、信。

子张问政。子曰:“居之无倦,行之以忠。”

子贡问友。子曰:“忠告而善道之,不可则止,毋自辱焉。”

樊迟问仁。子曰:“居处恭,执事敬,与人忠。虽之夷狄,不可弃也。”

子曰:“爱之,能勿劳乎?忠焉,能勿诲乎?”

子张问行,子曰:“言忠信,行笃敬,虽蛮貊之邦,行矣。言不忠信,行不笃敬,虽州里,行乎哉?立则见其参于前也,在舆则见其倚于衡也,夫然后行。”子张书诸绅。

孔子曰:“君子有九思:视思明,听思聪,色思温,貌思恭,言思忠,事思敬,疑思问,忿思难,见得思义。”

涉及“忠”的这些话,主要是两个意思:一是指对朋友或一般人际交往之间的诚信和尽责;一是指在政府机关任职时忠于职守。最让人怀疑是否有“忠君”嫌疑的是季康子问和定公问两则,但是,这两则实际上仍然指的是忠于职守。如,定公问:“君使臣,臣事君,如之何?”孔子对曰:“君使臣以礼,臣事君以忠。”以忠事君,不是忠君,而是指以忠于职守的行为和态度来侍奉国君,与直接忠于君主本人的行为不同。

我们再来看看《孟子·滕文公下》的一则记载:

孟子曰:“昔齐景公田,招虞人以旌,不至,将杀之。志士不忘在沟壑,勇士不忘丧其元。孔子奚取焉?取非其招不往也。”

齐景公打猎,用旌旗召唤虞人(猎场管理员),虞人不来,齐景公就要杀他。为什么这个虞人不应招呢?因为古代君王打猎时有所召唤,要用特定的东西召唤特定身份的人,旌旗是召唤大夫的,弓是召唤士的,皮冠才是召唤虞人的。这个虞人因为齐景公不按礼的规定召唤他,他就坚持不应招,甚至为此不怕弃尸山沟,不怕掉脑袋。如此坚持职守，孔子很欣赏他。

这个故事很好地诠释了“君使臣以礼，臣事君以忠”的理念。显然，这个虞人的行为，和我们后世理解的“忠君”完全不同，而孔子所赞赏和鼓励的，乃是这样的“忠”。这样的“忠”，其实是忠于原则的。

《韩非子·二柄》中也有一个故事，可以看成是先秦人对职守近乎刻板的遵守：

昔者韩昭侯醉而寝，典冠者见君之寒也，故加衣于君之上。觉寝而说，问左右曰：“谁加衣者?”左右对曰：“典冠。”君因兼罪典衣与典冠。其罪典衣，以为失其事也；其罪典冠，以为越其职也。

韩昭侯喝醉睡着了，管帽子的官吏看见君王有些寒冷，就盖了一件衣服在君王身上。韩昭侯睡醒以后很高兴，问左右的人说：“谁给我盖的衣服？左右的人回答说：“是管帽子的官员。”韩昭侯因此既降罪管帽子的官员，又杀了管衣服的官员。降罪管帽子的官员，认为管帽子的官员超越了自己的职权；杀掉管衣服的官员，则是认为这位官员失职。

这就是忠于职守的观念，与忠于国君本人、不论是非曲直、唯君主的意愿是从完全不同。

在孔子看来，还不仅要忠于职守。作为一个担当道义的“士”，当他“仕”的时候，是要“行其义”(子路语)的，一旦自己所行之“义”和君主相冲突，那是要舍君取义的。所以，当子路问如何侍奉君主的时候，孔子正色道：“勿欺也，而犯之。”——也就是说，告诉他大义所在，然后不惜冒犯他。

这样的人，才配得上“大臣”的称谓，否则不过是聊备一员的“具臣”而已。孔子说：“大臣者，以道事君，不可则止。”直言之，一个士与君主的缘分，看道义。道义消失的地方，缘分自然终止。所以说，君臣以义合。如果君不义，那么，臣有两条路：一是像史鱼，直如矢，也尖锐如矢，和君对着干，干死拉倒；一是如蘧伯玉，老子不跟你玩，卷而去之,拜拜了!

事实上,孔子不但没有臣下无条件忠君的思想,即便是要臣下忠于职守,也是有条件的,那就是,君主首先必须以礼使臣。

还是一个和齐景公有关的故事。齐景公喜欢声色犬马,生活奢靡,经常胡作非为。孔子觉得这个国君做得实在不像国君的样子,缺少国君应该有的庄重、威严,缺少国君应该有的相应的道德品质。

所以,有一次齐景公问孔子:"好的政治应该是怎样的呢?"孔子给了他八个字:

君君臣臣,父父子子。

对这八个字,不读书或不求甚解的人总是把它拿来说是孔子强调忠君。其实,单就字面意思而言,也非常明白地表现了道德的双向平等观念,毫无单向臣服的意思。这八个字这样排列,实际上有两种理解,两种翻译:

一种就按照字面来说,国君做得像国君的样子,臣子做得像臣子的样子,父亲做得像父亲的样子,儿子做得像儿子的样子。即使这样理解,也是孔子不偏不倚地在强调双方的义务、责任和权利。

但是我们知道,古汉语往往非常简略,往往省略了一些承接的关系,所以这样的句子还可以理解为前后因果关系。如果加上这样的因果关系,这八个字的意思就是:

首先国君做得像国君的样子,然后才有资格要求臣子做得像臣子的样子,国君做好在前,臣子做好在后。父亲首先尽到做父亲的责任,然后才能有资格得到子女将来的孝顺。

我觉得这样来理解孔子的话可能更准确一点,因为孔子确实在很多地方一直强调强者的道德,而不强调弱者的道德。他总认为在上者应该先做好,然后才有资格要求下面的人做好。孔子这话,显然与他当时的感受有关,孔子明显是告诫齐景公,做国君要像个国君的样子——也就是说,他现在实在不像个样子。

但是，齐景公的理解能力显然受到他地位的局限——他的屁股决定了他的脑袋——他想到的君君，大概是作威作福，臣臣，当然是服服帖帖。于是，他高兴得眉开眼笑："善哉！信如君不君，臣不臣，父不父，子不子，虽有粟，吾得而食诸？"糟糕的是，现在很多人读《论语》，理解能力和齐景公一样。

孔子还有一个"七教"理论。

子曰："上敬老则下益孝，上尊齿则下益悌，上乐施则下益宽，上亲贤则下择友，上好德则下不隐，上恶贪则下耻争，上廉让则下耻节，此之谓七教。七教者，治民之本也。"

什么意思呢？就是上面敬老，下面才孝；上面尊长，下面才悌；上面散财乐施，下面才宽厚待人；上面亲近贤才，下面才选择良友；上面爱好德行，下面才不隐瞒实情；上面厌恶贪腐，下面才耻于争夺；上面廉洁谦让，下面才讲究节操。

一切都取决于上面！所以，孔子下面接着说：

凡上者，民之表也，表正则何物不正？是故人君先立仁于己，然后大夫忠而士信，民敦俗璞，男悫而女贞，六者，教之致也。

上面的人是人民的表率啊！下面好不好，全看上面啊！

子曰："不教而杀谓之虐；不戒视成谓之暴；慢令致期谓之贼……"

孔子晚年时，季康子曾经问孔子一个问题："我如果把那些无道的人杀了，然后逼着百姓去走正道，怎么样？"

孔子的回答是："子为政，焉用杀？"你搞政治，怎么会用得着杀人这种手段呢？"子欲善，而民善矣。"你自己如果做得善，老百姓就会善。接下来，孔子说出了一个流传千古的名言：

君子之德风，小人之德草。草上之风，必偃。

君子的道德就像风一样，人民的道德就像草一样，风往哪个方向吹，草就往哪个方向倒。所以草往哪个方向倒，责任不在草，而在于风。一个国家、一个社会的道德水准怎么样，道德水平如何，道德风气如何，责任不在人民，在于统治阶级。

有一次，季康子觉得鲁国强盗很多，很忧虑，就问孔子怎么办。孔子的回答是："苟子之不欲，虽赏之不窃。"为什么有那么多强盗？是因为你自己骨子里也是这种人！你也贪婪！你也是侵夺他人、侵夺国家的大盗！假如哪一天你自己不强占人民的财产了，那么人民也就自然会变好了，责任还在你身上，不在人民身上。

孔子曾经讲过一句话，非常好，可是我们一般都理解错了，或者是理解得很肤浅。哪一句话呢？孔子说：

君子喻于义，小人喻于利。

这句话讲得好，但是我们一般人怎么理解的呢？很肤浅的理解是：君子讲义，小人讲利。好像这句话是孔子对君子的表扬，对小人的批评。甚至作为一种标签，讲利的都是小人，讲义的才是君子。

实际上，孔子的原话不是这个意思。首先，"君子"在这里不是指道德上的好人，而是指地位高的人；"小人"在这里也不是指道德上的坏人，而是指下层人。"喻于"就是告知、说服的意思。孔子这句话的意思是，对君子，要用义来说服他、要求他；对小人，要用利来引导他、鼓励他。对君子，告诉他义在哪里；对小人，告诉他利在哪里。以义要求责难君子，以利鼓励诱导小人。

道德出了问题，责任在哪里？在上层。要和谁讲道德，要对谁要求道德？对上层。跟普通老百姓，应该告诉他利在哪里就可以了。

上层人要承担道义，下层人要关注权利。

不对普通百姓讲仁义道德的大道理，这是一个读书人的良知。实际上——苛上不责下，孔子之政道；律己而宽人，孔子之友道。

一个人，只要他坚持下层的立场，就不可能是一个什么"忠君"主义者。事实上，孔子本人也不是一个忠君的人，否则他岂能抛弃鲁定公而去周游列国？照后来那些头脑冬烘的儒生的所谓“忠臣不事二君”的观念，孔子岂止是“贰臣”，他不知侍奉过多少君主，不知是多少臣了。

管仲事公子纠，公子纠被公子小白逼死，管仲转事公子小白。这样的“不忠”，连子贡、子路都对管仲有意见，但孔子肯定他，甚至称他为“仁人”。是的，孔子只忠于自己的职守，忠于自己的道义，忠于自己的良知。

被误解的孔子之三：孔子是道德主义者吗？

由于中国人的基本价值观和道德信念都指向孔子，所以，一般人都认为孔子是一个道德主义者。

其实，这是一个误解。孔子并不认为单一的道德可以解决社会问题，他更不认为对人做严格的道德要求就可以改变人的品行。更为可贵的是，他坚决拒绝了绝对的道德主义。

孔子固然痛恨不道德的人、破坏礼制的人或者面对邪恶无动于衷的人，这在《论语》和《孔子家语》中可以找出无数的言语和行动的例子。这是一个人的基本品性的体现，也是一个人道德水准的体现——面对不道德的人和事，面对邪恶，面对这个世界上天天都在发生的众暴寡、强凌弱，有着基本的善恶判断和良知的正常人会在心理上发生“道德的痛苦”，并自然地表达出道德的义愤。孔子也不例外，但他并不特别突出——他只是比一般人更加敏感。

但是，我们不要忘记了《论语》中还有这样的一些话：

人而不仁，疾之已甚，乱也。（《论语·泰伯》）

对不仁的人，恨得太过分，也是祸乱。我们把道德绝对化，就会用绝对化的手段去惩戒那些不道德的人；而绝对化的手段本身即是不道德的。用不道德的手段去推行道德，就如同抱薪救火。用不道德的手段去惩罚不道德，又如同以暴易暴。

举一个例子。53岁的山东省威海市退休女教师李建华遭遇歹徒入室抢劫，她在身中数刀的情况下与歹徒斗智斗勇最终占得上风，面对精神崩溃、瘫倒在地的19岁的歹徒，李建华拨打120急救电话，让歹徒得到及时救治。

这本来是很感人的事件。李建华老师在这样一个特殊的时刻，体现了人性的高贵和美好。但是，在媒体报道这件事后，却出现了争论，有不少人认为，对这样的歹徒，根本不需要同情和帮助。一个网友在网上的留言是："假如我碰到这样的歹徒，我要扒了他的皮，抽了他的筋，吃了他的肉，砸了他的骨，吸了他的髓！"这种极其残暴的心态，我看得毛骨悚然，从来不在网上留言的我，忍不住留了一句话："你更是歹徒啊！"

是的，对不仁的极端仇恨和不择手段的报复，会把我们自己的道德拖下水，让我们变得更加不仁。实际上，孔子是发现了一个严峻的事实：天下的很多祸乱，是由绝对道德主义者惹出来的。所以，孔子反对用极端的手段对待不仁的人。

孔子有一个学生，叫公伯寮，他可能是孔子学生里面最糟糕的一个，被后人称为"圣门蟊螣"。他竟然在孔子"堕三都"的关键时刻，在季氏的身边说子路的坏话，导致子路丢了职务，对"堕三都"的失败以及孔子的离鲁出走都有相当的责任。

鲁国有一个大夫叫子服景伯，对孔子说："你的这个学生实在太坏了，如果你允许的话，我有力量杀了他，让他暴尸大街。"

孔子说："我的道如果能够行得通，那是命；如果我的道行不通，那也是命。跟公伯寮没关系。"孔子嘉许子服景伯的忠心，但断然不能听他的杀人的建议。这就是是非判断力。

公伯寮坏，但是假如我们用杀人的方法来对待这样的人，那我们就更坏。用极端的手段、用杀人的手法来清除异己，是恐怖主义行为。为什么孔子不赞成人们用极端方式来履行道德？为什么孔子反对用极端的手段来实现正义、维护道德？因为一切极端手段必隐含着对另一种价值的破坏。而且，极端手段所蕴含的破坏性往往指向更原始更基本的价值。

恐怖主义就是极端道德主义的产物。恐怖主义、恐怖行为，可能有自以为是的道德基础和道德目标，但是比起一般的不道德行为危害更大，结果更不道德。所以，人类有识之士永远都会反对一切形式、一切借口的恐怖主义。

从这个意义上说，孔子不是一个极端道德主义者。这一点，实在是非常非常重要，我们的民族也因此非常非常幸福和幸运。我们来看他评价一个人。此人也是一个名人。但是，就是太极端了，极端地想对人好，极端地坚持一些东西，极端地坚持小节，结果却送了命，还被孔子批评。

这个人叫尾生高，《论语》里叫微生高。

尾生高，鲁国人，以直爽、守信著称。传说他与一女子相约在桥下见面，女子没按时来，尾生高一直在约会处等候。后来，河水暴涨，尾生高不愿离开桥下，抱住桥柱子死守，终被淹死。(《庄子·盗跖》、《史记·苏秦列传》)

守信当然好。但是，拘泥就不好。尾生高的毛病就是拘泥。即以此事为例，事实情况会变化，女孩子约会没来肯定有情况，即使来了，桥下都是水了，那女孩子难道会潜水到下面去约会吗？

我们看看孔子在《论语》里对微生高的批评：

子曰："孰谓微生高直？或乞醯焉，乞诸其邻而与之。"

孔子说："谁说微生高这个人直爽呀？有人向他讨点醋，他不直言自己没有，却到他的邻居家去要了点醋给人。”

乍一看，微生高这个人还真不错，自己没有，转向邻居家讨来给人。但细一想，就不对了：有就说有，没就说没，何必如此曲意讨好别人？如此拖泥带水，小心翼翼，是有意识地去做好人，让人家感谢他吧？所以，孔子说他不直爽。

做人做事，不能太刻意，刻意会显得太有心机。也不能太曲意，曲意会变得很烦琐。做人干净利索一点，洒脱一点，直率一点，是近乎君子的。而刻意去实行道德，曲意去体现善意，结果是让道德变味，使自己变态。实行道德的结果，应该是让我们更加舒展，而不是扭曲。

再看他如何教导自己的儿子。孔鲤的母亲去世了，孔鲤守丧。丧期过了，他还在那儿哭。有一天孔子听到有人在哭，就问，谁在哭啊？有人告诉他，是伯鱼在哭他的母亲。

孔子把儿子叫来，告诉他：丧期已经过了，你应该回归正常生活了，你天天这么哭哭啼啼的怎么回事啊？表达孝情不能太过啊！伯鱼听到父亲这样的话，也就不再哭了。(《孔子家语·曲礼子贡问》)

在孔子看来，即使对于母亲的哀悼之情，也要适可而止。

子路也碰到过这样的情况，他姐姐去世了，丧期已过，子路还把丧服穿在身上。孔子告诉他：“你可以把丧服脱下来，回归正常生活了。”子路说：“我兄弟姐妹少，我不忍心啊。”孔子说：“谁会忍心呢？人人都不忍心。但任何事都要有分寸，感情也要节制。”接着，孔子告诉子路：

先王制礼，过之者俯而就之，不至者企而及之。(《孔子家语·曲礼子贡问》)

“子路闻之，遂除之。”过之者俯而就之，不至者企而及之——非常精彩！这句话说出了道德标准确立的原则。

道德标准太高，一般人做不到，道德失效。道德标准太低，很差的人都像道德模范，道德可笑。先王的礼，不是按最高标准制定的，也不是按最低标准制定的，而是按中间的标准。境界高的人，俯就一些；境界低的人，努力一点。

这就是中庸之道。

《吕氏春秋·察微》上记载了这样两件事：

先看第一件。鲁国有一条规定，鲁国人在国外沦为奴隶，如果有人碰见了，把他们赎出来，可以到国库中报销赎金。这是一条很好的政策，很人道，并且具备可行性。

孔子的弟子子贡（端木赐）在国外赎回了一个鲁国人，回国后却拒绝去国库报销他花费的赎金。他认为，这样才显得道德，这样才像孔子的学生，才不辱没孔子学生的名声。可是孔子不这么看。他对子贡说：

“赐呀，你这样做，以后就不会再有人替沦为奴隶的鲁国人赎身了。你如果收下国家的报销金，并不会损害你行为的价值；而你不肯报销你付出的赎金，别人就不肯再赎人了。”

为什么呢？因为，作为个人，子贡愿意放弃赎金，这是你的自由，无可厚非，更何况你还以此显示了你的高尚。但你的这个做法使得其他准备救赎鲁国奴隶的人陷入尴尬的境地：向子贡学习，就意味着自己要作出经济上的牺牲，不向他学习，又显得没有人家境界高。

我们知道，子贡是一个很有钱的人，他可以不在乎这些赎金，但其他人未必就不在乎。

最后的结论就是：只有索性不救赎奴隶，才可以避开这种尴尬局面。这么一来，不仅鲁国的赎人法成了一纸空文，那些在外国成为奴隶的人也失去了被救赎的机会。可见，极端的道德如同悬崖峭壁，只有攀崖高手才能攀登，一般人只好绕道而行。

另一件事恰巧和它相反。子路救起一名落水者，被救的人感谢他，送了一头牛，子路坦然收下了。孔子说：“从此以后，鲁国人一定会勇于救落水者了。”

明白了子贡的做法失在哪里，就自然明白子路的做法得在哪里了。

我们乐于做好事，尤其乐于做惠而不费的好事；我们乐于做好事，并且不求报答，但对做好事的人给予适当报答，或金钱和财物，或精神上的表彰，可以促成更多的人做好事。

孔子，确实是明察秋毫，《吕氏春秋·察微》在这两个故事之后，评论道：

孔子见之以细，观化远也。

孔子在细微之处，见出了大问题，在我们认为正确的地方，看出了潜在的巨大的危险。

被误解的孔子之四:孔子提倡绝对的孝道吗?

孔子的学生曾参,在瓜地里除草,一不小心把瓜苗的根锄断了。他的父亲曾皙大怒,操起一根大棒,狠狠击打曾参的背。曾参默默承受着,不躲不闪,曾皙却越打越气,下手越来越狠,直到曾参倒在地上,昏死过去。曾参很久才苏醒过来,醒来后,他马上高高兴兴地站起来,上前对父亲说:"刚才我得罪了父亲大人,害得父亲大人不得不用大棒来教育我。大棒太重了,父亲您没累着吧?"

他回到自己的房子后,还拿起琴边弹边大声唱歌,以此让他父亲知道:他身体没事,好让父亲宽心放心。

这个曾参,是中国历史上有名的大孝子,据说《孝经》就是他写的。这个来源于《韩诗外传》和《说苑·建本》中的故事,真是非常典型。但是,孔子听到这事后,是什么态度呢?

孔老夫子发怒了。

他告诉弟子们说：曾参来时，不准让他进来见我！

曾参糊涂了。他很委屈：您老师不是教导我们要孝顺么？为什么我这样孝顺，您还生气呢？他托人向孔子请求接见。他要问问老师。

孔子告诉他说：

从前有个人叫瞽瞍，他的儿子叫舜，瞽瞍要使唤舜时，舜总是就在身旁；瞽瞍发怒要杀掉舜时，却怎么也找不到这个孝顺儿子了。平时，瞽瞍用小棍子打他，他就忍受着；瞽瞍一旦拿大棒子来揍他，他就马上逃走。

你以为舜是因为怕死而违逆父亲吗？你以为他是不孝吗？正因为他保全了自己的性命，才使得他的父亲没有因为打死了儿子而犯下不慈的罪过，而他自己也没有丧失那拳拳孝心啊！

你呢？拿身体去承受父亲的雷霆之怒，打死也不躲避。你有没有想过，你一旦被打死了，不是让你父亲陷于不义之地吗？不是要让你父亲承受丧子之痛吗？不是要让你父亲因为亲手打死儿子而憾恨终生吗？难道还有比这更大的不孝吗？

一番话，让曾参醍醐灌顶，冷汗津津。

我们看了孔子的这个故事，便知道，后来《二十四孝图》中的那些极端的孝道，像王祥卧冰求鲤，郭巨埋儿奉母，庾黔娄尝粪忧心等等，一定会为孔子所反对。因为孔子坚决反对用极端的手段去践行道德。用极端的手段去践行道德，本身即为不道德，并且会引起更大的不道德。

比如王祥卧冰求鲤的故事。王祥的继母不好，对他很是暴虐。但王祥为治好继母的病，不顾严寒冰冻，宽衣解带卧冰求鲤鱼，感动了上苍，双鲤跃出。

实际上，"王祥卧冰求鲤"，不仅是极端行为，还是愚蠢、弱智行为。王祥的继母对王祥一直非常不好，但王祥一直对继母很好，这个我们要鼓励，要表扬。但是在大冬天王祥的母亲突然想吃鲤鱼，面对着水面上冻结的厚厚的冰面，王祥脱光了自己，躺在冰上，要用体温把冰面融化。这不光是极端的行为，而且是弱智的行为：想把冰融化，有很多更好、更有效的方法，而且还不伤害身体，用火烧、用东西砸都可以。相反，把自己脱光了，躺在冰上，却真的无法融化冰块。这种行为上了《二十四孝图》，一代一代往下传。如果我们问孔子，孔子一定坚决反对！

还有更恐怖的，郭巨奉母埋儿。郭巨两口子生了一个儿子，家里还有一个老母亲，一家四口人。粮食不够吃了，郭巨就跟老婆商量："儿子嘛，我们以后可以再生。母亲呢，我们要给她养老。可是这个儿子老是天天在家吃粮食，多一口人怎么办？埋了吧。"于是郭巨挖坑，老婆抱着孩子在旁边等，孩子手里还拿着"摇咕咚"，高高兴兴地笑着，对于父母的行为，一无所知。这样的画面，不是心地残忍毫无人性之人，如何画得出！

后来鲁迅先生写了一篇文章，题目就叫《二十四孝图》，鲁迅说：

我请人讲完了二十四个故事之后，才知道"孝"有如此之难，对于先前痴心妄想，想做孝子的计划，完全绝望了……

我幼小时候实未尝蓄意忤逆，对于父母，倒是极愿意孝顺的。不过年幼无知，只用了私见来解释"孝顺"的做法，以为无非是"听话"、"从命"，以及长大之后，给年老的父母好好地吃饭罢了。自从得了这一本孝子的教科书以后，才知道并不然，而且还要难到几十、几百倍……

我最初实在替这孩子捏一把汗，待到掘出黄金一釜，这才觉得轻松。然而我已经不但自己不敢再想做孝子，并且怕我父亲去做孝子了。家境正在坏下去，常听到父母愁柴米；祖母又老了，倘使我的父亲竟学了郭巨，那么，该埋的不正是我么？如果一丝不走样，也掘出一釜黄金来，那自然是如天之福，但是，那时我虽然年纪小，似乎也明白天下未必有这样的巧事。

还有什么庾黔娄尝粪忧心，挺恶心的，不说也罢。

《二十四孝图》中，与孔子弟子有关的就有三位：子路百里负米，曾参啮齿痛心，闵损芦衣顺母，都不算过分。过分的绝不属于孔子。

子路原来家里很穷，自己吃糠咽菜，但是跑一百多里以外背米给父母吃，这个不算过分。

曾参，《二十四孝图》里所讲的他孝顺的故事，就是曾参在外，家里来了人，那时没手机，曾参的母亲想着怎么把儿子叫回来呢，就咬了一下自己的手指头，那边曾参心灵感应了，就赶紧赶回来了。母子之间有心灵感应，这个也挺好，没有过分的地方。

闵子骞母亲去世以后，他父亲又给他娶了一个继母，继母又生了两个孩子，一家三个孩子。他的继母给自己的两个孩子穿的是棉衣，给闵子骞穿的是什么？衣服瓤子是芦花，闵子骞冻得瑟瑟发抖。他的父亲发现后，很气愤，要把这个继母给赶走。闵子骞说："母亲走了，三个儿子都要受苦。母亲在，最多一个儿子受苦。"父亲听了闵子骞的话，就没有休妻。而闵子骞的继母也被闵子骞感动，改变了对他的态度。这个也不算过分，并且很是感人。

孔子周游列国，留下妻子亓官氏和唯一的儿子孔鲤在鲁国相依为命，母子情深。后来，母亲去世了，孔鲤守丧，那时孔子还没有回国。第二年孔子才回来，却已不能再见老妻一面。孔鲤对母亲感情特别深，守丧期过了，他还在那儿哭。有一天，孔子听到有人在哭，就问："谁在哭啊？"别人告诉他："是伯鱼在哭他的母亲。"孔子就去对孔鲤说："太过分了，没必要了，丧期已经过了，你应该回归正常生活了，你天天这么哭哭啼啼的算什么事啊？"

孔鲤听到父亲这样的话，也就不再哭了。

可见，在孔子的眼里，即使对母亲有哀悼之情，也要适可而止。《说苑·辨物》上有这样一则：

子贡问孔子："死人有知无知也？"孔子曰："吾欲言死者有知也，恐孝子顺孙妨生以送死也。欲言无知，恐不孝子孙弃不葬也……”孔子并不愿意因为极端的孝顺，厚葬父母，导致子女生活艰难！

《孝经·谏争章》中曾经记有曾子对孔子的问：“敢问子从父之令，可谓孝乎？”

孔子的回答是：“是何言与！是何言与！昔者天子有争臣七人，虽无道，不失其天下。诸侯有争臣五人，虽无道，不失其国。大夫有争臣三人，虽无道，不失其家。士有争友，则终身不离于令名。父有争子，则身不陷于不义。故当不义，则子不可以不争于父，臣不可以不争于君。故当不义则争之，从父之令，又焉得为孝乎？”

《荀子·子道》记有鲁哀公对孔子的问：“子从父命，孝乎？臣从君命，贞乎？”三问，孔子不对。孔子趋出，以语子贡曰：“乡者君问丘也，曰：‘子从父命，孝乎？臣从君命，贞乎？’三问而丘不对，赐以为何如？”子贡曰：“子从父命，孝矣；臣从君命，贞矣。大子有奚对焉？”孔子曰：“小人哉！赐不识也。昔万乘之国有争臣四人，则封疆不削；千乘之国有争臣三人，则社稷不危；百乘之家有争臣二人，则宗庙不毁。父有争子，不行无礼；士有争友，不为不义。故子从父，奚子孝？臣从君，奚臣贞？审其所以从之之谓孝，之谓贞也。”

难怪荀子宣称：“入孝出弟，人之小行也；上顺下笃，人之中行也；从道不从君，从义不从父，人之大行也！”这才是真正儒家的大义！

被误解的孔子之五：孔子对人苛责吗？

庄子批评儒家"中国之君子，明乎礼义而陋于知人心"(《庄子·田子方》)，再加上孔子本人对于道德人格的不懈追求，对孔子一知半解的人，往往就认为孔子是一个苛刻的人，是一个让一般人面对他时不胜道德战栗的人物。这，是世俗对孔子的又一个重大误解。

是的，孔子是一个非常有原则的人，但是，他更是一个非常宽大的人。刘向《说苑·君道》言："大道容众，大德容下。"孔子这样的大德，就是一个容下之人。

子贡问曰："有一言而可以终身行之者乎？"子曰："其'恕'乎！己所不欲，勿施于人。"(《论语·卫灵公》)恕，是孔子思想中核心的核心。讲究恕道的孔子要求人们不要老是攻击别人的不足。

樊迟陪着孔子散步，问老师："我大胆地问一问，如何才能提高品德、消除邪念、辨清迷惑?”孔子说:“问得好啊! 先努力做,后考虑得,不就是提高品德吗? 批判自己的错误,不攻击别人的缺点,不就是消除内心的恶吗? 一时气愤,就忘掉自身安危,甚至连累自己的父母,不就是迷惑吗?”

总爱盯着别人的缺点而忘记自己的缺点,自己心中的恶也就不能驱除。所以,严以律己,宽以待人,即能消除自己内心的恶。

这个樊迟有没有攻击别人的缺点,我们不知道,子贡却是经常攻击别人的。子贡太聪明了,老子说,聪明的人因为明察,总是把别人的缺点看得清清楚楚,如果忍不住,还会说出来。子贡就是这样。

孔子批评他说:“赐啊,你就那么好吗? 要叫我呀,可没有闲工夫去指责别人,我努力自己做好还来不及呢。”

孔子说:“躬自厚而薄责于人,则远怨矣。”(多责备自己而少责备别人,就可以避开怨恨了。)(《论语·卫灵公》)还说:“君子求诸己,小人求诸人。”(《论语·卫灵公》)这是什么意思?

君子总是磨砺自己,小人总是算计别人!

孔子还会帮别人掩盖缺点。《孔子家语·致思》中记载:有一次,孔子要出门,可是,天在下雨,而孔子的车上没有遮雨的车盖。弟子告诉他:“卜商有车盖,向他借吧?”老师出门遇雨,向学生借车盖避雨,很正常。但孔子摇摇头,不借。为什么呢? 孔子说:“卜商的为人啊,很吝啬财产。我听说,与人交往,要把他的优点长处推出来,这样,大家就都喜欢他了。要把他的缺点短处遮盖起来,这样,大家就不会厌弃他了。人与人这样交往,才会长久啊。”

孔子想的,不是自己要被雨淋,而是卜商:一个吝啬的人,向他借东西,不是让他为难吗? 借给你,他难受;不借给你,他难看。推人入两难境界,我不仁。一借而双方都有失,那又何必呢?

与人交往，不但不要计较别人的不足，而且要帮助对方遮盖他的短处。这是孔子对我们的启发。

陈司败(陈国司寇)问孔子："鲁昭公知礼吗?"孔子说："知礼。"孔子出来以后，陈司败向巫马期作了个揖，让他走到跟前，说："我听说君子不党，难道君子也结党吗？昭公从吴国娶了夫人，是同姓，为了遮丑，不敢叫她真姓名，只好称她为'吴孟子'。昭公如果知礼，谁不知礼呢?"

春秋时，国君夫人的称号，一般是用她出生的国名加上她的姓。鲁昭公从吴国娶来夫人，吴国姓姬，便应称"吴姬"。

但是，这个"姬"字却万万称呼不得。为什么呢？因为，鲁昭公也姓姬啊！吴国是周文王的伯父太伯的后代，鲁国是周文王的儿子周公姬旦的后代，所以，鲁、吴都是姬姓。你鲁昭公娶了吴国女子，就是男的鲁姬娶了女的吴姬，娶了自家人了。虽然血缘早就出了五服，但是，按照周礼的规定，同姓是不能通婚的。

于是，为了掩人耳目，鲁昭公不称她为"吴姬"，而称"吴孟子"("孟子"可能是这位吴姬的字。见《左传·哀公十二年》)。

但是，不管你如何改换称呼，吴姬还是吴姬，你还是干了一件非礼的事。所以陈司败批评指责孔子"君而知礼，孰不知礼"，还说孔子偏袒不公。巫马期把这些话告诉孔子。孔子含含混混地说："我真幸运，假如有过错，人家一定会知道。"这是自我批评：我有错。可是，鲁昭公到底知礼不知礼？孔子还是不说。

《孔子家语·曲礼·子夏问》记载了一件事：一天，鲁国举行练祭。按照周礼的规定，这种祭祀，礼杖不可拿在手中。可是在祭祀过程中，子路却看见大夫们手上拿了礼杖。他觉得抓住了别人的错处，就回来问孔子："刚才我去观礼，发现鲁国的大夫在练祭时手执礼杖，这种做法符合礼吗?"孔子回答："我不懂。"

跟了老师这么多年，终于发现老师也有不懂的，子路既惊且喜，跑出来就跟子贡说："我一直以为老师什么都懂，今天我才知道，老师也有不懂的啊。哈！"子贡说："你问了个什么问题？"子路就把他如何问老师的告诉了子贡。子贡一听，就明白问题出在哪里了。他对子路说："你在这儿呆着，我进去帮你再问问。"

子贡进去后见到老师，问道："举行练祭时手执礼杖是不是符合礼？"孔子说："不符合礼。"孔子懂啊。子路、子贡问的是同样的问题，而孔子的回答却不同。为什么？

因为两人的问法有个小小区别：子贡问的是举行练祭时手执礼杖是否符合礼，而子路问的是"鲁国大夫"在练祭时手执礼杖是否符合礼——区别在前面有没有一个具体的执行对象。

子贡出来，对子路说："不是老师不懂，而是你的问法不合礼：你这样问，是让老师直接说鲁国的大夫做得不对。你知道吗？按照礼的规定，居住在那个国家，就不要随便非议其大夫。所以老师只好说不知道。不是老师不懂，而是你不会问呢。哈！"

《孔子家语·曲礼·子贡问》还记载了一件事：鲁国有个人，为父（母）守丧，丧期结束的当天，就开始在家里唱歌。子路听到后就嘲笑："这个家伙太不像话，丧期一结束，就开始唱歌了。这么猴急吗？"孔子一听，就批评子路："仲由啊，你什么时候才能停止苛责别人呢？三年之丧，他已经够苦了，做得很不容易了。今天服丧期满，他唱个歌又有什么不可以呢？你对人也太苛刻了。"其实呢，孔子也觉得这个人的表现猴急了些，所以，子路走后，孔子又说道："这个人做得确实有点过分了。丧期刚结束，就唱歌，确实不好，让人觉得他早就不能忍耐了。如果再过一个月，就好了。"

孔子不是不知道对方是错的，但问题是，即便如此，他也更愿意理解对方而不是批评对方。人家有错，并不是我们苛责他的理由，恰恰是我们宽容他的原因。别人的缺点，也不是我们指责的对象，不是我们幸灾乐祸的对象，恰恰是我们要加以呵护的对象，呵护别人的缺点，就像呵护别人的伤口——这才是一种境界。

《孔子家语·曲礼·子夏问》中还有一则故事也跟子路有关。有个叫叔孙母叔的人，他的母亲死了。在给母亲出殡时，他在一些细节上做得不符合礼，又给子路看了出来。子路就在那里叹息："哎哟，这个人失礼了。"孔子在旁边冷冷地说："他的做法合乎礼。"直率的子路急忙争辩："老师啊，《礼记》上写得很清楚，他这样做是不合礼的！"

孔子告诉他："君子读书，不是拿书本去照见别人的错误，更不能拿具体人的错误来逼着其他人表态。你让我怎么回答你？你让我直接说叔孙母叔的不是吗？"

不针对具体的人，不打棍子，不扣帽子，这样的礼，才是可行的，而不是可怕的。孔子对别人更多的是理解，是同情。孔子不仅明礼仪，而且知人心。礼仪就来自人心，礼仪就是为了安抚人心而设。所以，人心高于礼仪。明白这一点，我们才可能真正懂得礼的本质是什么。

我们知道，孔子倡"克己复礼"，并且把恢复周礼、严格执行周礼不仅看成道德问题，而且看成是政治问题，是他终身追求的政治理想（"为国以礼"）、道德理想（"道之以德，齐之以礼，有耻且格"）、社会理想（"礼乐不兴则刑罚不中，刑罚不中则民无所措手足"）和人格理想（"立于礼"），所以他甚至要求人们："非礼勿视，非礼勿听，非礼勿言，非礼勿动"。但是，就是这样一个原则性的问题，在具体的人那里，他仍然是通融的。

我们来举一个例子，看看孔子和子路的不同：

有一天，子路问了孔子一个问题："管仲的为人怎样？"孔子回答："仁也。"可是子路不服。他说："管仲游说齐襄公，齐襄公不听从，说明管仲没口才。他想立公子纠为国君却没能成功，说明他没有才智。家人在齐国遭到杀害他没有忧伤，说明他没有仁慈心。带着镣铐坐在囚车上他毫不羞愧，说明他没有羞耻心。侍奉自己曾经用箭射过的国君，说明他不坚贞。召忽为公子纠殉死而他不死，说明他不忠诚。这样的人难道可以称为仁人吗？"

言之凿凿，在他眼里，管仲一无是处。

可是，对管仲的上述问题，孔子是怎么看的呢？孔子说：“管仲游说齐襄公，齐襄公不听从，那是襄公昏聩。他想立公子纠为国君却没能成功，那是时运不济。家人在齐国遭到杀害他没有忧伤，那是他知道审时度命。带着镣铐坐在囚车上他毫不羞愧，那是他能把握自己。侍奉自己曾经用箭射过的国君，那是他知道随机应变。召忽为公子纠殉死而他不死，那是他知道轻重。”

同样的事实，却有着不同的判断。孔子倾向于理解人，子路倾向于苛责人。艰难的人生，需要慈悲的情怀。脆弱的人性，需要宽容的肚量。

子张向孔子问怎样才算仁。孔子说：“能在天下做到五点，算是仁了。”子张说：“请问哪五点？”孔子说：“恭、宽、信、敏、惠。”这五个字，都是善待别人的，没有一个字是苛刻待人的。

恭敬，宽容，忠信，勤敏，慈惠，善待别人，就是仁！

了夏口：“君子有三变：望之俨然，即之也温，听其言也厉。”（《论语·子张》）这就是在说他可敬可亲的老师。他的老师，就是望之俨然，却即之也温，让我们如沐春风的民族之父！

被误解的孔子之六:孔子提倡“三思而后行”吗?

近几年,在民间场合,《周易》盛行,我见过很多给企业家开设的诸如“总裁国学班”之类,其中最红火的“国学”就是《周易》,而讲《周易》的人和听《周易》的人,特别感兴趣的,又往往是算卦。

有人问我:鲍老师研究《周易》吗?我答:暂时没有。孔子五十而学《易》,我还没有到五十,我岂能超越孔子?其实,读《周易》,没有丰富的人生阅历,还真是读不懂,悟不到。只能隔靴搔痒,胶柱鼓瑟。

又问:孔子算卦吗?答:不。(非常肯定。)

又问:可是我们老师说孔子算卦,还非常神。答:假的。(非常肯定。)

《史记·孔子世家》说:孔子“晚而喜《易》……读《易》,韦编三绝(编竹简的熟牛皮皮条断了多次)”。《论语》说:“五十而学易。”孔子还作《易传》十篇,称为“十翼”。但是,孔子算不算卦?我的回答:他一定算过,作为探索,也作为好奇,但是,他一定不信,因为不信，后来也就不算了；而且，这不信，还不是出于事实判断，而是价值判断；不是不认知，而是不认同。

据一些学者研究，古代的文献，记到孔子算卦的有四次：一次是《孔子家语·好生》，一次是汉代纬书《乾凿度》，一次是王充《论衡·卜筮》，一次是南宋杨万里《诚斋杂记》。纬书拉大旗作虎皮，胡编乱造，当然不能信；王充《论衡》本来就把此事作为民间迷信批判的，王充都不信；杨万里的记载不知有何根据，他离孔子那么远，中间那么多年没人说，他哪里知道的？所以还是不能信。唯一有点可信的是《孔子家语》的记载——那就应该属于孔子偶一为之作为好奇或探索的了。

我为什么很肯定地说孔子不算卦呢？很简单：一，《论语》是孔子的学生或学生的学生记录的孔子言行，里面竟然一次孔子算卦的记录都没有，恰恰相反，有关孔子反对算卦、祈祷的倒有几条。二，相关的史料，比如《春秋》三传、《史记》没有孔子算卦的记载。三，《易传》十篇没有孔子算卦的记载。

《论语·子路》：子曰："南人有言曰：'人而无恒，不可以作巫医。'善夫！"

孔子转述的南人的话，包含的意思是：没有恒心，不可以作巫，巫要与鬼神打交道；没有恒心，不可以为医，为医要拯人生死。没有恒心，能干什么？除了游手好闲，什么正事也干不了。

为什么孔子认为这句南方人的话说得好？因为，这句话说明了一个事实：一个人能否成事，关键在自己。

接下来，孔子就直接引用《易经·恒卦·九三爻辞》上的话："不恒其德，或承之羞。"意思是如果不能持之以恒地保持自己的德行，总要承受羞辱。孔子对此的解读是："不占而已矣。"——没有恒心的人不用占卦，因为他总要倒霉出丑。

《论语·为政》还说到对人的观察。子曰："视其所以，观其所由，察其所安。人焉廋哉？人焉廋哉？"

孔子的意思是，了解一个人，有三种方法：看他做事的动机，看他做这事时所采用的方式方法，看他安心于什么样的生活方式。这样观察下来，这个人是什么样的品行就一目了然了——什么样的人，就有什么样的生活方式，什么样的生活方式，也可以看出是什么样的人，而什么样的人，就有什么样的命运。如此，则命运与人的个性、德性有关，与神秘的卦象、生辰八字都无关，所以，无须算卦。

孔子曾经预言过子路的结局："不得其死。"可是，孔子并没有用占卜的方式，而是通过性格观察。"闵子侍侧，訚訚如也。子路，行行如也。冉有、子贡，侃侃如也。子乐。'若由也，不得其死然。'"(《论语·先进》)

闵子立在孔子身边，气质正直而恭顺；冉有、子贡，气质温和而快乐，这都没有问题。唯独子路，气质刚强而直率，这种强亢，"衽金革，死而不厌"(《中庸》)，"暴虎冯河，死而无悔"(《论语·述而》)，必然要与物"相刃相靡"，而发生激烈冲突。与孔子大约同时的老子说："强梁者不得其死。"子路因为刚强，孔子也担心地说他可能不得其死。而孔子的担心后来竟成了事实，他真的不幸而言中：子路后来果然在卫国的孔悝(kuī)之乱里，因刚直不挠、不知回避而被人杀死。

这不是占卜所能明白的，也是无须占卜就可以预见的——老子、孔子这样对世道体味极深的人，他们悲哀的眼睛，早就看到了子路这样强亢之人的命运。

而另一方面，孔子对于颜回的死，就显然毫无思想准备。颜回死，孔子呼天抢地："天丧予！天丧予！"

这就有了两个问题：要不孔子不占卜，要不孔子没有占出来。如果孔子占卜，他至少占卜过自己的命运吧？他有没有占出颜回之死，有没有占出自己晚年要遭此大恸？如果孔子占卜，那么，他竟然没有占出颜回的死，没有占出天要亡他，那么，世上那么多占卜之人，难道比孔子还聪明？

所以，孔子说，很多事情，无须占卜："不占而已矣。"孔子这里说的"不占"，后来被荀子总结为“善为易者不占”(《荀子·大略》)。善为《易》者，就是学走正道的人。《易》教给我们的，就是走正道，做正派人，如此，自然一切逢凶化吉，无须占卜。

种瓜得瓜，种豆得豆。一切祸福，自作自受。祸福无门，唯人自招，与占卜无关。孔子说“不占”，意思是一切都由自己决定，何须问鬼神。

《论语·雍也》还有孔子的这句话：“人之生也直，罔之生也幸而免。”人的生存依赖于正直；不正直的人生存，是侥幸避免了祸患。正直而合乎正道，是生门；邪曲而走上邪道，是死门。在生门中生，是常态；在死门中不死，是侥幸。这些，又哪里需要占卜？

其实孔子不算卦，还有一个更加重要的原因，那就是：决定我们是否行动的，不应该是利害、得失、成败的判断，而是是非、善恶、美丑的判断。而算卦，乃是对利害得失的判断。至于判断是非善恶美丑，需要的是我们的良知，是我们的基本价值观，与算卦无关。比如说，当我们面临是否行动的抉择时，我们是听从是非善恶判断的良知，还是听从成败得失判断的算卦？极端地说，一件事，从是非善恶的良知角度言，我们必须做；但是，算卦的结果告诉我们，做，必对自己有害。此时，我们做还是不做？简言之，我们是根据利害而行动，还是根据是非而行动？

孔子的回答是这样的：“君子喻于义，小人喻于利。”也就是说，告诉君子义之所在，他就会去做；告诉小人利之所在，他才会做。这样，我们就能知道，孔子为什么不算卦：义在，义无反顾，做，无须算卦；不义，“不义而富且贵，于我如浮云”，不做，亦无须算卦。所以，孔子知其不可而为之。为什么？度义而后动，无怨无悔。

孔子说：“见义不为，无勇也。”何有于算卦？关于勇，孔子还有特别有浩然之气的话，是曾子转述的。“昔者曾子谓子襄曰：‘子好勇乎？吾尝闻大勇于夫子矣：自反而不缩，虽褐宽博，吾不惴焉；自反而缩，虽千万人，吾往矣。’”(《孟子·公孙丑上》)

虽千万人，吾往矣！这哪里是斤斤计较于得失的人说出的话？这哪里是用占卜算卦预测利害的人说出的话?!

季文子三思而后行。子闻之，曰："再，斯可矣。"(《论语·公冶长》)

鲁国有一个大夫叫季孙行父，死后被谥为"文"，人称季文子。此人非常谨慎，做事三思而后行，大家都佩服他。孔子听到这事，含蓄地批评说："考虑两次，就可以了。"

今人很少有人认真读古典，以讹传讹的东西特别多。比如这个"三思而后行"，很多人认为是孔子说的，是孔子提倡的。其实，恰恰相反：是孔子反对的。季文子是一个"乡愿"式的人物，极世故，极精于算计，算来算去，算到最后，总是为自己打算。岂止是他，任何一个人，祸福利害计较太深，总不能见义勇为。所以，孔子说，再思，可矣。想得太多，人便退缩，长此以往，人便委琐。人一委琐，便不足观。

明人李贽倡"童心说"，说人必须保持一颗童心，方为真人。何为童心？李贽的解释非常精彩："最初一念之本心！"为什么是"最初一念"？因为，最初一念的判断，往往是价值判断，是善恶美丑判断！

钱穆《论语新解》于此则下，注曰："事有贵于刚决，多思转多私"(做事贵于果断坚决，想得太多了就变成为自己打算了)。"多思转多私"——一针见血地说出了很多谨慎人、精于算计者的道德底色！也说出了很多算命打卦之人的真正用心！

孔子为什么反对三思而后行？因为，三思过后，正义往往不行，行的，往往是私利。

后 记

李秀珍

做编辑有个好处,就是可以一边工作一边学习。二十多年的副刊编辑做下来,之所以没有厌倦,没有懈怠,而且一直乐此不疲,盖因一日日沉浸于各种文化的滋养之中,获益多多。

比如编辑这个《文化传统与当下》专题。说实话,当初接下这个任务时,是无比为难的,因为题目太大,“文化传统”这是一个内涵无比博大外延又无边无际的概念,处处是题目,处处是话题,却又难以一下子找到合适的切入点,感觉如老虎吃天般无从下口。

还是那句话说得好:没有做不到只有想不到。民间的智慧是无穷无尽的,只要开门办报,广大的读者和作者是强大的后盾。启动之前,我们首先邀请省城高校和文化界的专家学者,举行了一个小型但高端的座谈会。山东大学孔范今教授、冯建国教授、山东师范大学魏建教授、山东教育学院刘德增教授、省府机关的周鲁霞先生等热情莅临，他们不吝赐教，当场就“碰撞”出很多可行的方案和题目。比如可以开设大众普及性栏目，比如可以开设一些名家专栏，比如可以组织与读者互动的“我身边的传统”征文，等等，这些都给我们很多启发。

“文化传统与当下”专题于 2010 年 9 月下旬第一届尼山论坛召开之际正式启动，刊头题字为山东大学特聘教授、当代著名哲学史家庞朴先生卧于病榻之上题写。庞老可是真正大师级学者，据介绍，他的研究硕果累累，先生曾提出了“火历”说，发现遗佚已久的上古历法，主张文化的民族性和时代性，推动了 20 世纪 80 年代的文化研究热潮。先生还提出了“一分为三”说，揭示并发展了古代辩证法思想。“文化传统”与“传统文化”两个概念的区别，我也是从先生的一篇文章中读到的，由衷佩服。由之，先生的支持弥足珍贵，起码说明这个选题是可行的，是有意义的，让我们有足够的信心开篇并坚持做下去。

于是，一年多做下来，我们感觉还是向读者交出了一份较为圆满的答卷。因为，作为第一读者的我，就读到了很多堪称经典的好文章，有时情不自禁地感叹一声“说得真好”，有时有茅塞顿开甚或醍醐灌顶的震撼。这些文章或来于高端，像赵启正、刘长乐、许嘉璐、陈来、星云法师等名家大师的访谈，他们对文化传统都有长期而独到的研究，赵启正先生说“文化传统是我们民族的原动力”，刘长乐先生说“儒家文化在世界上还是一种弱势文化”，毛佩琦先生说“国学就是中国人之所以成为中国人的学问”……他们并不是简单地推崇国学、痴迷儒家，他们的研究一直立足当下、面向未来。

曾亲临现场聆听冷成金先生做的题为《论语的精神》的讲座，他于开篇无比痛心地说，再不振兴我们的传统，再不重视我们的文化，看看我们的今天都乱成什么样子了？还有人讲诚信吗？各行各业还有道德的底线吗？中国人还有敬畏吗？一系列的困惑和疑问让你寒从心底生。

真的，现代化让我们得到了很多，也让我们踏入了种种发展的陷阱。身在其中，我们不能再熟视无睹,不能再讳言逃避,只有积极地寻求解决的办法和路径才是正途。最喜欢读叶小文的“小文当下谈”、何中华的“感悟经典”,还有鲍鹏山的“被误解的孔子系列”,三个名家专栏各有千秋,但几乎篇篇皆精彩。

来自民间,与读者互动的栏目,我们也陆续推出了好多。“身边的传统”、“传统大家谈”、“节日与传统”、“旧词新解”等,得到了读者的热情关注和支持,看得出人们心底对文化传统都深藏着一份眷恋和传承。

今天捧出的这套书,是齐鲁晚报《文化传统与当下》大型专题的优秀篇目结集。不是结束,回望历史,展望未来,“文化传统与当下”的话题仍层出不穷,精彩不断,我们还会继续。

2012 年 9 月 30 日

图书在版编目(CIP)数据

文化传统与当下．传统大家谈/李秀珍，王慧主编
．—济南：山东人民出版社，2012.11
ISBN 978-7-209-06451-4

Ⅰ．①文… Ⅱ．①李…②王… Ⅲ．①文化史-研究-山东省 Ⅳ．①K295.2

中国版本图书馆 CIP 数据核字(2012)第 259840 号

责任编辑：常纪栋
封面设计：张晓曦

文化传统与当下：传统大家谈
李秀珍　王　慧　主编

山东出版集团
山东人民出版社出版发行
社　址：济南市经九路胜利大街 39 号　邮　编：250001
网　址：http://www.sd-book.com.cn
发行部：(0531)82098027　82098028
新华书店经销
山东省东营市新华印刷厂印装

规　格　16 开(169mm×239mm)
印　张　14.75
字　数　190 千字
版　次　2012 年 11 月第 1 版
印　次　2012 年 11 月第 1 次
ISBN 978-7-209-06451-4
定　价　48.00 元(共 2 册)

如有质量问题，请与印刷单位调换。电话：(0546)6441693